生活文化史選書

栗の文化史

日本人と栗の寄り添う姿

有岡利幸 著

まえがき

秋は稔りのシーズンで、稲をはじめ、リンゴ、ナシ、ミカンなどの果物類、クリ、クルミ、ムベ、アケビ、マタタビ、秋グミなどの野山の木の実が熟してくる。季節感のあふれる食べ物ばかりである。秋の三大味覚にはどんなものがあるのかあげようとしても、サンマ・マツタケ・ミカンという魚と茸と果物を組み合わせたり、果物ばかりであったりするなど、収拾がつかない。それぞれの人は、これまでの生活の中で経験したものを選択してくるので、どうも普遍的な意味で秋の三大味覚の食べ物は選定できないようである。

私なりに調理済みで食べるばかりになったご飯にしぼって、秋の味覚の三大ご飯を考えてみたところ、①松茸ご飯、②栗ご飯となり、そして③はというと…単品だけを混ぜたご飯の三番目の名称がでてこない。

松茸はマツ科の樹木に生えるキノコであり、人々によく知られるようになったのは、弥生時代に水田稲作が各地ではじまりやがて、里山の植生がアカマツ林にかわった時代から以降、里人から愛され好んで食べるようになったキノコである。

栗はというと、わが国の森林植生にはブナを主体とした温帯林とカシ類を主体とする暖温帯林があるのだが、その中間に冬の寒さと夏の暑さのためブナも生えずカシも生えない地帯がありその地域には栗が優先するのでクリ帯とよばれる森林植生となっている。栗はそのブナとカシ類の生育する地域の中間を生活範囲としている樹木である。栗の実にはシブこそあるが、有毒物質を含んでおらず、生のまま食べることができる。デンプン質を多量に含んでいるので食料としての価値が高い。

本書はこの列島に人がすみ始めた時代から現代にいたるまで、食料としても、住居などの建物をつくる木材としても重要で価値の高い栗と、人々がどうかかわってきたかを、ほぼ時代順に探ったものである。

第一章では、落葉広葉樹林帯で生活していた縄文人が、脂肪、たんぱく質、含水炭素という三大栄養の中で、もっともエネルギー源となる炭水化物（澱粉）の摂取食品として栗を選んでいた。つまり縄文人の主食は栗の実であった。

青森の三内丸山遺跡では、集落周辺の森林を栗の割合が四から六％にすぎない自然林から、主食の栗の採取を目的として栗のみの生育する林に改変していた。自然植生を、人の生活都合に合わせて手を入れていたのである。そして栗の実の大きさも、この遺跡に人がすみ始めた時代には小さな柴栗程度であったものが、時代が経過するにしたがって大形化したのである。樹木の果実である栗の実を主食とするために栗を栽培してきた三内丸山の文化・文明は、草本の種子を主食とする麦の文化・文明や米を主食とする文化、文明となんら遜色がない。他の文化、文明からの影響をうけることなく発達し、樹木の果実から新たな文化、文明を出発させており、わが国独自の木の文化であり文明である。樹木の果実から文化、文明を発達させたのは、世界に類をみないわが国独自のものである。わが国は、木の文化国だと称される所以である。

第二章は水田稲作が拡大するにつれ、前の時代には主食食料であった栗も食料としての重要性はうすれていたが、それでもなお弥生の遺跡では栗の実を貯蔵する穴倉をもっていた。奈良時代の貴族長屋王は、越前国から栗を貢納させ、食膳にのせていた。

第三章は平安時代の朝廷の諸行事に関わる栗について、探っている。この時代には朝廷をはじめ社寺は各地に荘園をもっており、荘園の地目は山林、宅地、栗林、田畑とに分かれており、栗林は独立したりっぱな地目となっていた。皇室儀礼のなかで最も重要とされる大嘗祭の供物の一つとして栗もあがっている。朝廷の神祭や仏事の法要の供え物としても栗が含まれており、それに列席した朝臣たちには位に応じて手当てが現物支給されるが、そのなかにはもちろん栗も手当として支給されていた。

第四章では、栗を保存のため加工した搗栗《かちぐり》の語が、勝栗に通じるため縁起を担いだ武家が戦の出陣・帰陣のとき、儀礼として搗栗を食べたのである。江戸時代にいたると、栗の材は腐朽しにくく工作しやすいため建築材として活用されていた。各藩は藩の用材確保のため、材木として重要視している栗は松、杉、檜、槻などともに藩の御用木・御制木と定め、一般の領民の伐採・利用を制限していた。一方、広大な山林を持っていた盛岡藩は、栗の木を山林に植えたものはその木を伐採するとき、植栽者と藩がその材を分け合うという分収の制度を発足させている。

第五章は栗に関わる昔話や、栗の俗信・タブーに触れている。栗の夢をみると不吉だとする地方があるし、一方栗を拾った夢を見ると子ができるとする地方もある。また東北や関東、北陸や信州などでの栗の実の食べ方にも触れている。

第六章では、神祭りの際に神饌としてお供えされる栗について、京都府山城地方の例について触れている。長野県上伊那地方での昭和初期の村人と栗の関わりも探った。天竜川の東側に当たる山地は栗の適地だという。また村の入会山では、栗拾いは村の鑑札がなければできないという制限があった。伊那地方や岐阜県飛騨地方では、家の屋根は板葺で、それも栗材で葺かれていた。またごく最近まで、集落の周辺に栗林をもち栗を主食としていた集落が存在していたことを、新潟・山形県境の朝日山地の奥地部にある集落などいくつかの事例で示している。

おわりの第七章は明治以降から現在にいたる年代での栗と人々の暮らしについて触れた。明治になってから、栗の木の生育に大きな影響を与えたものに、鉄道の敷設に必要な枕木として栗材がつかわれ栗材は伐採されていった。昭和初期になると栗の害虫のクリタマバチが侵入し、ほとんど全国の栗の木を枯損させてしまった。いまにいたるまで山林に栗の生育がわずかしかみられないのは、この影響である。しかしクリタマバチに抵抗性のある栗品種が選出され、各地に栗の産地が生まれた。現在の栗の生産量がもっとも多いのは茨城県で、ついで熊本県、愛媛県の順となっている。最後に栗の文芸作品について触れた。

縄文時代の東北の人たちは栗を主食として生命を維持してきたが、稲の栽培が開始されるにつれ主食の座からは滑り落ちた。しかし神祭りの神饌あるいは仏事の供え物として、儀式儀礼のなかで生き残り、また山林をもつ農民たちは貢納米を確保するため日々の食事は栗を入れたカテ飯を食べ、秋から冬のシーズンを乗り切ってきた。現在では菓子・スイーツとして加工され、秋の味覚を味わうようになった。まことに森林の民である日本人は栗を見放すことなく、よりそって、季節のものとして大事にあつかっている木の実である。

目次

第一章　栗を主食にした縄文人

縄文人は何時から栗の実を食べたか

日本列島に大陸から人々が渡来して生活をはじめてから、水稲が栽培されるようになるまでには、膨大な時間というか年数が経過している。日本列島に人が渡来してきた時期は、一説には五〇万年以前、約三万年前、一万四〇〇〇～五〇〇〇年前、二五〇〇前ごろという四つのピークがあるとされている。最後のピーク時に、現在の日本人の主要食料である栽培穀物の米（稲）が持ち込まれ、時代区分が弥生時代と変わった。

私たちの身体を育んでくれる食料の栄養分の大きなものは、脂肪、蛋白質、炭水化物であり、そのなかで食糧として最も大きな比重を占めているのがエネルギー源となる炭水化物、つまり澱粉である。

水稲栽培がはじまる以前の澱粉質の主な食料は木本植物の果実で、照葉樹林が広がっている西日本では樫《カシ》類や椎《シイ》類などのドングリであり、落葉広葉樹林帯の東日本では栗実《クリノミ》や栃実《トチノミ》、山毛欅《ブナ》、楢類の果実などの木の実であった。日本人の主要食料は木の実から、稲や麦などの草の実へと変わったのである。食料が木の実から草の実へと変わったとき、社会に大きな変化が起きた。

草本植物の米（稲）や麦といった栽培穀物を主な食料とする現在では、栗実は主要食料となってはいないが、遠いむかしの先祖が主食としてきたので、その味覚が日本人のこころのなかに刷り込まれていて、秋になるとなんとなく栗実に郷愁がわきあがり、菓子などの副食品に用いられている。

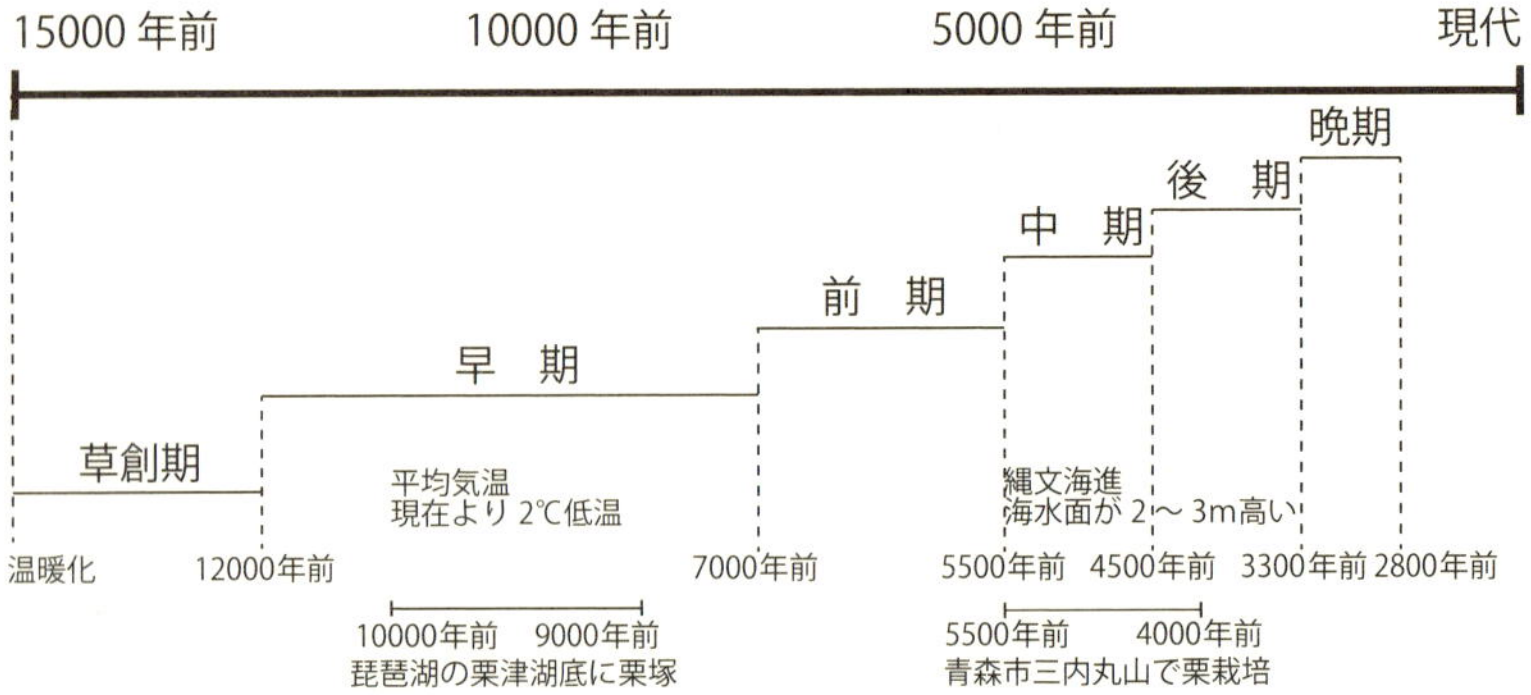

縄文時代模式図

主として食料の調達を野生植物の果実や種子に頼っていた縄文時代には、栗実は重要な食料であった。文化とは、そこに生活する人々の衣食住という物質的なものと、精神生活も指しているが、縄文時代には栗は食と住という二つの部門に重要な役割を果たしてきた。ここでは住の部分は横において、もっぱら生きる上で最も大切な食料としての栗実と人々の関わりを調べていくことにする。

縄文時代はいつごろからはじまり、いつまで続き、どんな時期区分が行われているかであるが、縄文式土器の形式上の区分から、次の六期に分けられる。この時代区分は土器研究の経緯を反映したものであるから、中期が縄文時代の中頃というわけではない。

草創期	約一万五〇〇〇～一万二〇〇〇年前
早期	約一万二〇〇〇～七〇〇〇年前
前期	約七〇〇〇～五五〇〇年前
中期	約五五〇〇～四五〇〇年前
後期	約四五〇〇～三三〇〇年前
晩期	約三三〇〇～二八〇〇年前

木の実と日本人の生活がはじまった形跡がみつかった現在最も古いものは、三万一〇〇〇年前のものである。松下志朗・下野敏見編『街道の日本史五五　鹿

児島の港と薩南諸島』（吉川弘文館　二〇〇二年）には、鹿児島県種子島の横峯、立切遺跡から出土した生活跡には、調理場跡の礫層、木の実の貯蔵穴と思われる土坑《どこう》（地面に掘られた穴）が確認され、この時代にすでに植物食料資源に依存していたことが推定されている。

梶浦一郎著『日本果物史年表』（養賢堂二〇〇八年）は、二万三〇〇〇年前ごろは地球全体が低温の氷河期になり、海水面が一〇〇ｍ（または一四〇ｍ）低下し、対馬海峡は陸橋となって大型哺乳類を追って、人がわが国にやってきた。二万年前には沖縄本島は乾燥し、針葉樹林となり、ドングリもなかった。一万五〇〇〇〜一万二〇〇〇年前ごろ、黒潮が日本列島に接近してきたのと地球的な温暖化で、南九州に縄文的な環境ができ、針葉樹にかわり落葉広葉樹林が生育し、ドングリ、栗実、栃実の利用が可能となってきた。九州南部や伊豆半島には栗や小楢《コナラ》などが主体の落葉広葉樹林が成立していたとしている。およそ一万年前の平均気温は、現在より二℃低かったが、それ以降は温暖化し、海の水準は現在とほぼ同じレベルとなった。縄文時代中期ごろは、海水面はいまより二〜三ｍ高かったとされ、海岸線は現在より相当陸側に入り込んでおり、関東平野では内陸まで海岸線が入り込んで、縄文海進とよばれる状態となった。

縄文時代早期初頭にあたる約一万年〜約九〇〇〇年前の、滋賀県大津市晴嵐町沖の琵琶湖中の粟津湖底遺跡から大量の栗の果皮、鬼胡桃《オニグルミ》、水木《ミズキ》、小楢が出土した。栗実《クリノミ》の大きさは二㎝以上で粒が揃っている。

縄文時代早期から前期にかけての約一万年〜五〇〇〇年前のわが国の森林の状況について、ＮＨＫスペシャル「日本人」プロジェクト編『ＮＨＫスペシャル 日本人はるかな旅第三巻　海が育てた森の王国』（日本放送協会　二〇〇一年）によると、このころは降水量が増加し、降り方も地域差や季節的変動が明確になり、生態系が多様化した。西日本では樫類や椎類の暖温帯常緑広葉樹林が急速に拡大し、関東地方にまで及んだ。西日本内陸から中部地方や東北地方の降水量の多い地域に山毛欅《ブナ》を主とした温帯落葉樹林が、降水量の少ない地方には栗、小楢、水楢《ミズナラ》などの落葉広葉樹林が成立し、樅《モミ》、栂《ツガ》からできあがっている針葉樹林も見られるようになった。

栗実は熱量が高く効率のよい食料

約八〇〇〇〜六〇〇〇年前に、日本海に暖流である対馬海流が流れるようになり、東日本に山毛欅、小楢、栗などの落葉広葉樹林が、西日本には椎や樫などの照葉樹林が発達する。

縄文時代前期の約六〇〇〇〜五〇〇〇年前には、松山利夫『ものと人間の文化史四七 木の実』(法政大学出版局一九八二年)によると長崎県有明山大門北遺跡から、皮を除いて乾燥したと思われる栗が出土し、東北日本では冷温帯ないし暖温帯広葉樹林で、胡桃《くるみ》を中心に一部地域に栗が加わり、胡桃・栗をセットにした木の実食が行われるようになった。

橋口尚武・野口崇・福田友之・上野修一・橋本澄夫・上村俊雄『海を渡った縄文人——縄文時代の交流と交易』(小学館一九九九年)は、敲石《たたきいし》、凹石、磨石、石皿の組み合わせを使用して栃、ドングリ、栗が加工されるようになり、東日本では大規模集落の発達が可能となると、述べている。そして同書は約五五〇〇〜四〇〇〇年前のころになると、大型の竪穴住居が東北地方北部に出現して北陸地方中部に波及した。冬季用の食料とするために大量の栗、胡桃、ドングリ類、栃実などを貯蔵し、これらの灰汁《あく》抜き作業、精粉作業などの共同作業に大型住居を利用したとしている。

縄文時代とは、遺跡を発掘するときに出土する縄目文様のついた土器からこう言われている。縄文時代は、世界的には中石器から新石器時代に対応している。

縄文土器は口が広くて深い形のものが多く、この形は深鉢《ふかばち》形とよばれているが、土器の基本形として縄文時代という約一万年の間継続されてきた。この形は、食物の煮炊きと深い関係があるといわれている。つまり汁物の汁を蒸発させないように、じっくりと煮込むのに都合がよい形である。

縄文時代の温暖化によって東北地方にまで広がった落葉広葉樹林は、森林の中では容易に採取できる食物が非常に多かった。たとえば樹木の果実であるドングリ、栗、胡桃などの堅果類、ウバユリ、カタクリ、ワラビ、ヤマノイモなどの澱粉を多量に含む根塊など、植物性の食料資源は質量ともすぐれたものが豊富にあった。なお、ドングリとはブナ科の樹木の種子で、椀状の帽子をもち、堅い皮で覆われている。日本のドングリは一八種類あり、常緑広葉樹に荒樫《アラカシ》、白樫《シラカシ》、椎、マテバシイ、一位樫《イチイガシ》などがあり、落葉広葉樹に小楢、櫟《くぬぎ》、水楢、柏《かしわ》などがある。栗はブナ科クリ属なので、本来はドングリの中に入るのだが、重要な食料なので別格で栗として独立しているというより、栗以外のブナ科の樹木の種子のことを総称したものがドングリであると考えることが正しいのだろう。

胡桃の実には脂肪分が多いが、他の栗実や櫟の実などの堅果類や山芋などの芋類には澱粉が含まれている量が多く、澱粉はエネルギー源となる。しかし澱粉も生のものはベーター澱粉なのでそのままでは消化しにくい。熱と水でその結晶を壊してアルファ澱粉に変化させると、消化し人間の栄養となる。その意味でも、縄文土器は食物を加熱処理する煮炊きあるいは蒸し容器として非常に大切な容器であった。また食物の煮沸という行為は、消毒にもなり、食物を腐敗させ食中毒などの原因となる細菌類を死滅させるため、衛生的にも良いものを食べることになるので、生活レベルは一段と向上していったのである。

どんぐりの一種であるコナラの果実

縄文人の食生活について川幡穂高は「縄文時代の環境、その1―縄文人の生活と気候変動―」（『地質ニュース 六五九号』二〇〇九年）の中で、摂取熱量（カロリー）からの研究が参考になるとして、「トチやクリなどの堅果類やヤマイモなどの根茎類は、一kgを採取してくると、実際に食物となるのはその中の七〇～八五％で、そのものの熱量も高く、効率よい食物であった。一方、貝類については、可食部分は全体のたった一五～二五％で、カロリーも低く、効率が悪かった。魚類や獣肉類はその中間の性質ということになる。そこで、縄文人の主要な食物は、堅果類と根茎類を中心として、補完的に魚肉や獣肉を摂取していた」といい、組織の蛋白質の同位体比からの研究結果と一日当たり七〇gの蛋白質と一二〇〇～三五〇〇カロリーの摂取という条件を満たす食物群を解析している。そして「蛋白質はその約四〇％が魚介類から、三〇％が獣肉、三〇％がC３型植物から摂取という食事をしていたと推定されている」という。

そして川幡は、栗実は大変貴重な食物であったと、次のようにいう。

三内丸山遺跡でもゴミ捨て場からクリが沢山出土したことから、堅果類は重要な食物であったのは事実である。クリ、クルミ、カシの実は灰汁《あく》が少ないので、そのまま食べることが可能である。クリとクルミは現在でも重要な嗜好食品である。現代のように食料の豊富な時代であっても、これらは「美味しい」食品として分類されるので、当時の人にとってはそれこそ大変貴重な食物であったと考えられる。

栗とはどんな植物か

栗は日本中のいたるところの山野に自生している。秋になると棘《とげ》がいっぱいの毬《いが》が口を開き、つやつやした栗色をした栗実があらわれ、地上にこぼれ落ちているのをよく見かける。実りの秋を告げる山の幸として、人々に認められている。栗と一口にいうが、果実である栗実を言う場合と、根から葉っぱまでの樹木全体を言う場合があり、どちらのことを言っているのか迷うことがある。ここでは栗の実のことを栗実と記すことにする。

日本の植物分布を概観するうえでは、暖温帯カシ林と冷温帯のブナ林の境界は接することになるのであるが、カシ類は冬の寒さが厳しいために生育できない地域がある。暖温帯林と冷温帯林のはざまで、カシ類もブナも生育していなくて、栗や楢類などの落葉広葉樹の多い森林帯をクリ帯（中間温帯林）とよんでいる。

栗はブナ科クリ属の落葉広葉樹の高木で、北海道西南部から本州、四国、九州、朝鮮半島中南部の山地に広く分布している。世界にはヨーロッパグリ、チュウゴクグリ（シナグリともよばれる）、アメリカグリなど約一〇種が北半球の暖・温帯に広く分布しているが、わが国に自生しているものは栗（ニホングリともよばれる）の一種だけである。通常柴栗《シバグリ》とよばれる栗は、年平均気温が七～マイナス七℃で、低極温マイナス二一℃までの地域に分布している。北海道の美唄市付近から、九州の鹿児島市付近まで分布している。標高の限界は、北海道南部で四五〇m以下、東北地方では一四〇〇m以下、本州中部で一七〇〇m以下、四国では二〇〇〇m以下とされている。

クリの実は小さく、普通柴栗、篠栗《ササグリ》ともいわれる。ササグリのササとは小さなことをいい、小栗のことを意味している。

山野に自生している柴栗の着栗

栗実一ℓの重さは六〇〇～九〇〇g、粒の数は、柴栗で三九〇個、さらに小粒で八二〇個、大粒で三〇個程度である。

山野に自生する柴栗は、栽培栗の原種である。また枝垂栗《シダレグリ》、棘無栗《トゲナシグリ》、八房栗《ヤツフサグリ》、ハゼグリ（ハダカグリともいう）、ハコグリなどの変種がある。栽培栗については、別の項で述べることにする。

枝垂栗の自生しているところは、長野県上伊那郡小野村（現辰野町大字小野）天狗原および小県郡西内村（現上田市平井・西内・鹿教湯温泉）、岐阜県恵那郡静波村（現恵那市の南部）及び益田郡竹原村（現下呂市）などである。栗が偶然変異したもので、枝が著しく下垂する。その他の形質はふつうの日本栗と同じである。上原敬二は『樹木大図説』（有明書房一九六一年）のなかで、瀬下敬忠の「千曲の真砂」のなかに、小野原村天狗原の枝垂栗の記事があるとして、「この峠の下に天狗の林といふあり。小さき林、一木も余木のなく、皆栗の木なり。此の栗枝垂れ柳か糸桜のごとく、たおやかにしだれ、実のある時は地を掃くようなり。之を天狗の栗なりと云い、落すものなし」と紹介している。

また上原は同書で菅茶人が「筆のすさび」で備後国（現広島県）安田の枝垂栗を「備後国安田という所に栗木垂れたるあり。遠く見れば垂糸桜の如し。高さ一丈ばかりで、枝張り、二畝ばかりもあり。栗毬多くつきて見事なりきとて、外姪浅右衛門この頃図りて帰り示す」と記していることを紹介している。

棘無栗《トゲナシグリ》は、イガナシグリともいわれ、山形県東村山郡長崎町（現中山町大字長崎）で明治一八（一八八五）年に発見された。苞の外側の棘は短く長さ二～六㎜、または退化している。毬が手を刺さないこと以外は、他の柴栗と変わらない。この実を蒔くと全部柴栗が出るという。晩生《おくて》で栗の実の形は丹波栗より大形で、味がよく、渋皮は薄い。イガがないため、栗の実をたやすく集めることが出来る。繁殖は挿し木で、ただ一本の母株からおこなわれ、山形県園芸試験場に保存されている。

箱栗《ハコグリ》は、一個の球果のなかに七～八個の実が入っており、未熟なうちから開裂する。

八房栗《ヤブサグリ》はカズグリともいわれ、柴栗の偶然変異といわれている。花穂の全部が雌花で、雄花はみられない。一〇月ごろ花穂の下方に五～六の雌花が結実するのみで、イガは多数塊状に生じ、一個の殻内に三～四果、実は小型で、完熟しない。長野県小県郡和田村（現長和町）和田峠東側観音沢に産するので、一名観音栗ともいわれる。

栗の実は栄養価の高い食物

日本栗は直立し高さ一七～二五m、直径は八〇㎝になり太いものでは一五〇㎝に達する。枝の分岐がよく、長楕円形状披針形の葉をたくさんつける。葉脈は一六から二三対《ツイ》と多く、表面は濃緑色で光沢があり、長さは七から一四cmと細長い。栗の葉は櫟《くぬぎ》の葉によく似ているが、鋸歯の先端にも葉緑体があるとともに、幼木でも樹皮に深い縦の裂けめができるので明瞭に区別される。栗材は耐久性が高いので用途が多く、防腐剤を注入しないまま利用しても、その耐久年数は七〜九年といわれる。木造家屋の土台、浴室用材として最も重宝され、坑木や土木用材として広く用いられている。

栗は雌雄同株である。六〜七月ごろその年に伸びた枝の葉腋《ようえき》から長さ一三〜二三cmの尾状花序を出して花を開く。雄花序は直立または斜上する尾状花序で、密生する苞腋に多数の雄花がつく。雌花序は枝の上部にでる雄性の尾状花序の下部を占めるか、独立した尾状花序をつくる。雌花序は受精がおわると、雌花のついているところを残して、雄花穂部分は脱落する。

花には一種独特の臭気があり、遠くからでもよく臭い、虫媒花である。花には蜜が多いため、ミツバチが良く飛来するが、この蜜は臭気がはなはだしいため食用にはならない。むかしは、栗の花の開花を、田植え時期の目安とした。各雌花の子房は八〜一〇室で各室に胚珠は二個ずつあるが、受精して成熟するのはこれら二〇個近くの胚珠のうち一個だけである。まれに二〜三個の胚珠が発達することがあり、双子果とよばれる。

毬は総苞が成長したもので、刺と毬肉、毛茸《もうじ》、毬梗からなり、成熟すると二〜四つに裂けて落下する。毬の内部には、ふつう三個の栗の実が入っており、これを三つ栗といい、中央の扁平な形のものを中栗《なかぐり》とよぶ。また二個のものを二つ栗、一個のものを一つ栗、ヒョングリなどというが、大きく立派である。

栗の実は、果皮（鬼皮）と種皮（渋皮）、果肉（主に子葉）からできており、果皮は木質化してかたくて褐色で、渋皮は柔軟な繊維でできている。果肉は澱粉を多く含んでいる。栗の実の下部を座といい、実が発育しているときこの部分が毬肉と付着して養分の供給をうける。主な食用部分は、子葉である。

栗実は縄文時代には、ほとんど主食として食べられていたのであるが、その栄養分はどうなのであろうか。杉浦明・

宇都宮直樹・片岡郁雄・久保田尚浩・米森敬三編『果実の事典』（朝倉書店　二〇〇八年）が「五訂日本食品標準成分表」から栗の食用可能部分の主な栄養成分を載せているので引用する。

栗果実の可食部一〇〇g当たりの主な栄養成分である。

エネルギー	一六四キロカロリー
一般成分	水分五八・八g　蛋白質二・八g　脂質〇・五g　炭水化物三六・九g　灰分一g
ミネラル	ナトリウム一mg　カリウム四二〇mg　カルシウム二三mg　マグネシウム四〇mg　リン七〇mg　鉄〇・八mg
ビタミン	ビタミンA　カロテン三七μg　レチノール六μg　ビタミンE〇・三mg　ビタミンB_1〇・二一mg ビタミンB_2〇・〇七mg　ナイアシン一mg ビタミンB_6〇・二七mg　葉酸七四μg　パントテン酸一・〇四mg　ビタミンC三三mg
脂肪酸	飽和脂肪酸〇・〇九g　不飽和脂肪酸〇・三g
食物繊維	総量四・二g

栗実の食用部分である子葉の栄養成分を林檎《りんご》や梨多汁質果実と比べると、エネルギーや蛋白質、脂質、炭水化物、灰分、カリウム、カルシウム、マグネシウム、リンなどの無機質、ビタミンB_1やB_6、ナイアシン、葉酸、パントテン酸などの、ビタミンCが多く含まれており、エネルギーや蛋白質、脂質、無機質、脂肪酸は少ない。

なお、栗実の可食部分にはクマリン誘導体や没食子酸が、渋皮にはカテキンやプロアントシアジンなどの抗酸化物質が多く含まれ、活性酸素を除去して癌や循環器系の疾患を予防したり、アレルギー反応を抑制するなどの機能がある。

栗実は澱粉質の果実のため、生で食べることはせず、通常茹でたり、焼いたり、米などの穀物と混ぜて炊くなどの加工・調理をしてから食べる。なお、栗実は加工するとカロリーも栄養価も減少する。栗実の渋皮にはタンニンが含まれるが、生食は可能である。

九四〇〇年前の栗塚見つかる

縄文時代の遺跡の住居跡や貯蔵穴から、栗の遺存体として栗の果実、種子、果皮、種皮がしばしば発掘される。栗実の遺存体が遺跡から出土した最も古い事例として、静岡県沼津市宮本元野の元野遺跡、滋賀県大津市粟津（現晴嵐《せいらん》）の粟津湖底遺跡第三貝塚、岐阜県高山市丹生川町折敷地五味原の西田遺跡・同県岐阜市打越才峠の打越遺跡、福島県須賀川市田中字関林の関林Ｄ遺跡を上げることができる。

最も西の遺跡が滋賀県大津市の粟津湖底遺跡である。粟津湖底遺跡は、琵琶湖南端で瀬田川河口部に当たる大津市粟津（遺跡名が名付けられた時は粟津と呼ばれていたが、その後の都市化で、現在の琵琶湖岸となるあたりは晴嵐とよばれている）の沖約三〇〇ｍの琵琶湖湖底にある。本来は琵琶湖東岸（左岸側）であった地域に形成された集落の跡で、後の変動（水位の上昇とする説と、地盤の沈降とする説の二説がある）によって湖水に没したと考えられている。

昭和二七（一九五二）年に地元の漁師が網から縄文式土器を引き上げたことから注目され、昭和五五年以降潜水調査やボーリング調査によって、東西一九〇ｍ、南北二三〇ｍにわたる地域で、三層からなる貝塚があることが確認された。貝塚からは貝だけでなく、土器や栗、栃、胡桃などの実が発見され、縄文時代の西日本内陸地域の生活を知るうえで貴重な遺跡として評価されている。

辻誠一郎は『植生研究　第二巻第一号』（植生史研究所編 一九九四年一月）の巻頭の写真説明「粟津湖底遺跡の縄文時代早期のクリ遺体群」で、粟津遺跡の栗塚について次のように説明している。（※写真1、2は、『植生研究』の記載である）

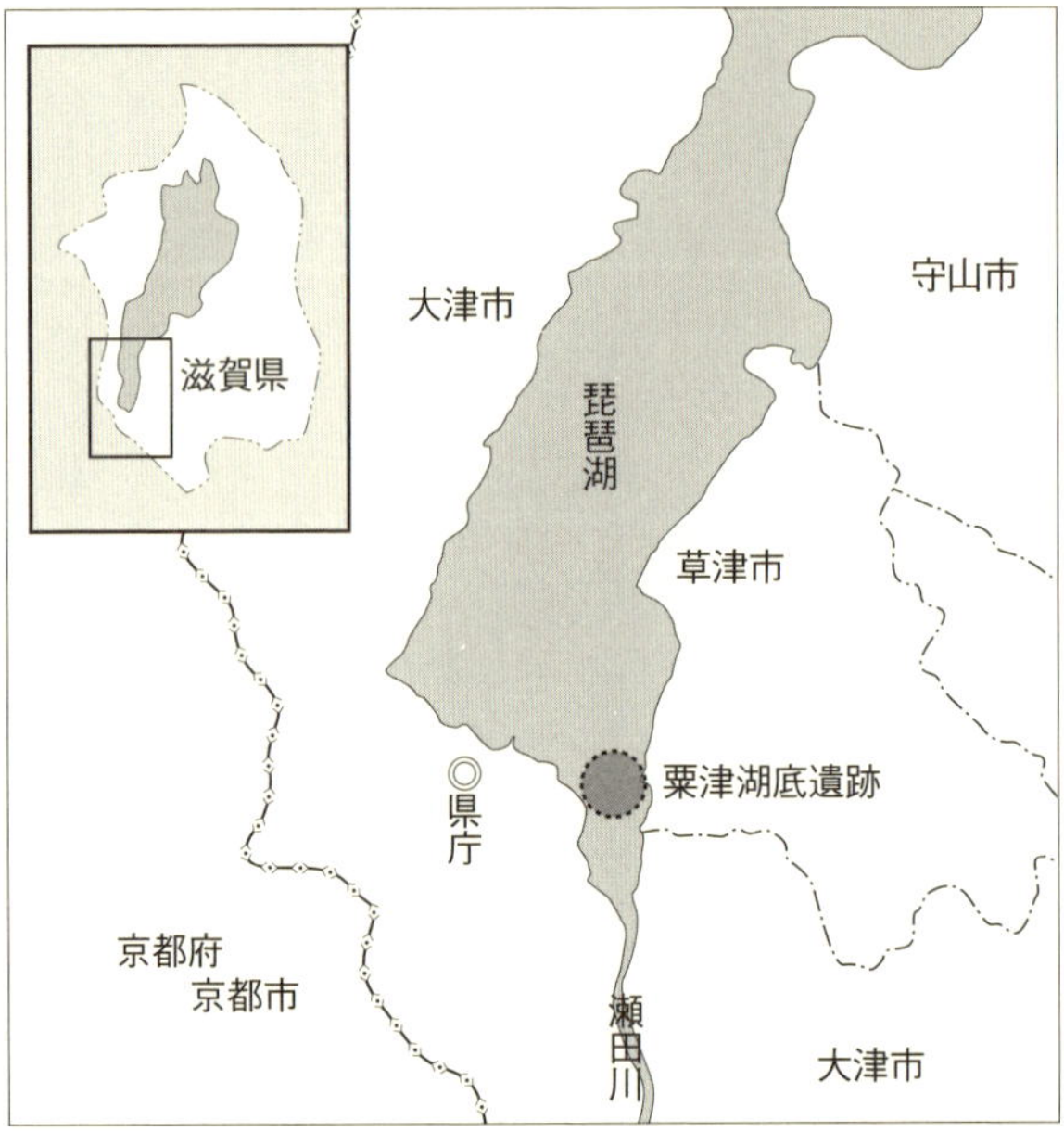

9000～9500年前のクリ塚が見つかった粟津湖底遺跡略図

一九九一～一九九二年に水資源開発公団施行南湖粟津航路浚渫工事によって発掘調査され、縄文中期貝塚が動物遺体の互層からなることが見いだされ、生業の季節性を復元できるものとして注目された。さらにここに示した縄文早期のいわゆるクリ塚は、栗実のほかヒョウタンなど人間によって利用された植物遺体や、多量の編み物・木製品群を含むもので、日本では最古級の植物包含層として注目された。

「写真1」は、湖水面下約3ｍのマウンド状の発掘面で、左手から右手前の縄文早期の溝状の谷が見出され、数人が集まるあたりでいわゆるクリ塚が発見された。「写真2」はその断面で、礫層をはさんで上下に2層のクリなどの植物遺体が密集する灰色シルト層がみられる。クリやヒョウタンの加速放射性炭素測定年代では約9000～9500年前と測定された。クリの遺体については、本誌の南木睦彦氏の論文が詳しい。

辻はこのように記述しているが、南木睦彦が同誌に掲載している「縄文時代以降のクリ果実の大型化」では、「粟津湖底遺跡は滋賀県大津市晴嵐先にある。縄文時代早期の遺跡包含層からは、クリ果皮が多産しており、一〇〇〇㎤（注・一ℓ＝一〇㎝角）あたり概数として二〇～三〇個分が含まれている。木本では鬼胡桃や柏などが産出している。ヒシやヒルムシロといった水草も産出するので、ヒトが投棄したものが水域で堆積したものであることがわかる。九三〇〇～九四〇〇yBPの放射性炭素年代値が得られている」と簡略に記しているだけであり、辻がクリ塚とよぶほどの量の栗果皮が積み重なった様子を窺うことはできない。なお、放射性炭素年代の値が、前記の辻の値とは違っているが、こちらの方がより絞り込まれている。

安田喜憲は「クリと縄文文化」（古代学研究所編『アジアの古代文化　一九九五夏・八四号』大和書房）で、縄文時代早期の遺物包含層から栗の果皮が大量に発見され、栗塚とよばれているが分析の結果では栗の花粉出現率は少ないという。そしてこの栗実の大きさは、現在の野生栗と同じ大きさであったともいう。さらに栗のもう一つの利用である木材について、縄文時代早期の出土木材一三六点中、栗材はわずか三点に過ぎないので、遺跡周辺に栗林が存在したとはみなしがたいとしている。したがって、遺跡に集められた栗実は、縄文人たちが琵琶湖岸の山林のあちこちを駆け巡って集めたものである。

栗実出土の縄文遺跡は東日本が高密度

縄文時代の遺跡から栗の遺存体が出土する遺跡の分布図について、和田稜三は『日韓における堅果食文化』（第一書房二〇〇七年）のなかで、渡邊誠一の『縄文時代の植物食』（雄山閣出版一九七五年）によってはじめて明らかにされたという。栗実は五三遺跡から出土し、東日本の遺跡密度が高く、西日本での密度は低い傾向が示されていた。

その後、竹内理三・井上辰雄・江坂輝彌・加藤晋平など九人編『考古遺物遺跡地名表原始・古代』（柏書房一九八三

年）は渡邊の前記の原図をもとに、色刷りした地形図に七つの遺跡を加え、六〇の遺跡を表しているが、それでも東日本が密で、西日本は疎であるという傾向に変わりはなかった。その後、栗実の遺存体の出土に関わる全国的な分布図は、平成一九（二〇〇七）年現在では表されていないと思われると、前記の和田はいう。

和田はまた、彼が知り得たところでは栗実遺存体は二三二の縄文遺跡から出土し、北海道の石狩平野から九州の鹿児島県までという広い範囲に及んでいる。前にふれた和田の書物から、栗実が出土した縄文遺跡の一覧表を、府県単位に整え引用させていただく。なお、和田は遺跡ごとの縄文期の時期を記しているが、本表では省略した。（★二二一～二二三頁参照）

栗実の遺存体が出土する遺跡数を多い順にみると、新潟県（三〇件）、青森県（二〇件）、長野県（一八件）、山梨県（一七件）、福島県（一七件）、岐阜県（一五件）、北海道（一五件）となり、これらの地方に偏在していることがわかる。東北地方であっても宮城県（三件）と山形県（五件）は、意外に少ない。どういうわけなのかわからない。

和田はまた、縄文時代を早期、前期、中期、後期、晩期の五期に分けて、時期別の栗遺存体の出土数を集計している。なお、出土した時期が曖昧な時はその中間に区分している。

早期	三四件
前期	三三件
（中間）	五件
中期	七八件
（中間）	七件
後期	四〇件
（中間）	一〇件

晩期　　四八件

縄文時代早期（約一万五〇〇〇〜一万二〇〇〇年前）から栗実の食用は始まり、中期（約五三〇〇〜四五〇〇年前）の遺跡からの出土がもっとも多くなり、盛んに利用されていたことが分かる。これはこの時期に人の居住地が拡大していったことで、遺跡数が増加したという現象と一致していると分析されている。

北海道で糸つなぎの栗の実出土

山田悟郎・柴内佐知子は「北海道の縄文時代遺跡から出土した堅果類―クリについて―」（『北海道開拓記念館紀要第二五号』一九九七年）で、北海道の縄文期の遺跡から発掘された栗実について記しているので紹介する。

北海道に栃や栗が進出した正確な時期は不明だが、栗と同じ科である山毛欅《ブナ》は約八五〇〇〜五三〇〇年前までには、津軽海峡をこえ北海道西南部に達していたと考えられている。栗は北海道では二次林要素であり、他の二次林要素である水楢《ミズナラ》や楢に比べるとその混生率は低く、人里で見かけることが多い。栗は陽樹で適潤な土地を好み、谷あいまたは山腹の緩斜面のものがもっとも旺盛な生育をしめすが、乾燥にも耐える性質をもっている。

縄文時代の遺跡から出土した堅果類は、鬼胡桃の核と各片、小楢亜属（水楢、小楢、柏）、栃、栗、榛《ハシバミ》の子葉・堅果片、水生植物である菱《ヒシ》の実の刺針などがある。

遺跡から出土する栗遺存体は、炭化もしくは水漬けとなった子葉・堅果皮、焼失した住居跡などの床面などに分布する炭化した構造材、薪炭材、低湿地遺跡から出土する構造材や木器と流木などがある。

栗が出土する時代区分では、縄文早期の遺跡からの栗実の出土は無く、縄文前期は三遺跡、縄文中期は九遺跡、縄

【栗実が出土した縄文遺跡一覧表】

北海道	忍路土場、美々4、千歳5、臼尻B、ハマナス野、大中山26、聖山、鶴岡2、新道4、コタン温泉、藤城7、浜松2、浜松5、キウス7、大船C
青森県	亀ヶ岡、三内霊園、地蔵沢、浪舘平岡、三内丸山、平貝塚、右エ門次郎窪、黒坂、牛ケ沢3、三合山、八幡崎、松ケ崎、泉山、熊ケ平、明戸、五月女萢、二枚橋、石ノ窪2、野場、石亀
岩手県	雨滝、大地渡、中島、峠山牧場ⅠB、上八木田Ⅰ、御所野、森の越、上杉沢
宮城県	山王囲、二月田貝塚、館前貝塚
秋田県	清水、柏子所貝塚、池内、奥椿岱、上谷地（クリ近似種）、石坂台Ⅳ、白坂、梨ノ木塚、鐙田、手取清水
山形県	嶋、吹浦、下野、砂川A、押出
福島県	惣八郎原、宇輪台、松原、堂平、関林A、仲平、連郷、下平石、羽白D、上林、柴原A、荒屋敷、南和台、田地ケ岡、関林B、中ノ沢A、稲荷原
栃木県	湯坂、木の峰、真福寺、石神貝塚、伊奈氏屋敷跡、中耕、姥原、将監塚、お伊勢山、水子貝塚、
千葉県	余山貝塚、多古田、加曾利南貝塚、加茂
埼玉県	上組Ⅱ
東京都	昌林寺貝塚、清水台、下宅部
神奈川県	宮久保、金塚貝塚、
新潟県	川舟河、上ン原、栃倉、沖ノ原、鍋屋町、顕聖寺、大貝、寺地、青田、新谷、豊原、万條寺林、大沢、道添、大イナバ、上車野E、ツベタ、岩野原、城之腰、八反田、反里口、福浦、黒淵、根立、原田B、村尻、上野原、鳥屋、御井戸
富山県	杉谷64、杉谷81、水上谷、南太閤山1、桜町、境A
石川県	米泉
福井県	鳥浜
山梨県	野添、上平出、天神、姥神、甲ツ原、頭無、上北田、上の平、上野原、京原、花鳥山、豆塚、釈迦堂、上萩原、安道寺、大月、田和
長野県	御座岩、神ノ木、上前尾、徳久利、尖石、九兵衛尾根、乳川右岸、有明山社大門北、栃窪岩蔭、籠畑、藤内、狐畑、一津、花上寺、中越、阿見張、増野新切
岐阜県	村山、桜洞、島崎、炉畑、上原、上開田村平、阿曽田、岡前、打越、カクシクレ、宮ノ前、西田、岩垣内、たのもと、塚原
静岡県	元野、坂田北、天王山、蛭田、北山（クリらしい）
愛知県	見晴台、下前津、富士見町、本刈谷貝塚、木用、乙福谷、中村
滋賀県	粟津湖底、滋賀里貝塚、北仰西海道
京都府	町ケ崎、鶏冠井
大阪府	長原、讃良川
鳥取県	栗谷、井後草里
兵庫県	本庄町

奈良県	東安堵、平城京左京四条三坊下層
岡山県	南方前池
高知県	中村貝塚、松ノ木
福岡県	新延貝塚
佐賀県	菜畑
長崎県	黒丸
宮崎県	別府原、松山
鹿児島県	上野原、市来貝塚

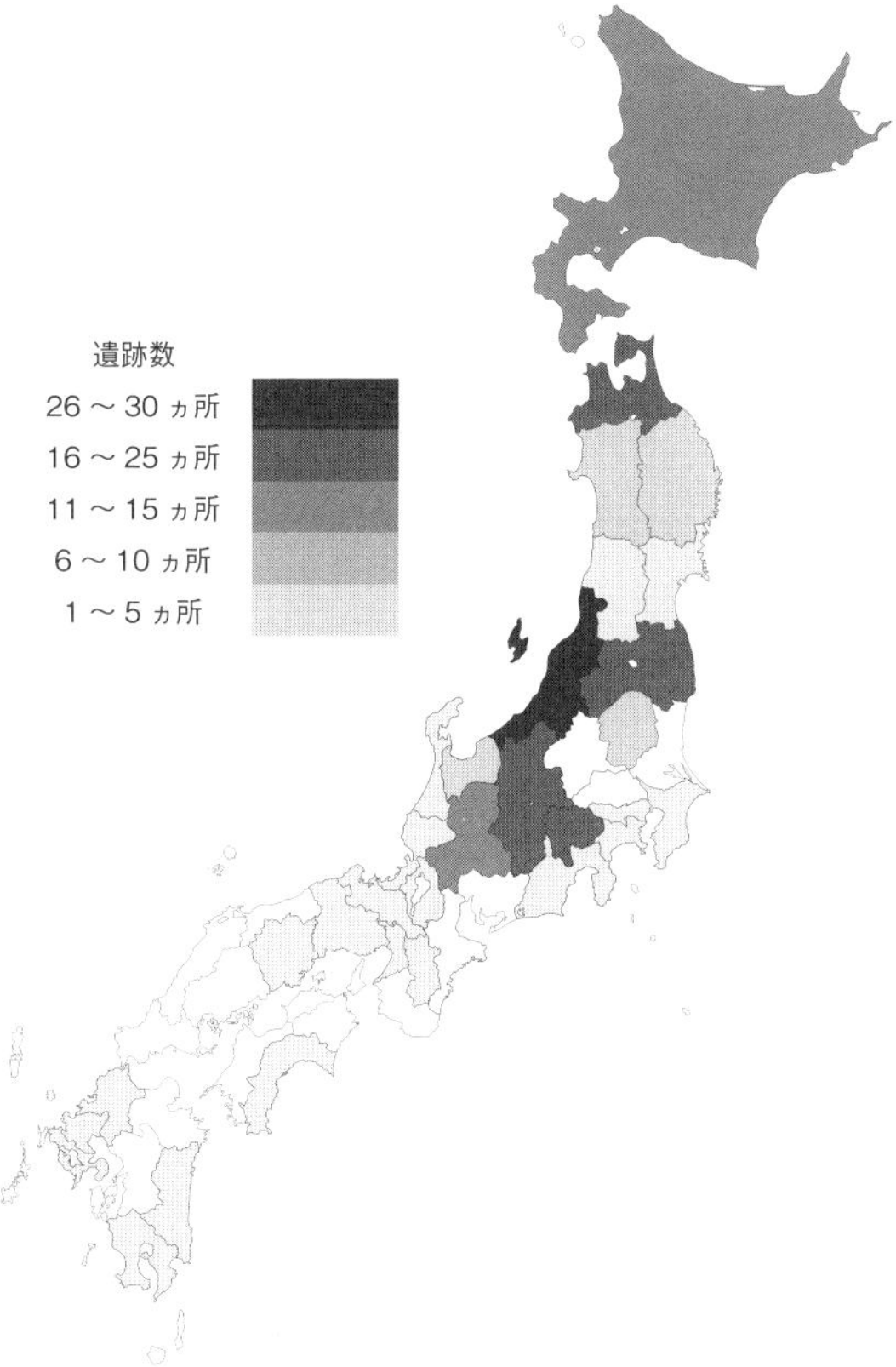

栗出土の縄文遺跡分布図
（和田陵三著『日韓における堅食文化』の表を筆者図化）

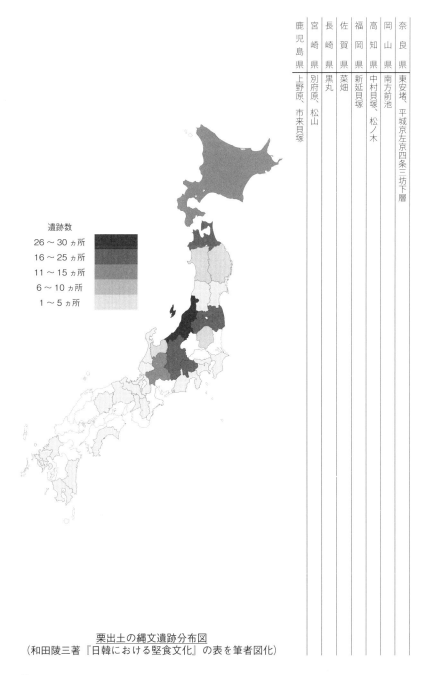

文後期は四遺跡、縄文後期は三遺跡で、北海道全体では一六遺跡から出土している。堅果類が出土している遺跡は二六遺跡であるから、栗が発掘された率は高い。栗の出土点数の多い遺跡は四遺跡で、それ以外からは出土点数は少ない。栗の子葉と堅果皮が出土した遺跡をみていこう。

縄文早期の遺跡の木古内町鶴岡2遺跡では、平成元（一九八九）年に調査され、住居跡から鬼胡桃の核片と一部が破損したものを含めると五点の栗の子葉が出土した。同時期の八雲町コタン温泉遺跡は昭和六二（一九八七）年から平成二（一九九〇）年にかけて発掘調査された前期後半期から後期前半期の貝塚が主体の遺跡で、前期末の層から一点、後期初頭の層から三点、後期の層から一点の栗の子葉が出土している。

木古内町新道4遺跡では、昭和六〇（一九八五）年に発掘調査されたB地区から栗子葉が出土、昭和六〇、六一年に発掘調査されたD地区の住居跡から鬼胡桃の核片、栗の子葉片（三個以上）、水木の種子が、昭和六一年に発掘調査されたG地区の住居跡床面などから鬼胡桃の核片と栗の子葉片（三個以上）が出土している。

南茅部町ハマナス野遺跡からは、昭和五八年に発掘された中期中葉の住居跡床面から栗の子葉が出土している。出土栗の完形なものの三点の計測値は、高さ一・〇×幅一・〇cm、高さ〇・八×幅一・一五cm、高さ一・〇×幅〇・七五cmであった。同町臼尻B遺跡からは、昭和五八年に発掘調査された中期中葉の住居跡から栗の子葉、マタタビ属、漆属などの種子が出土している。

七飯町大中山26遺跡からは、昭和六三年に発掘調査された中期中葉の土壙《ドコウ》下部の土壌中から小片と三〇点以上の完形の栗の子葉出土が報告されている。同町上藤城7遺跡からは、平成二年に発掘調査された中期末の焼土の中から、約一個分の栗の子葉（高さ〇・九五×幅一・二㎜）と堅果皮片が出土している。

登別市千歳5遺跡からは、昭和五九年に発掘調査された中期末から後期初頭の土層から、多量の炭化した鬼胡桃の核と栗の子葉が出土している。

八雲町浜松5遺跡からは、平成四年と五年に発掘調査された後期前葉の住居跡や土壙の中から炭化した栗の子葉と堅果皮片、水楢、小楢、柏の子葉、鬼胡桃の核片、エゾニワトコの種子、ヒエ属頴果《エイカ》、タデ属痩果《ソウカ》、エンレイソウ属漿果《ショウカ》が出土している。このうち栗の子葉と堅果皮の出土量が多いが、ほとんど細かな細片で完形に近いものは四点であった。同町浜松2遺跡からは、平成二年に行われた発掘調査で後期中葉の住居跡から、栗の子葉と堅果皮片、鬼胡桃の核片が出土している。

小樽市忍路土場遺跡からは、昭和六〇年から同六二年まで発掘調査された後期中葉の低湿地遺跡では鬼胡桃、栗、水楢、小楢、榛などの堅果類や、灰犬榧《ハイイヌガヤ》や黄檗《キハダ》などの果実種子、栽培植物の紫蘇《シソ》、鬼灯《ホオズキ》、牛蒡《ゴボウ》などの種子も出土した。このうち鬼胡桃の核の出土量が最も多く、二分の一個体のものや破片などを含めると二万五三〇〇点で総重量は三二・八九kg、栃の堅果や子葉片が約二六〇〇点で総重量七三七g、栗実は二分の一個体の堅果や子葉片、堅果皮片を含めて約三九〇〇点で総重量三七五gが出土している。

千歳市キウス7遺跡からは、平成五年から同七年にかけて発掘調査された後期の住居跡から、栗の子葉、鬼胡桃の核片、水木属、漆属などの五種類の果実種子、葱属の鱗茎などが出土している。

これらのほか続縄文時代の低湿地遺跡の江別市江別太遺跡、七飯町大中山5遺跡、札幌市K１３５遺跡からは栗の子葉や堅果皮が出土している。なかでも札幌市K１３５遺跡の多数の焼土からは約一七〇〇個体に相当する量の炭化した栗の子葉が出土している。完全な形の栗の観察では、中央部に貫通した細かい穴が穿たれているので、紐を通してぶら下げて乾燥保存された状態であったという。

山田悟郎らは、次のように出土した栗実と現在の野生栗の大きさを比較している。

出土したクリの子葉は炭化したためか砕けたものが多く、計測可能な完形なものは少ない。中期中葉のハマナス野遺跡出土の子葉が高さ〇・八〜一・〇×幅〇・七五〜一・一五cmで、炭化して収縮したとはいえ現在札幌近郊に分布する野生種のクリより小さい。だが、後期中葉の浜松5遺跡出土のものは高さ〇・九～一・三八cm×幅一・三二～二・一一cmで、炭化収縮していることを考えれば現在の札幌近郊に分布する野生種と同じか幾分肥大した大きさとなっている。(中略)気候環境が厳しい北海道では、クリが人間によって管理・栽培されていても本州で出土しているような大きな堅果は実らなかったようである。

なお、札幌市近郊の野幌丘陵の野生栗の三〇個の最大値と最小値は前述の山田悟郎らで測定されているが、高さ一・三七～二・二〇五cm、幅一・五一～二・一〇五cm、厚さ〇・七四～一・六八五cmであった。函館市近郊の一般家庭で自然状態で栽培されている栗は、高さ二・一一～二・七三cm、幅二・一一～二・八三五cm、厚さ一・二六～二・〇七cmで、栽培されていた栗が高さ・幅・厚さとも約六mm前後大きい。

三内丸山に栗文明が発祥

青森県青森市の三内丸山遺跡は、この地域に栗の純林が長期間存在していたことや、栗実が次第に大形化していったことで知られている。なお、栗の純林とは林学では、栗林に栗以外の樹種の混交している割合が〇～二五%の林のことをいう。つまり栗の占める割合が七五%以上の林を純林という。三内丸山遺跡は、青森市の郊外でJR青森駅から南西方向に約三kmに位置する台地の上にある。八甲田山系から続く緩やかな丘陵の先端部にあたり、北側には青森湾にそそぐ沖館川が流れ、その河岸段丘の上に三五haもの広大な集落がつくられていた。ここで集落が営まれていたのは、縄文時代前期中ごろから中期終わりごろ(約五五〇〇～四〇〇〇年前)という年代で、およそ一五〇〇年間という長年月にわたっていた。周辺には前期や中期の遺跡が数多く分布している。

平成四(一九九二)年から三内丸山遺跡の発掘を担当した岡田康博は『遥かなる縄文の声 三内丸山を掘る』(NHKブッ

クス 二〇〇〇年）で、三内丸山遺跡は「円筒土器文化の巨大集落である。とくに中期の集落は巨大で、土地利用も明確に規制された、計画的な集落づくりが行われていた。また膨大な量の出土遺物は当時の活発な生産活動の実態を示していると考えられている。少なくともこれまでの縄文文化＝狩猟・採取、移動の文化では定義できない、豊かで安定した文化が、本州北部を中心に、かつては繁栄していたことを如実に物語っている」と述べる。

この遺跡は江戸時代から注目され、何度も発掘調査がなされていた。平成四年四月から青森県立野球場建設に先立って発掘調査が行われ、前例のない直径八〇cmの栗の巨大な柱をもつ建物跡が姿を現し、縄文時代中期の円筒上層土器を大量に廃棄した盛土遺構、大量の土偶や翡翠さらには漆製品などが出土した。その後、直径八〇cmもある栗の巨木の柱根が残る柱穴が六つ発見されるなどして、その保存を求める世論も高まり、野球場の建設工事は中止、平成一二年に国の特別史跡に指定された。前に触れた岡田康博は、最盛期には五〇〇人近い人が居住していたのではないかと推定している。

山形県西置賜郡小国町金目の栗の純林である。三内丸山のムラ周囲には、このような栗林が展開していたであろう。
出典：赤羽正春著『採取ブナ林の恵み』ものと人間の文化史 103 法政大学出版局 2001 年

そこでこんな巨大な遺構を造り、高い文化水準と、多くの人口を維持する生業は何で、そこで生活している人々は何をたべていたのであろうかと、関心をもった安田喜憲は三内丸山遺跡での花粉分析をおこない前に触れた「クリと縄文文化」で次のように記している。

> 私は前中期遺物廃棄ブロックと名づけられた三内丸山遺跡の北側の谷底に堆積した泥炭を採取し、花粉分析を行ってみた。その結果、縄文時代前期の人々が居住した頃には、遺跡周辺の台地にはナラやカエデ、それにシデなどの落葉広葉樹林の森が生育し、谷底周辺にはヤナギやハンノキの湿地

林が存在した。クリの花粉も出現しているが、一〇パーセント以下にとどまっている。ところが縄文時代中期中頃に入ると、ナラやカエデそれにヤナギなどの花粉が急減してクリとクルミの花粉が急増してくる。縄文人がナラの森を破壊してクリやクルミなどアク抜きをすることなくそのまま食べられる堅果類を選択的に保護・育成したことを物語っている。そして縄文時代中期末には、樹木の花粉の九〇パーセント以上がクリで占められているという異常な花粉の構成を示すようになる。それは、酒詰が指摘したクリ畑に近い風景を連想させる。

この花粉分析の結果から、三内丸山遺跡の縄文人たちの主要な食料となったものの一つに、クリをあげることができる。もちろんクリだけでは生きていくことはできない。海の魚貝類や山菜などをバランスよく食べていたにちがいない。しかし、カロリー源としてはクリの重要性が注目されたのである。このように、豊かな縄文文化を支えた生業の一つに、クリの集約的な利用・管理があったことは、もはや疑いようのない事実となった。


遺物廃棄ブロックというのは、遺跡の北端から幅一五m、深さ三～五mの谷がみつかっており、これを考古学者たちは縄文時代前期・中期の遺物廃棄ブロックと名づけたのである。その名のとおり、この谷底は発掘する人たちが湧水で悩まされたように湿潤であったため泥炭層となっていた。水分が多く空気を遮断していたため土器や石器のほか、通常は長年月の間に腐食して残らない堆積物の、木製品や漆塗製品・網籠・動物の骨・鱗・植物の種子・木の実・寄生虫の卵などが非常に良好な状態で、しかも大量に発見されている。

三内丸山遺跡の縄文人の食生活を彩った食物は、海の魚、山の幸である獣肉と堅果類や山菜などである。海の魚は、真鯛、平目、鰤《ブリ》、鮪《マグロ》、鯵《アジ》、鯖《サバ》など五〇種を超える魚の骨が見つかっている。三内丸山は沖館川の河口近くであるが、淡水魚の骨はほとんど出てこない。獣肉は、他の縄文遺跡や貝塚では出土する動物遺体の七割は猪と鹿であるが、三内丸山ではその七割が兎とムササビのような小型動物であるという特徴がある。

植物性食料となるものが豊富な落葉広葉樹林に囲まれていた三内丸山の縄文人は、食料の八割以上を植物性食料としていたことが、人骨の分析から検証されている。前に触れた岡田康博は同書で、「出土した植物を見ても、大半がクリとクルミである。中でもクリは重要な食料であった。栽培を行いクリを利用していた。これはDNA分析で確認されている。クリは大量に採れたから、保存のための加工をしなければならないこともあった。最も簡単な保存のための方法は加熱である。その他ヤマイモなども澱粉質のものも利用していたであろう。

しかし、イモ類は、遺物として残っていないが、澱粉質を食べると歯の減り方がはげしい。これは縄文人の歯の減り方が速いことからも裏付けられている。縄文時代の代表的な食料はドングリといわれているが、三内丸山では、ドングリはあっても食べられた形跡はほとんどない。当時、集落周辺には生えていたにもかかわらず、利用していない。優先的にクリを利用していた。クリは、ドングリと一緒に林を構成するが、その中でドングリを伐った選択的行為によって、クリ林にしていく。クリへのこだわりが強かったことがわかる」と、植物性食料はほとんど栗実であったことを記している。

岡田が言うように、北の谷から大量に出土し、その量の大きさから主食にしていたと思われる栗実の遺伝子（DNA）を調べたところ、自家受精しない栗実が同じパターンを示したのである。野生のものは多様性があるから、DNAをとるとパターンはばらばらになるのだが、三内丸山のものはきれいに揃っているから栽培されていたと考えられるのである。

秋の収穫期に多量にとれた栗実は、地下に埋めて貯蔵されており、三内丸山遺跡からは地下式の貯蔵穴が見つかっている。倉庫や住居でも貯蔵できるが、貯蔵量としては穴の方が沢山の量を貯めておけるのである。

さて三内丸山の集落周辺は栗の純林状態で、そこから収穫される栗実は貯蔵穴に貯蔵され、年間を通して食用に供されていた。三内丸山集落の人たちの一年間分の主食となる炭水化物食品を、栗の栽培によって手に入れることができるようになっていたことは、栗文明が生まれていたと考えて差支えないであろう。

古代文明はナイル川下流、チグリス・ユーフラテス川流域、黄河流域、長江中下流域で生まれたとされ、その地域で主食とする炭水化物食料は、小麦と稲（米）である。小麦と稲は草本で、どちらも食料となる種子は刈り取るという手間と、次の種子を収穫するためには種子を蒔くという手間と栽培地を耕すという手間が必要であった。種子を蒔くという行為の時、農耕儀礼が生まれた可能性が高い。

三内丸山の栗文明では、食料となる栗実を稔らせる栗の木は樹木で一〇〇年近くの長年月の間、種子を蒔かなくてもよい。そして樹下では副食となる山菜類が栽培でき、空間を立体的に利用できるのである。秋に枝から落下する栗実を拾い集めれば、食料は確保できる。つまり、主食となる食品確保に多くの労働力を必要としないのである。草本の小麦と稲の文明と、木本の栗文明の違いはそこにある。三内丸山の栗文明は、栗という樹木の果実を十分に活用しつくした、手間をかける必要のない立派な文明であり、小麦や稲の文明と比較してもなんら遜色のない文明だといえよう。しかも別の地で生まれた文明に影響されることなく、わが国独自の力で発生し発達した栗の文明であると考えられる。樹木から文明を生みだした山内丸山は、世界でも唯一の事例である、と言っても差し支えないであろう。

三内丸山遺跡の栗の巨材六本柱を巡る諸見解

三内丸山遺跡から平成六（一九九四）年に直径約一ｍの栗の柱が六本検出された。この六本の柱は何であるかについて、いろいろと論議がされてきた。宮本長二郎は「巨木柱遺構の正体―三内丸山遺跡の高床建築―」（梅原猛・安田喜憲編『縄文文明の発見―驚異の三内丸山遺跡―』ＰＨＰ研究所　一九九五年）のなかで次のように記しているので、少し長いが引用する。

三内丸山遺跡は集落の巨大な規模と特異な構成、出土遺物の豊富さなど、これまでの縄文時代の常識をはるかに超えている。最も注目をあびたのは遺跡の西北部に位置する直径八〇㎝程の栗材の柱である。この巨木柱は旧地表面下約二・七m程の深さに掘立てられ、四・二mの等間隔に東西に三本ずつ二列、計六本が整然と並んでいる。もちろん、四〇〇〇年以上の年を経て腐食が進み、柱掘形の底部に一〇〜六〇㎝程の高さしか残存せず、柱の周囲も痕跡から約一〇㎝やせており、これらの巨木柱は当初直径約一mであったことは明らかである。地表面下二・七mで、地上部には仮にその三倍（八・一m）の長さがあったとして、全長一〇・八mである。八戸工業大学の高島成郁氏は、直径一mの栗材から長さ二〇mはあったとして、物見櫓説をたてておられるが、私はその説に対して、第一に栗の巨木からは一〇m位の材しか採れないであろうこと、第二に柱掘形の穴の直径が一・五m程であるから、柱が長くなるほどに、掘形中に柱を立てる工事が難しくなること、第三にこの巨木建築と、遺跡中央部に位置する掘立柱建物群と比較すると、後者は同円形状・同規模ながら柱径は約五〇㎝ほどの約半分になっており、巨木材を用いたのは高さをとるためでなく、必要以上に柱太さを強調した祭殿であり、中央建物は高床倉庫群に想定されると反論した。

以上、二人の建築史の立場からの意見はともに高床建築である点では一致しているが、考古学者からは建物ではなく柱を並び立てただけのウッドサークル説、屋根のない物見台説などあり、高さについては二〇m以上あっても良いとする極論まで出る有様である。ともかくも、この巨木柱遺構のもつ特殊性だけは全員一致で認めるところである。このように解釈が異なる意見が多いのは、遺物などの決め手に欠ける点にある。

宮本長二郎はこのように、栗巨木の六本柱は何であるかについての論議があったことを述べている。そして結論がでないまま、現地には六本柱の三層の高床をもちながら、人が上り下りの手段を持たない施設が作られている。

宮本はまた、栗巨木柱遺構復元のために行った青森県建築課の調査を記している。青森県と岩手県の山林を調査した結果、ようやく直径一m、長さ一五mの柱がとれる栗木を青森県下で四本見つけた。岩手県では長さ二〇mの柱をとることはできるが、直径は六〇㎝であった。宮本はこの調査に基づいて、直径一m以上の栗材の高さは一五mが限度であると結論付けている。

この宮本の調査結果はこうであろうが、それは明治になって鉄道敷設が開始され、大量の枕木として栗材が伐採されたこと、また昭和一六（一九三一）年に岡山県で見つかったクリタマバチ被害で大量の栗の木が枯れたことに原因している。これらの事件後からおよそ一〇〇年しか経過していないので、大木の栗が見つからなかったのである。

山里の人たちはむかしから栗の木を大切にし、伐採しなかったので、大木はたくさん生育していたと考えられる。現時点の栗の生育状況から、むかしの栗の生育状況を推察することは非常に難しいのである。

縄文期の各地の栗巨木柱

縄文時代の遺跡から栗巨木を掘っ建てた遺跡がいくつか検出されている。名古屋大学の山本直人は「環状木列柱からみた縄文時代晩期の地域社会」（『名古屋大学文学部研究論集（史学）』名古屋大学文学部）のなかで、完全な形での環状木列柱に、石川県金沢市新保本町のチカモリ遺跡、同県鳳珠《ほうす》郡能都町真脇遺跡、同県金沢市米泉町の米泉遺跡、富山県小矢部市桜町の桜町遺跡の四つがあるとしている。

チカモリ遺跡の発掘調査は昭和五五（一九八〇）年に行われ、環状木列柱は四基検出され、検出された木柱根は三五〇本である。半割された半円柱状木柱根の円弧面はいずれも内側を向いている。木柱根の弦長や円柱形木柱根の直径は一〇～八〇㎝の範囲に入り、六〇㎝以上のものは点数が少なく、二〇～四〇㎝ものが圧倒的多数を占めている。柱根の多くは栗である。

米泉遺跡は昭和六二年に発掘調査され、環状木柱列一基が検出された。七本の柱穴に柱根が残存し、そのうち五本が栗材と同定された。

桜町遺跡は、能登半島基部の宝達丘陵の南で、小矢部市市街地北方にあり、子撫川と小矢部川にはさまれた三角形の低丘陵地帯の小谷の中に立地している。小矢部市教育委員会によると、縄文時代草創期（約一万二〇〇〇年前）から縄文晩期（約二三〇〇年前）までの縄文全期間にわたる遺跡だという。昭和六三（一九八八）年から発掘がはじまり一時中断、平成八（一九九六）年から再開され平成二七年現在も継続しており、遺跡全体の総面積は三内丸山遺跡を超す八〇haである。

幅三m程の小川の跡から、種々の木組み施設が水害時の細かい砂に覆い尽くされた状態で検出された。木組は堅果類の「水さらし場」と考えられ、周辺から栃、栗実、胡桃が大量に出土した。木組みの主要部材だけでも一〇〇程という量が出土しているが、ほとんど栗材である。

完全な形の環状木柱列の四遺跡位置図

余談だが、この遺跡から当時食べられていた山菜のコゴミがそのまま出土している。植物繊維は分解しやすく、通常であれば数カ月で完全になくなってしまうが、なんの加工もされない生の植物が、およそ四〇〇〇年を経て鮮度を保ったまま残っていたことは、奇跡中の奇跡で、小矢部市教育委員会は「この鮮やかな緑色を残した縄文コゴミは、この桜町遺跡のシンボル的存在になった」という。コゴミは、シダ類の一種クサソテツの若芽のことで、東北、北陸地方の代表的な山菜である。

平成一二（二〇〇〇）年と一四年に発掘調査された約二八〇〇年前

の場所から二基の環状木柱列が検出され、そのなかの一三本の柱根はすべて栗材であった。

真脇遺跡は昭和五七、五八年に発掘調査され、縄文時代の前期初頭（約六〇〇〇年前）から晩期終末（約二三〇〇年前）まで、約四〇〇〇年間繁栄を続けた長期定住集落跡である。真脇湾奥の標高四～一二mという低地の小さな沖積湿地であったため、普通には残りにくい動植物の遺物が沢山検出されている。約二八〇〇年前の晩期の土層から、巨大な栗木を半割し円形に立て並べた環状木柱列がみつかった。

直径七mの円周上に半割した栗木を約二・二mのほぼ等間隔に並べたもので、柱は割られた内側が円の外側に向き、円弧面が内側に向いており、柱の弦の長さは八五㎝あった。このため原木は直径約一mの幹をもつ栗の巨木が、半分に分割されたと推定されている。木柱の地下部分は約一m、ほぼ同じ場所で六回立て替えられ、立て替えときは引き抜かず、地中部分を残して切倒したようである。この環状木柱列がどんな用途をもち、どんな機能があったのかはわかっていない。

平成二七年六月二〇日付け日本経済新聞の歴史欄は、「これほど巨大な木材を伐採し収集、建造するには地域間の団結力と膨大なエネルギーが必要だ。その力を対外的に発信、アピールするためだった」という石川県能都町の真脇遺跡縄文館の高田秀樹館長の意見を載せている。

栗材六本柱は栗実の地母神

山本直人は完全な形での環状木柱列は前記の四基であるといっているが、前にふれた論文の中で高田秀樹館長は石川・富山・新潟県の三県では環状木柱列は一六遺跡あり、西野秀和は富山・石川県で一二遺跡あると報告していることを述べている。

このように環状に並べられた栗巨木の柱は、日本海側の北陸地方にみられる。栗材の巨木の柱を四本並べた遺跡に福島市の南諏訪遺跡があるが、発掘調査した人は、この四本柱は建物の柱であろうという。栗材の巨木を六本も並べ立てた青森の三内丸山遺跡は特異な存在のようである。三内丸山遺跡の発掘された集落は河岸段丘の比高二〇m位の位置にあって、うしろ側が川になっている。栗材の六本柱は西北の隅にあって、その向こう側は川になっている。

三内丸山遺跡のシンボルとなっている栗材巨木六本柱を写真で見た感想を述べると、私はどうも建物ではなく、たんなる柱を六本立てただけの祭祀対象物ではないかと感じた。現在の六本柱の施設は、建築家の意見を取り入れられたとのことで、建物としては未完成だとのことのようだが、私が不思議に思うのは最初の床（？）部分が地上近くにはなくて、なぜあんな高さのところにあり、しかも三段ある床へ上る施設が見当たらないことである。祭祀用具の保管場所としては青天井の吹きさらしで不適切であるし、見張り台には巨大な栗材を使う必要性はない。

私は三内丸山の住民たちは、一年中の主食となる美味しい栗実を実らせてくれるうえ、快適な住環境になる掘立小屋をつくる建材ともなる栗樹に、感謝を込め祈るため、栗樹の神のシンボルとして日々接している栗林の寿命を全うした巨木を大地に立てたものではなかろうかと考えた。

地母神《チボシン》信仰では、大地は母を象徴し、天は父を象徴しているとされ、大地なる母には棒状のものつまり巨木の栗の柱が突き刺さっており、その柱を伝って天（父）の精気が大地に注入され、これにより大地の母は身ごもり、大地からさまざまな恵が生まれると当時の人は信じたのだろうと思う。

あたかも三内丸山人が主食とする栗は、開花期には高い上方から精液の匂いとも評される特有の匂いを発する。人間では栗花の匂いを発散する液が、女性の体内に入ると子供が生まれ、家族が増える。栗樹も開花期の匂いが、秋には豊饒の実りをもたらすことを、長年の観察で理解していた。経験豊かで、何もかも知っている老人が敬われるように、三内丸山人は長年にわたって人々に食料となる栗実を与えつづけてきた老大木を崇め、天と地をつなぐ柱とし、それを通して栗神に感謝し祀ったのであろう。

六本柱の栗樹は、集落周辺のいわゆる栗栽培地から得られたとは考えていない。栗栽培地領域外にも、栗樹の生育地は各所にみられたであろう。三内丸山遺跡の存続年数から考えると、直径一mにまで生育する年数は、仮に一年の年輪幅五㎜として一〇〇年から一二〇年であるから、何度も訪れた。栗樹は大木に育つ樹木であり、他の広葉樹とともに混生していると、枝下高が高く、長い材木がとれるのである。

さて六本柱の謎であるが、私は栗神を祭り栗実の豊饒を感謝すると同時に、毎年の豊饒を祈念する栗樹の巨木だから、三つ栗を二つ並べたものだと考えた。栗の毬の中に入っている果実は、一つ、二つ、三つと三種類ある。三種類の実の入り方では、実の量目は三つ栗が最も多い。古来から栗と云えば『万葉集』でも『日本書紀』でも「三つ栗」と称されるように、栗実の呼び名の代表とされていた。

一万年前の鳥浜貝塚人は栗実など木の実食

三内丸山遺跡よりもさらに古い時代から始まり、縄文時代草創期、早期、前期にかけて約六八〇〇年もの超長年月の間、連続していたかどうかは別にして小さいながらも集落を営み続けてきた縄文遺跡に福井県三方郡三方町の鳥浜貝塚がある。福井県西部の若狭湾のほぼ中央にある三方五湖の最上流の三方湖に注ぐ鰣川《ハスカワ》の河口部に位置している。鳥浜貝塚の縄文人が持っていた隆起線文土器は、一万一八〇〇年前と測定されており、世界で最も古い土器の仲間である。そして今から約五〇〇〇年前の縄文前期後半に、遺跡の背後にあった椎山丘陵が崩壊して鳥浜ムラに襲い掛かったためムラは廃絶している。

当時の森林植生と栗の関係について、前に触れた安田喜憲は「縄文時代早期の遺物包含層では、クリの花粉が一〇%前後の出現率（ハンノキ属を除く）を示している。遺跡から離れた三方湖湖底から採取した縄文時代早期に相当する堆積物の分析結果でも、クリの花粉は一〇%前後の出現率をしめしており、遺跡周辺にとくにクリが多いというわけではない。この時代の鳥浜貝塚の周辺にはブナやナラの落葉広葉樹に混生して野生のクリが存在していた。縄文時代早期の人々はそうした落葉広葉樹の森に生育する野生のクリを採取していたとみなされる」と分析している。

縄文時代早期の冷涼な気候から急速に温暖化が進み、日本列島がもっとも温暖化した五五〇〇年前の縄文前期には一年が四季の変化をみせるようになり、鳥浜ムラは最盛期を迎える。森川昌和は橋本澄夫との共著『鳥浜貝塚　縄文のタイムカプセル』（読売新聞社　一九九四年）で、「湖にのぞむ五、六軒の家には、三〇人ほども暮らしていただろうか。住居跡は、いまではわずかに痕跡をとどめるのみだか、地床炉《じしょうろ》が検出され、貯蔵穴には大量の木の実が蓄えられていた」と記している。

およそ六〇〇〇年もの年月の間続いてきた鳥浜貝塚の生活をささえてきた食料は、食べられる自然遺物を分析して割り出したところによると、毎日の主要食料は椎・菱・栗実などの木の実類で、鮒・鯉・鯎《うぐい》などの小型淡水魚類、そして鹿や猪などの大型獣類であったとされている。

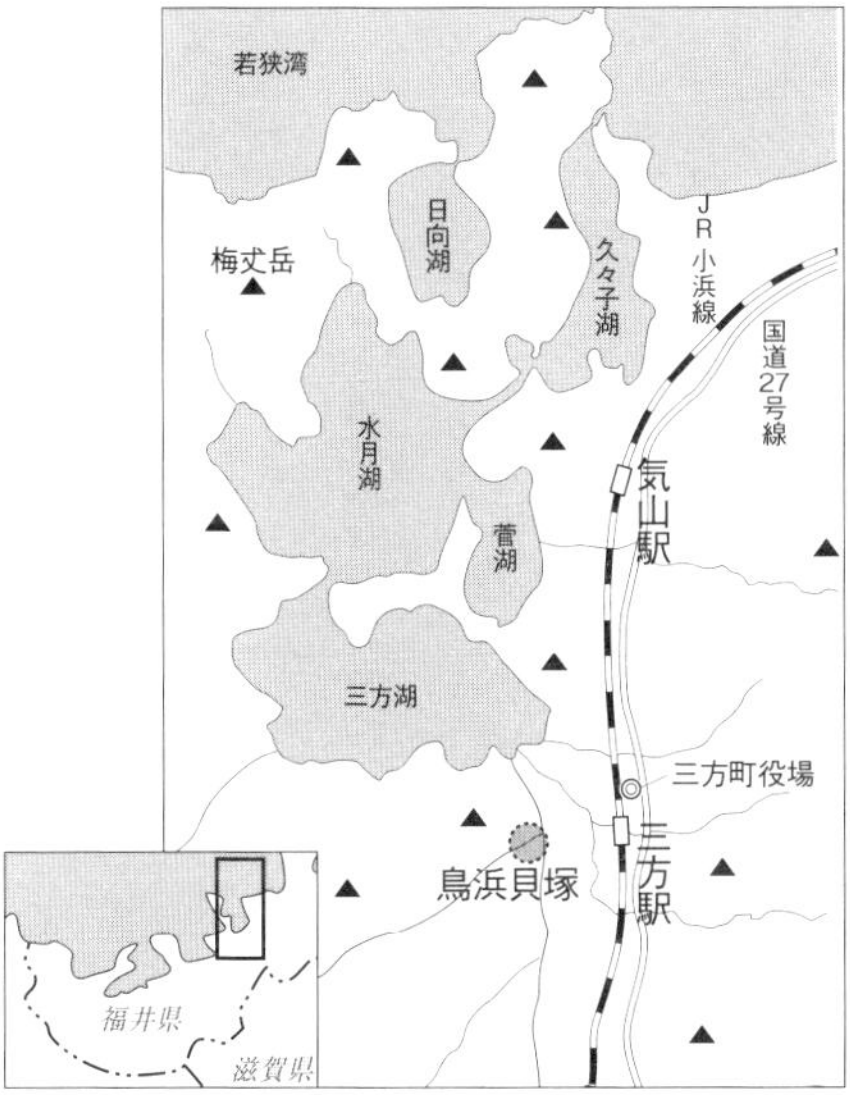

前11800年～前5500年の鳥浜貝塚位置図

縄文前期にあたる五五〇〇年前の羽島下層式とよばれる土器が出てくる層は、約六〇cmの厚さがあった。トレンチの一番下には胡桃を主体としたドングリ類・栗実などの種子層、すぐ上に魚の骨や鱗の魚骨層、それを覆って淡水貝を主体とする貝層といった食料残滓が隙間なく整然と堆積したものが発掘されている。食料採取が秋―冬―春と続き、植物採取と漁労とは季節的に変遷していることを物語っている。

季節ごとの植物採取は、春は三つ葉・独活《ウド》・ぜんまい・蕗《フキ》などの山菜、実りの秋は森のドングリ類・胡桃・栗実・榧《かや》の実や、山芋・百合の根などが採取され、湖では菱の実が採取された。

第九次調査で、木の実の貯蔵穴群が住居跡の西側から五基発見された。直径四〇㎝余りの穴に、食べるためには渋抜きを必要とするドングリだけがぎっしりと詰め込まれていた。ほかの木の実は入っていなかったので、種類別に食料を貯蔵していたことが想像されている。

鳥浜貝塚が栄えていた縄文前期の今から五五〇〇年前の時代の遺跡に、富山県大門町の小泉遺跡がある。昭和五六（一九八一）年に発掘調査が行われ、埋没した樹根が三〇株ほど出土した。樹種は栗、榛《ハン》の木、樫類、櫟《クヌギ》などである。この遺跡の花粉分析を前に触れた安田喜憲の調査によると、縄文時代前期の遺物包含層から栗の花粉が六〇％以上もの高率で出現した。栗は天然の状態では一〇％を超えることは稀だという。安田は「縄文時代前期の人々が、選択的にクリを保護・管理した半栽培の段階に達していた」と指摘している。

安田はまた神奈川県相模原市の東海大学構内にある王子ノ台遺跡の縄文時代前期・中期の層準で、栗の花粉が三〇〜四〇％の高い出現率を示すことを述べている。

栗の花粉の出現率が高い青森県の三内丸山遺跡、富山県の小泉遺跡、神奈川県の王子ノ台遺跡と、三つの縄文時代前期の遺跡は距離的に遠く離れており、現在のように新幹線も携帯電話もない縄文時代には、互いに連絡通報はできないと考えられる。ところが、ほぼ同時期に主な食料である栗実を収穫するため、自然植生に手を加え、間引きや種子の蒔き付けなどの半ば栽培の域までに技術は到達していた。縄文人の優秀さとともに、生活地の植生がほとんど同じという環境があれば、文明・文化は何らかの刺激によって、遠く離れた地でも相互間の連絡協調を必要とせず、同時期にほぼ同じものが発生することを示唆しているといってよいだろう。

縄文時代以降の栗実は大型化した

縄文時代の遺跡から出土する栗実の大きさの変化を南木睦彦が調べ、「縄文時代以降のクリ果実の大型化」（『植生史研究　第二巻第一号』一九九四年）で報告しているので、四〇～四一頁に地図と表で要約しながら紹介する。南木は一四の遺跡から出土した栗実の資料を計測している。

資料1、2、3、4、5、6、7、8、9、10、11、13は、いずれも自然植生から由来されたものと考えられる種実が多産し、それに混じって栗実が産出した。栗実は、ほとんどの地点で、果皮だけ産出しているが、人が破損したと考えられる状態で、完形のものはない。

この一四の遺跡出土資料以外に南木睦彦は比較のため、現生種も採取し計測している。神戸市六甲山又が谷（標高四六〇ｍ）のものは、長さ一四・四㎜±二・三㎜、幅一六・四㎜±一・三㎜であった。岡山県真庭市蒜山のものは、長さ一五・七㎜±二・一㎜（一三・一～一八・四㎜）、幅一四・二㎜±一・二㎜（一二・二～一五・七㎜）であった。

そして南木睦彦は計測結果の結論として次のようにいう。

縄文時代早期には現在の野生種と同様の大きさのものを利用していた。縄文時代前期には野生種に比べるといくぶん大きいものが見られるようになり、縄文時代中期にはさらに大きなものが見られるようになった。縄文時代後期、晩期には現在の栽培品種と同様の大きさのものが現れた。

食料の栗実は穴に貯蔵した

秋の収穫期に集めてきた栗実は、一年間の食料とするため縄文人たちは地面に穴を掘り、他の堅果類とともに貯蔵していた。穴は貯蔵穴とよばれ、住居内に作られるものと、住居の外に作られるものとに分けられる。貯蔵穴は、住

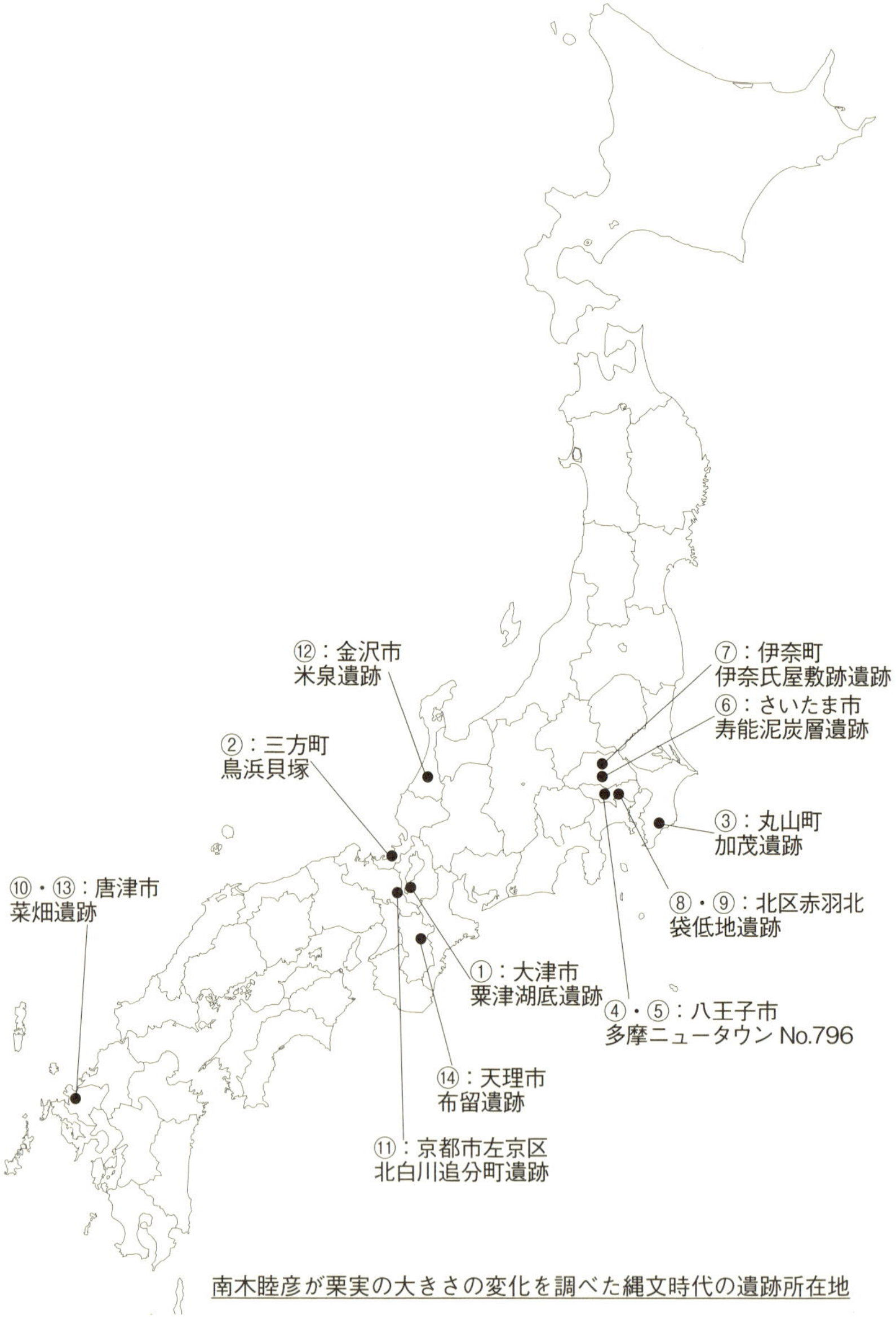

南木睦彦が栗実の大きさの変化を調べた縄文時代の遺跡所在地

①	粟津湖底遺跡	長さ一六・九±二・二mm 幅一八・九±二・〇mm	縄文時代早期の遺物包含層から出土した栗の果皮である。
②	鳥浜貝塚	長さ二〇・六±二・六mm 幅二三・六±二・七mm	縄文時代の早期から前期にかけての植物性遺物を含む層から出土した栗実である。
③	加茂遺跡	長さ三〇mm 幅四〇mm	縄文時代前期の泥炭層から出土した栗の果皮である。この遺跡からは胡桃が多く、榧、犬榧、つぶら椎などが出土している。また栗の大きさは、前川文夫の報告書の記述より、これを採用している。
④	多摩ニュータウンNo.796	長さ二五・五mm（二二・〇～三二・〇mm） 幅二七・五mm（二二・五～三二・〇mm）	植物遺体を多産する縄文時代前期から中期の層と、同中期の層があり、栗の果実は前の層から三点、後の層から一点が産出した。
⑤	同右	長さ一九・八mm 幅二七・七mm	
⑥	寿能泥炭層遺跡	長さ二五・二～二八・二mm 幅二〇・二～三〇・八mm	縄文時代早期から平安時代にわたる複合遺跡で、縄文時代中期と後期から栗が産出している。
⑦	伊奈氏屋敷跡遺跡	長さ三八・〇mm 幅四四・〇mm	縄文時代後期から晩期の堆積物から多数の植物遺体が産出したが、栗は少なく、計測できたものは一個のみだった。
⑧	袋低地遺跡 （縄文時代前期から後期の層）	長さ二六・六～三三・三mm 幅三二・二～三五・〇mm	
⑨	袋低地遺跡 （縄文時代後期から晩期の層）	長さ二二・〇mm 幅二五・〇mm	
⑩	菜畑遺跡	長さ三〇・〇mm 幅三五・〇mm	
⑪	北白川追分町遺跡	長さ三〇・二±三・七mm（二五・二～三五・二mm） 幅三二・四±三・一mm（二六・六～四〇・七mm）	縄文時代晩期最終末の堆積物から産出しているが、報告では栗近似種とされている。
⑫	米泉遺跡	長さ三〇・二±三・七mm（二五・二～三五・二mm） 幅三二・四±三・一mm（二六・六～四〇・七mm）	縄文時代後・晩期の集落跡を中心としており、遺跡内を流れる流路内の縄文時代晩期の層位から、人為的投棄によってできた栗・栃塚と判断され、その層の厚さから、この塚の栗は約二六万個、栃は二四万個含まれていたと計算されている。産出した栗は、人が食用のため果皮を剥いで投棄したものが、その後あまり移動することなく、埋もれてものと考えられる。
⑬	菜畑遺跡	長さ三〇・〇mm 幅三五・〇mm	計測した栗実は弥生時代中期
⑭	布留遺跡	長さ二七・八±二・三mm（二二・七～三〇・八mm） 幅三〇・一±四・一mm（二四・七～三九・九mm）	栗は古墳時代の堆積物から産出しており、破片は少なく、ほとんど完形品である。他の植物遺体は含まず、栗のみが集中して産出している。この遺跡から産出した栗は、人が貯蔵していたものがそのまま埋没した可能性がある。

居の外に作られた事例が多い。貯蔵穴を乾燥した場所に作るか、湿気の多い場所に作るか、場所の選定は東西で異なっていて、東北日本は乾燥地型であるのに対して、西南日本ではおおむね低湿地型となっているといわれる。そして乾燥地型貯蔵穴は縄文時代の早い時期から存在しており、その形態はいろいろと変化がある。低湿地型貯蔵穴のはじまりは、縄文時代前期まで遡ることができ、南九州から北上していった可能性が高いといわれている。

前に触れた和田稜三の『日韓における堅果食文化』は、縄文時代の貯蔵穴とその形態について述べているので、紹介する。貯蔵穴の大きさは直径おおよそ一m、深さ一・五m前後のものが多く、穴の形はフラスコ状か円筒状である。フラスコ状貯蔵穴は、縄文時代前期に東北地方の日本海側から南関東へと徐々に南下したといわれ、堅果類はこのような穴によく貯蔵された。

永瀬福男の「貯蔵穴」(『季刊考古学二』雄山閣出版一九八二年)によると、秋田市御所野下堤五丁目の下堤遺跡など三カ所で、夏季に貯蔵穴の内部での温度と湿度がどのくらいになるかを実験した。下堤遺跡は、秋田市の西南部の標高四〇mほどの御所野台地の中央部に位置している。実験によると、穴の内部では温度は一五℃、湿度は九〇%以上に保たれていた。また冬季の実験を秋田県鹿角市十和田毛馬内字古舘の古舘堤頭遺跡の貯蔵穴で行ったところ、穴の中は温度二℃、湿度は八二〜九三%が維持され、貯蔵されていたジャガイモが凍結しなかったと報告されている。貯蔵穴が夏季には高温にならず、冬季には極低温まで下がらないことがわかり、ここに食料を貯蔵することに効果があることが判った。

縄文時代の栗実の貯蔵について、渡辺誠が「縄文文化の発達とブナ帯」(梅原猛他編『ブナ帯文化』思索社一九八五年)で、「縄文早期の静岡県沼津市元野遺跡では、穴の中にクリが貯蔵されていた。これは甘味を増すための冬季だけの一時的貯蔵であり、かつ調理法でもある。新潟県下はこれを砂グリという。土の中に直接入れたのでは熱をもち、発芽してしまうので砂の中にいれるのであり、日本ばかりでなく、隣国の韓国でも同じことが行われている」という。

前に触れた和田稜三は同書の中で「縄文時代の貯蔵穴の規模は、今日の民俗例から想像できないくらいの、極端に大きいものがあった。例えば、山形県吹浦遺跡の場合は、特に大型で、三六石（六四八〇ℓ）分の食料を貯蔵することができた。この容積規模は、三・二人を一年間にわたって支持できるくらいの食料を貯蔵することができたといわれる。また、貯蔵穴はひとつの集落からいくつも発見されることがあり、その貯蔵量は相当のものであったと推測される」と述べている。一石とは一八〇ℓであるから、三六石といえば六四八〇ℓになる。膨大な量であるが、その貯蔵穴を栗実で埋めつくされていたというわけではなさそうである。

吹浦《ふくら》遺跡は、山形県飽海《あくみ》郡遊佐町大字吹浦字堂居の牛渡川北岸台地上にあり、縄文時代前期末葉から中期初頭の集落跡で、昭和二六〜二九（一九五一〜五四）年にかけて数次の調査が行われた。鳥海山の西麓が日本海に接するところで、庄内平野の北端から北にのびた丘陵の末端に位置している。炉を伴う数カ所の住居跡や洞窟や深い竪穴状の遺物だまり（貯蔵穴）などがある。炉跡から煮沸用土製品の思われるものが発掘されている。

西日本の低湿地型の貯蔵穴の事例を紹介するが、こちらは照葉樹林帯なので、栗実が貯蔵されていたものはほとんどない。堅果類も、照葉樹のドンクリである。

山口県熊毛郡平生町の公式ホームページ「まるごとひらおネット」によれば、同町の熊毛半島の海岸近くに縄文時代後期から晩期の岩田遺跡がある。この遺跡からドングリを貯蔵した円筒形の貯蔵穴が三〇基見つかっている。直径一・五m、深さ一mの穴に、ドングリを入れ、上を小枝や木の葉で覆い、木の皮で蓋をし、石の重しを目印においている。水の湧くところにまとまって作られているので、ドングリの渋抜き、あく抜きをしたのではなかろうかとされている。

塚本師也は「食料貯蔵」（『季刊考古学 四四』雄山閣出版一九九三年）のなかで、佐賀県西松浦郡西有田町（現有田町）にある大字山本の通称坂の下にある坂の下遺跡は、縄文時代中期から後期の遺跡で、昭和四二（一九六七）年に二一基の貯蔵穴が発見され、蓄えられていたアラカシの実が大量に出てきた。それを水入りのガラス瓶に入れて置いたところ、翌年七月そのうちの一粒が発芽した。その後、県立博物館東側の庭に移植され、現在一五mを超える大木に育っている。

岡山県赤磐市のホームページ「赤岩の文化財」によると同市南方《みなみかた》にある南方前池《みなみかたまえいけ》遺跡は、縄文時代晩期の遺跡である。山麓傾斜地に造られたため池の底にあり、昭和三〇年の調査で食料を貯蔵した穴が一〇基発見された。貯蔵穴は直径約一mの円形で、深さ〇・七～一・三mの大きさで、穴の上部は植物で覆われ、粘土で密封された状態であった。穴の下部では一位樫《イチイガシ》や栃《トチ》のドングリが収められていたが、湧水が潤していたので大変残りのよい状態で検出された。

縄文人は栗実等でクッキーを作る

縄文時代の人びとの食物が炭化した状態で、各地から見つかっている。縄文クッキー、クッキー状炭化物、パン状炭化物などと、それぞれの遺跡から出土した食物の炭化物の呼び方はさまざまである。どのような形のものをどう呼ぶのかの基準はない。

縄文時代には食料の保存は、土を掘って作った貯蔵穴に貯蔵しており、加工の方は堅果のアク抜きの技術が進み、栃の実が食べられるようになっていた。そこで石皿や磨石を使って、堅果や球根類をつぶして粒状や粉状にして食べることが可能になっていたと考えられている。粒または粉を練って固め焼いたクッキーまたはパン状にして焼くという食べ方は、土器を使って粥《かゆ》状に煮て食べる方法と両立していたのであろうと考えられている。

粉を練って焼いたクッキー状の加工食品炭化物の最初の出土例は、長野県曽利遺跡からだという説と、山梨県原平遺跡（縄文時代早期末）からだという説の二つがある。後者の放射性炭素年代測定法では七一五〇±一五〇年以前という結果が出ている。その後、東日本の縄文時代の遺跡から出土するが、西日本からは現在までのところ出土例はない。

加工食品炭化物が出土する場所は、住居内がもっとも多く、住居内でも石囲炉《いろり》の中、覆土に焼土が混じった土坑の上で発見される。また作業場や泥炭層からも見つかる。

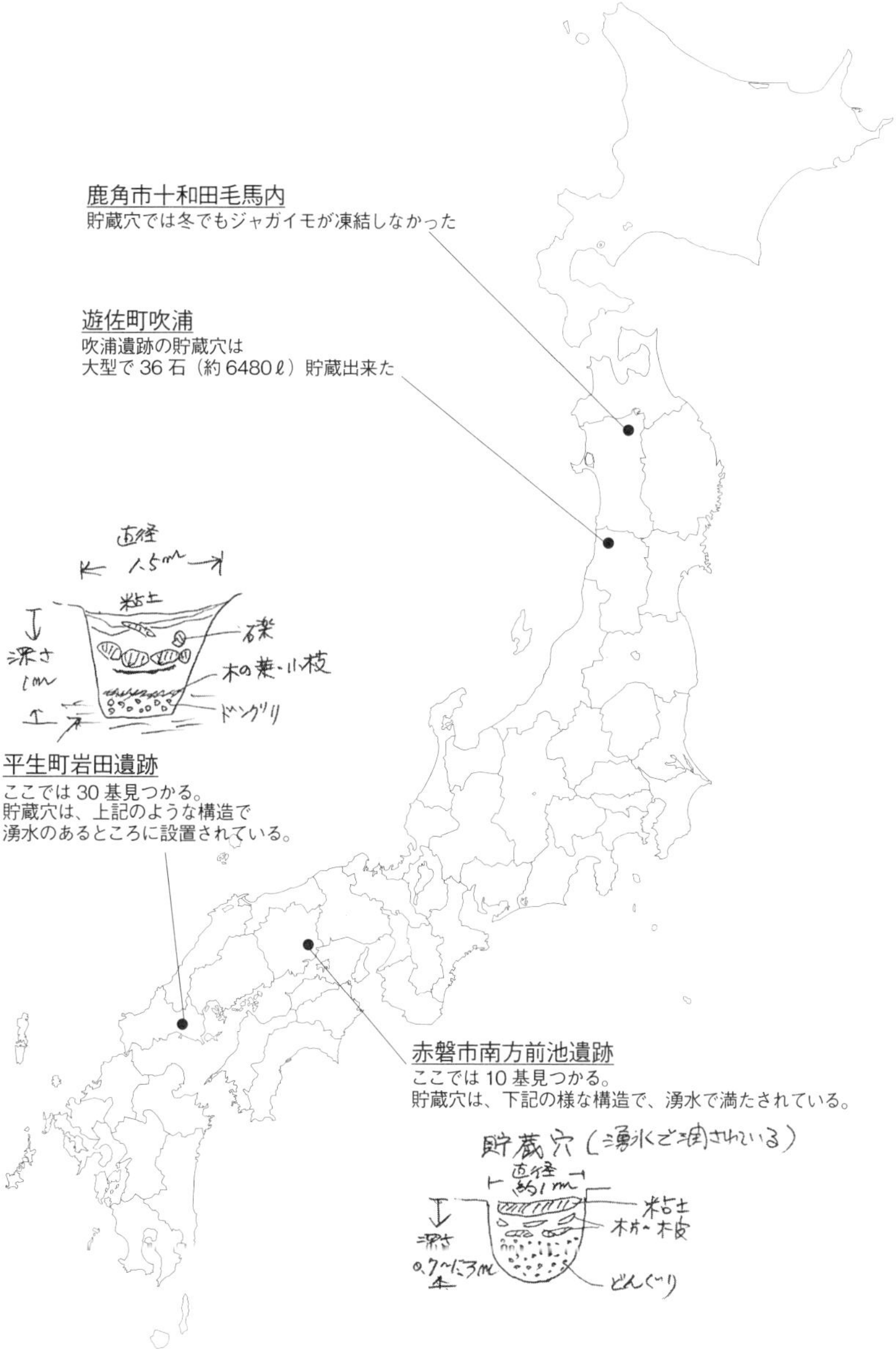

縄文時代の木の実を貯蔵する貯蔵穴の事例

「縄文クッキー」という名称は、山形県置賜郡高畠町深沼の押出遺跡《おんだし》から出土した加工食品炭化物の通称である。この食品は、国指定の重要文化財であり、山形県うきたむ風土記の丘考古学資料館に展示されており、日本人をはじめ外国人の見学者も多いという。押出遺跡は、五八〇〇年前に突然でき、五七〇〇年前に水没したとされる遺跡である。山形県立博物館発行の『企画展 縄文のタイムカプセル—押出遺跡—展示資料図録』（一九九一年）は、押出遺跡から出土したクッキーを次のように記している。

米沢盆地の東北端に大谷地とよばれる低湿地帯がある。昭和六〇〜六二年まで延べ六七週間の発掘調査が行われ、地表下約二mの地中に沢山の遺物や住居跡が水漬され、腐ることなく保存されていることがわかった。住居の中からは多量の皮を剥いたクリの実やクルミの殻、そしてたくさんの煮炊きや貯蔵のための土器がみつかった。
直径三〜六㎝の円形のクッキーも出土した。表に渦巻き文様が現れている二〇個ほどのクッキーが見つかった。炭化物が付着した石皿もみつかった。

高畠町はここから出土したクッキー状炭化物の分析を残存脂肪酸分析法で知られた中野益男に依頼した。中野益男は分析結果を「縄文のクッキーを脂肪酸で分析する」（『生命誌一九九八年秋号』ＪＴ生命誌研究館）で発表した。このときの中野が名付けた縄文クッキーが一人歩きするようになったのである。

山形県・押出遺跡からクッキー状の炭化物が出土した。この立体的な装飾を施した縄文クッキーを残存脂肪酸分析法で分析すると、クリ、クルミの粉に、シカ、イノシシ、野鳥の肉、イノシシの骨髄と血液、野鳥の卵を混ぜ、食塩で調味し、野生酵母を加えて発酵させていたことがわかった。これには木の実を主体にした「クッキー型」と動物を主体とした「ハンバーグ型」のものとがあったが、どちらも栄養価は一〇〇gあたり四〇〇～五〇〇キロカロリー。成人男子のカロリー摂取量が一日一八〇〇キロカロリーだとすると、二五～三〇gの縄文クッキーを一日一二～一六個食べればよいことになる。さらにその栄養成分を街で買った普通のクッキーで比較したところ、縄文クッキーの方がタンパク質、ミネラル、ビタミンが豊富で、栄養的には完全色に近く、保存食としてもなかなかのものだった。脂肪分析によって明らかになったのは、思いのほか豊かな縄文の食生活だったのである。

中野益男の述べたこのことについて、複数の専門家から「残留脂肪酸分析」には全く根拠がないと明確に指摘されている。山口昌美は『食の科学』の二〇〇二年一〇月号に論文を載せ、「学術報告がない、動植物の推定プロセスがない、栄養成分表の作成過程が不明、「発酵させていた」根拠が不明、脂肪酸分析は科学的根拠不明部分があまりにも多い等」多くの学術的疑問点をあげ、批判している。

平成一五（二〇〇三）年三月七日付け朝日新聞夕刊文化欄の記事は、「中野氏の行ったこれらの分析に問題があったことは明らかである」とし、「考古学関係者は「自然科学的分析結果」を安易に取り組んだため」であると指摘している。

第二章　記紀万葉期の人々が食べた栗

弥生時代遺跡の栗実の貯蔵

水田稲作という米（稲）を栽培する技術をもつ人たちが、わが国の九州北部に到着し、定住するようになり時代区分の名称が弥生時代に変わった。弥生時代は、北海道と沖縄を除く日本列島の時代区分の一つであり、縄文時代に続き、古墳時代の前の時代である。

わが国での稲の栽培については、縄文時代の土器片から稲のプラントオパールが見つかり、少なくとも約三五〇〇年前にはすでに陸稲《りくとう》による稲作が行われていたとする学説が数多く発表され、また水稲《すいとう》である温帯ジャポニカについても縄文時代には導入されていたともいわれており、現在では稲作開始時期自体が確定できない状況である。プラントオパールとは、イネ科植物の葉に含まれるガラス質の珪酸のことで、その植物特有の形を長年月保っている。そのため発掘調査ではイネ栽培や水田跡の解明に利用されている。

水稲農耕は全般的にかなりの速さで日本列島を縦断・伝播して普及したといわれる。弥生時代には、水田農業のおかげで、穀物を備蓄できるようになった。しかしながら、初期のころは米を常時腹いっぱい食べられるだけの生産量はなく、とくに寒冷な気候の東北地方までは水田稲作の波及は及んでいなかった。米よりも雑穀や山野の堅果類を主食としていた時代がまだ続いていた。弥生時代の三五もの遺跡から栗実が出土しており、そのうちの一一遺跡は東北日本以北のものである。弥生時代の遺跡が西南日本に片寄っていることを考えれば、東西ともまだまだ栗実が食料として重要な地位を占めていたのである。

千葉市若葉区大宮町にある城の越遺跡は、弥生時代中期から古墳時代中期を中心とした集落と墓域である。都川左岸の標高約二三mの台地上にあり、低地との比高は約一三mある。弥生時代中期の竪穴住居跡を六六軒検出した。焼失住居である三七号跡では、北側の柱穴と炉の間から栗と思われる種子が出土した。この種子は上下を壺の破片で挟まれた状態で検出されていたことから、本来はこの壺に収められていたと考えられている。また別の住居跡から、栗と思われる炭化種子塊が検出されている。福島県白河市の公式ホームページ「天王山《てんのうやま》遺跡出土品」によると、この遺跡から米、栗、胡桃が出土している。天王山遺跡は白河市久田野字足柄山に所在し、通称天王山とよばれる標高四〇七mの丘陵の頂上に立地している。昭和二四（一九四九）年末、開墾作業のさいに土器が発見され、翌二五年に白河農高（現白川実業高校）の教諭であった藤田定一を中心に発掘調査が行われた。多くの焼土遺構や石囲炉とともに定形の土器、アメリカ式石鏃、管玉、炭化した米、栗、胡桃が出土している。この遺跡から出土した土器は天王山式土器と命名され、東北地方南部の弥生時代後期の標識となっている。

弥生時代の遺跡からよく出土するクルミの果実

西日本の弥生時代の遺跡から栗実はどこで出土したかを梶浦一郎著『日本果物史年表』（養賢堂　二〇〇八年）でみると、弥生時代前期～後期の遺跡である奈良県磯城郡田原本町の唐古遺跡からは、栗実、桃、鬼胡桃、姫胡桃、栃の実、榧、荒樫《アラカシ》、椎、葡萄、海老蔓、櫟《クヌギ》、藪椿、木通《アケビ》、犬榧とともに出土し、合計一四種となっている。このうちアク抜きをしないで食べられる果実は栗と椎と葡萄、海老蔓、木通の五種であり、他の八種はアク抜きを必要とする。残り一種の藪椿の実には有毒のサポニンが含まれているので食用とはならないが、洗濯や頭髪洗いなどに用いられていたものであろう。

弥生時代中期の遺跡では、栗実は大阪府東大阪市の瓜生堂遺

弥生・古墳時代遺跡から栗実出土の事例

跡からドングリ類、栃、無患子《ムクロジ》、椋木《ムクノキ》、山椒、楊梅《ヤマモモ》、水木、エゴノキとともに合計九種が出土している。このうち食用となるものは、栗実、栃の実、ドングリ類、山椒、椋の実、楊梅、水木の七種であり、無患子とエゴノキの果皮にはサポニンが含まれているのでごく最近まで洗濯用とされていた。エゴノキの果皮は魚毒性があるのですり潰して漁につかったと思われる。それほど毒性は強くないといわれる。また同時期の京都府綾部市青野町の青野遺跡からは、栗実は梅とともに出土している。

弥生時代後期の静岡市の登呂遺跡からは、栗実は犬榧、鬼胡桃、桃、椎、一位樫《イチイガシ》、白樫《シラカシ》、桜、夏茱萸《ナツグミ》とともに出土している。また同時期の奈良県榛原市榛原町高塚の高塚遺跡からは、桃、栗実、梅が出土している。

古墳時代遺跡から栗実が出土したところに、新潟県三島郡和島村（現長岡市）の姥ケ入製鉄遺跡がある。「一般国道一一六号線和島バイパス関係発掘調査報告書Ⅲ　姥ケ入製鉄遺跡」（『新潟県埋蔵文化財調査報告書第二〇八集』新潟県教育委員会・財団法人新潟県埋蔵文化財調査事業団　二〇一〇年）によれば、和島村の北部にある西山丘陵の裾および沖積地に、この遺跡はある。発掘調査は平成八（一九九六）年と一一年に行われている。この遺跡は製鉄遺跡と名づけられており、製鉄跡も出土しているが、沢を掘りすすめると、古墳時代の栗実を貯蔵した土坑や水の利用施設とみられる木組遺構があった。貯蔵穴には下半分に、栗実が充満していた。放射性炭素年代測定で古墳時代の遺構と判明している。古墳時代にはいっても、雪深い新潟の地では、稲の不作に備えて、いつでも食べられるよう栗実を貯蔵穴に蓄えていたのである。

弥生から古墳期の食生活

寺沢薫・寺沢知子著「弥生時代植物質食料の基礎的研究―初期農耕社会研究の前提として―」（『橿原考古学研究所紀要考古学論攷』一九八一年）から要約しながら、食料としての栗の利用について紹介する。

両寺沢がこの論文を発表した時代は「縄文時代の研究の進展と比較して、弥生時代の植物食については、最近までみるべき成果は、ほとんどなかったといっても過言ではあるまい」という状態で、常に水稲のあり方が重視され、植物食全体の問題が具体的に体系づけられることはなかった。

両寺沢は、ます弥生時代の遺跡から出土する植物遺体から、植物性食料となりえたと考えられる植物について、種類、時期以外に、出土状況、遺跡との関わり、量についても簡単に整理しているので、栗が出土している遺跡について引用させていただく。両寺沢は、いわゆる照葉樹林の生育している地域を対象としているので、わが国の西側の福井県敦賀市と愛知県名古屋市を結ぶ地域以西の地域となっている。

■大分県国東《くにさき》郡国東町の安国寺遺跡

標高一〇m前後の低地に立地する弥生時代の安国寺式土器の標式遺跡である。この遺跡は両子山《ふたご》に端を発する田深川の開析でできた狭長な水田地帯の川に近い一画をしめている。九州では数少ない低湿地遺跡として有名で、U字型に巡る溝に囲まれて、多数の柱穴が検出された。第一次調査のいわゆる安国寺式（後期後半〜古墳時代前期）土器の包含層から、モモ、ヤマモモ、カキ、ナシ、（マクワ）ウリ、トチ、オニグルミ、カシ類、センダン、クリ、エゴノキ、クスノキ、カボチャ（?）が検出されている。

古墳時代遺跡から栗実の出土事例

■福岡県春日市大字上白水の土田遺跡

標高二二mの門田遺跡の西側段丘下の水田下の調査で後期後半の大溝第六層および第七層から、モモ、サクラ、ヒョウタン、カシ類、シイ類、クヌギ、クリ（1）、エゴノキ、センダン、クスノキ、ヤマモモ、ムクノキ、コブシ、アカメガシワ、ヤマビワ、カエデ、ノブドウ、エビヅル、ヤマグワなど三二種の種子が検出されている。

■福岡県福岡市西区大字免の鶴町遺跡

標高一〇mの低地の遺跡で、古墳時代前期初頭の第二号溝からイチイガシ、スダジイ、クヌギ、カヤ、エゴノキ、ヤマモモ、ヤマビワ、ツバキ、オニグルミ、クリ、スモモ、モモなど、二九種が検出されている。

■福岡県北九州市八幡区大字楠橋の原遺跡

標高一五mの段丘上に立地する集落跡で、板付Ⅱb式の一七号貯蔵用ピットとされる遺構より、シイとクリの堅果が出土した。

■山口県熊毛郡熊毛町大字安田の岡山遺跡

標高五四m、比高三〇～三五mの台地上の、中期に主体をおく集落跡で、中期前半の円形ピット（竪穴）から、炭化米、ダイズ、アズキ、リョクトウ、シイ、アラカシ、アカガシ、シラカシが出土した。また同時期の溝内からも炭化米、アンズ、モモ、ウメ、クリ、シイ、アカガシ、アラカシ、シラカシ、コナラを検出している。さらにA地区の第三試掘坑からは、古墳時代前期初頭の土器に伴って、クリが検出されている。

■山口県大津郡三隅町スダコ山の湯免遺跡

標高一三m、比高五～六mの微丘陵上を占めている集落跡と考えられ、第Ⅲ区の中期後半の円形袋状ピットから、シイ、クリ、他のドングリ類が出土している。ピットは、最下層の白色砂層に堅果類を敷き詰めており、湧水も激しい。

■兵庫県尼崎市上ノ島町野上の上ノ島遺跡

標高四・二mの低地の前期遺跡で、発掘調査によって当時使われていた壺、甕、高坏、鉢などの土器や、稲の穂先を刈るための石包丁、木を切ったりする石斧、石のみなどの石器が数多く出土している。前期（新）を主体とした層より、炭化米、モモ、ヤマモモ、ヒョウタン、マクワウリ、スイカ（?）、クリ、クヌギ、カシ、コナラ、オニバス、ブドウ、エビヅル、ウキヤガラ、ヒシ類、ムクロジ、ジュズダマなど二四種が検出されている。

■兵庫県城崎郡日高町の弥布ケ森遺跡

標高二〇mの扇状地末端に位置する古墳時代前期（庄内～布留I式併行）の遺跡で、炭化米、ヒョウタン、クルミ、ウリ、モモ、クリ、カシを検出している。

■大阪府東大阪市弥生町の鬼虎川遺跡

標高五mの扇状地末端に位置する集落跡で前～中期の遺構で、層中より多数の種子が検出されている。炭化米、マクワウリ、ウリ類、ヒョウタン、モモ、クリ、イチイガシ、ナラ類、トチ、アラカシ、他のカシ類、オニグルミ、ブドウ類、ヤブツバキ、ヒシ類、ムクロジ、アカマツ、クロマツ、カヤなど三一種が検出されている。出土植物三一種に対する食用種は九〇%の二八種という高率であった。

■大阪府八尾市亀井の亀井遺跡

標高八mの低地に立地する集落跡で、炭化米、ウリ類、モモ、クリ、イチイガシ、ナラ類、トチ、カシ類、オニグルミ、アカマツ、クロマツ、カヤなど、二八種が検出されている。

■大阪市平野区長吉長原町の長原遺跡

標高一〇mの微高地に立地する集落跡で、火災にあったとみられる竪穴式住居から生活に使った壺や甕《かめ》、高坏《たかつき》などがセットで見つかった。約一八〇〇年前の弥生人の家で、火災が発生しあわてて逃げ出し家財道具がそのままになったようだ。縄文晩期末の土器を伴った弥生時代前期の大溝の植物層より大量のクリ、クルミが検出されている。

■大阪府和泉市池上町の池上遺跡

標高八～一三mの低地の微高地に立地する集落跡で、中期～後期の遺構に伴って七四種の植物種実が同定されている。そのうち食用又は利用植物は、イネ、ムギ類、ウリ類、カキ、モモ、クリ、シイ類、ムクノキ、サンショウ、ムベ、ヤマグワ、ヤマモモなど、五四種に上っている。

■奈良県宇陀市榛原町高塚字宮ノ前の高塚遺跡

標高三四〇m、比高一〇mほどの河岸段丘上の前期前半を主体とする集落跡と考えられている。一九一三年の報告ではクルミ、モモ、ウメ、クリの出土を報じられているが、出土状況の正確さをきさない。

■奈良県磯城郡田原本町唐古・鍵の唐古・鍵遺跡

標高四七～四八mの低地の微高地に立地する前～後期の集落跡である。昭和二一（一九四六）年の第一次唐古池の調査では一〇七もの竪穴遺構が検出され、モモ、オニグルミ、トチ、カヤ、クリ、アラカシ、シイ、ブドウ、イネ、クヌギなど二四種の植物が検出されている。

里人が天皇に栗実を献上

ここまでは地下に蓄えられている栗実を中心にして考古学からわかってきた栗実と人々との関わりを探ってきたが、古墳時代の時間を経るに従って、稲の栽培地方の拡大とともに、栗実は主な食料とは考えられなくなっていた。栗実が遺跡などから検出される事例が減少した原因は、栗林が多かったとみられる東北地方で、栗の木が減少したこともあった。前に触れた『日本果物史年表』は、現在から二三〇〇～一八〇〇年前のことを「遺跡の建材として、東日本でも山間部以外ではクリ材利用が消滅し、クヌギ材が多用」されるようになったことを記していることから、そのことがわかる。

文献に栗実が現れるのは『日本書紀』（宇治谷孟『全現代語訳　日本書紀上』講談社学術文庫　一九八八年）の巻第十応神天皇紀の項である。応神天皇一九年冬一〇月一日に、応神天皇（記紀伝承第一五代の天皇）は吉野宮に行幸された。吉野宮とは、奈良県吉野郡吉野町宮瀧にあった古代の離宮である。吉野宮のあるところからさらに吉野川上流部の山奥には、国栖《くず》といわれる集落があった。

そのとき土地のひとである国栖人が醴酒《こざけ》を天皇に奉った。醴酒とはいわゆる甘酒のことで、『延喜式』の造酒司式には米四升（七・二ℓ）、酒三升（五・四ℓ）、和合醸造とあるように、米と酒を調合して発酵させたもので、その味は美甘《みかも》とされている。

宮中で国栖人が笛を吹く図
『日本書紀』に国栖人が応神天皇に栗や茸を献上したことからはじまっている。
出典：『大和名所図会　巻之一』
（近畿大学中央図書館蔵）

国栖人はこのことがあった以後、都のあるヤマトからは東南の山を隔てた吉野川流域の、峰高く谷深く道の険しさをものともせず、しばしば応神天皇の都にやってきて、土地の物を奉った。その産物が「栗・茸・鮎のたぐいである」と記されており、これが栗実が文献にはじめてみえる記述である。

奈良県吉野地方の山深いところに集落をつくっている国栖人たちについて『日本書紀』は、「常に木の実をとって食べ、蛙を煮て上等の食物としており、名付けて毛瀰《もみ》という」と堅果食が常食のように記しているが、稲を栽培していたことは米を醸《かも》した醴酒を天皇に奉ったことでわかる。米だけでは、食糧は不足するので、栗やドングリで補うといった、米と栗実などの木の実は半々のような食生活であったのだろう。

弥生時代初期の水田稲作は現在のような沖積平野で行われたのではなく、簡便な方法で灌漑用水を水田に引き入れることができる扇状地の上方の山田であった。したがって栽培面積も広くなかったため米だけでは食料を賄うことが出来ないから、山野に自生する栗実などの堅果を集めていたものであろう。茸は、自然のままでも発生する松茸や椎茸などであったであろう。どちらも珍しい茸なので、天皇も喜ばれた。

履中天皇紀の戦と栗林

『日本書紀』巻第十二履中天皇紀の仁徳天皇八七年一月の項に、栗林が記されている。仁徳天皇が崩御されたあと、皇太子は帝位につくまでに黒媛《くろひめ》を妃にしようと思って婚約の日取りを、同母弟の住吉仲皇子《なかつみこ》をつかわして告げさせられた。ところが仲皇子は皇太子と偽って黒媛を犯したのである。このことから発して、皇太子と仲皇子の戦となり、仲皇子は河内国の太子の宮を焼き、大和国へと逃げた。皇太子が河内国から大和国へ行くためには、葛城山系の山波を越えなければならなかった。

仲皇子を打つため出発した皇太子が山の登り口で出会った少女に当麻道《たいまみち》を教えられ、迂回して龍田山を越えられた。

一方仲皇子と親しかった倭直吾子籠《やまとのあたいのあたこ》は「あらかじめ謀《はかりごと》を知って、精鋭数百を攪食《かきばみ》の栗林に集め、仲皇子のため太子を防ごうとした」のである。

攪食の地とはどこかというと、奈良県葛城市の公式ホームページ「大字の由来」は、同市の「大字〝薑《はじかみ》〟の語源は定かでないが、日本書紀の履仲天皇即位前紀にある『攪食の栗林』の攪食が訛化して薑となったと思われます。小字栗坪とは栗林と関係があったのかもしれません」と、葛城市大字薑の地だと推定している。

葛城市大字薑に履仲天皇の時代、つまり古墳時代に栗林があったかどうかは不詳だが、葛城市大字薑から約一・五km東側にある橿原市観音寺の縄文時代晩期中ごろ（約二八〇〇年前）の本馬遺跡から、「縄文時代のクリ林確認」との市教員委員会が発表したと、共同通信は平成二二（二〇一〇）年二月二六日付けで次のように伝えている。

奈良県橿原市の観音寺本馬遺跡で、縄文時代晩期中ごろ（約二八〇〇年前）のクリの切り株が二五本確認され、市教育委員会が二六日発表した。約八〇m四方の範囲に集中しており、食用などのために、栽培していたとみられる。市教委は「切り株がこれほどまとまって出土したのは初めて。狩猟採取中心といわれる縄文時代の食料獲得方法を見直すきっかけになる」としている。切り株は大半が直径五〇cm前後で、樹高は二〇～三〇mだったと推定。クリは腐りにくく丈夫なため、食用のほか建築部材としても多く利用されるという。

市教委が科学的な分析で樹木の種類を特定。クリ林の周辺には、オニグルミやムクノキの切り株も確認された。

本馬遺跡の縄文時代晩期中ごろ（約二八〇〇年前）と履中天皇の時代とは、年数の隔たりが大き過ぎるであろうが、奈良盆地の西南部の葛城地方では縄文時代に栗が栽培されていたという証しの一つにはなろう。もう一つ、今度は攪食（薑）と同じ葛城川の上流にあたり、薑から約三km南のところにある御所市条の弥生時代前期（約二四〇〇年前）の中西遺跡からは、洪水で埋まった水田域の南側の里山からは大地に根を張った状態の樹木が二〇〇本あまり見つかり、その中に栗も存在していることが、遺跡の現地説明でわかった。

中西遺跡を調査している奈良県立橿原考古学研究所は、平成二二年八月七日現地説明を行った。中西遺跡の水田域の南側に三〇〇〇㎡に及ぶ森の跡が検出され、根を張った状態の樹木が二〇〇本余り見つかった。この樹木の樹種は二二種が確認され、その本数は一八六本で、残りは分析中である。最も多いのは山桑の四四本、次いで椿の三九本、そのあとに楓二一本、犬榧一二本、小臭木一〇本、鬼胡桃・樫・榎など各七本である。栗の本数は不明であったが、掲示板に記された樹木の種類ごとの円グラフでみると、栗は二%となっているので、三〜四本であろう。自然植生のなかでの栗の存在率は五から六%といわれているので、ここでは栗はあまり成立していなかったのである。

直径の大きいものが樹種別に示されていたのでみると、榎一〇〇cm、栗五四cm、栃四二cm、山桑三四cm、鬼胡桃三七cmとなっていた。栗には大木のものがあったのである。

以上、攙食に近い縄文・弥生時代の遺跡と栗の存在をみたのであるが、栽培されていたもの、あるいは野生のものもあり、奈良県葛城地方には栗がたしかに存在しており、「攙食の栗林」は兵を集合させる目印ともなっていたのであろう。

壬申の乱と焼栗・茹栗

記紀には記されていないが、壬申の乱のはじまる前のこと、大海人皇子《おおあまのみこ》が近江都から逃げ出したとき、地元の人に焼栗と茹栗をもらった話が『宇治拾遺物語』（小林保治・増子和子校注・訳　新編日本古典文学全集五〇小学館一九九六年）巻第十五に収められている。壬申の乱とは、近江大津宮で天智天皇が崩御された後、長子の大友皇子（弘文天皇）を擁する近江朝廷に対して、殺される恐れを察知した大海人皇子（天武天皇）が壬申の年（六七二年）の夏に起こした反乱のことで、一カ月余の激戦の末大友皇子は自殺、大海人皇子は飛鳥浄御原宮《あすかきよみはらのみや》で即位した。律令制が確立する端緒となった事件である。

『宇治拾遺物語』は、成立年は鎌倉時代の一三世紀はじめとされる説話集で、編者は未詳である。滑稽的要素も少なくないが、仏教的色彩がこい説話が多く、『今昔物語』をうけ、鎌倉時代説話文学を代表している。

その『宇治拾遺物語』では、壬申の乱の直前、身の危険を察知した大海人皇子が逃走中、山背《やましろ》国田原（現京都府綴喜郡宇治田原町）というところに着いた。

その里人、あやしく、けはひのけだかく覚えければ、高坏《たかつき》に栗を焼き、またゆでなどして参らせたり。その二色の栗を、「思ふことかなふべくは、生ひ出でて木になれ」とて、片山のそへ埋み給ひぬ。里人これを見て、あやしがり、標《しるし》をさして置きつ。

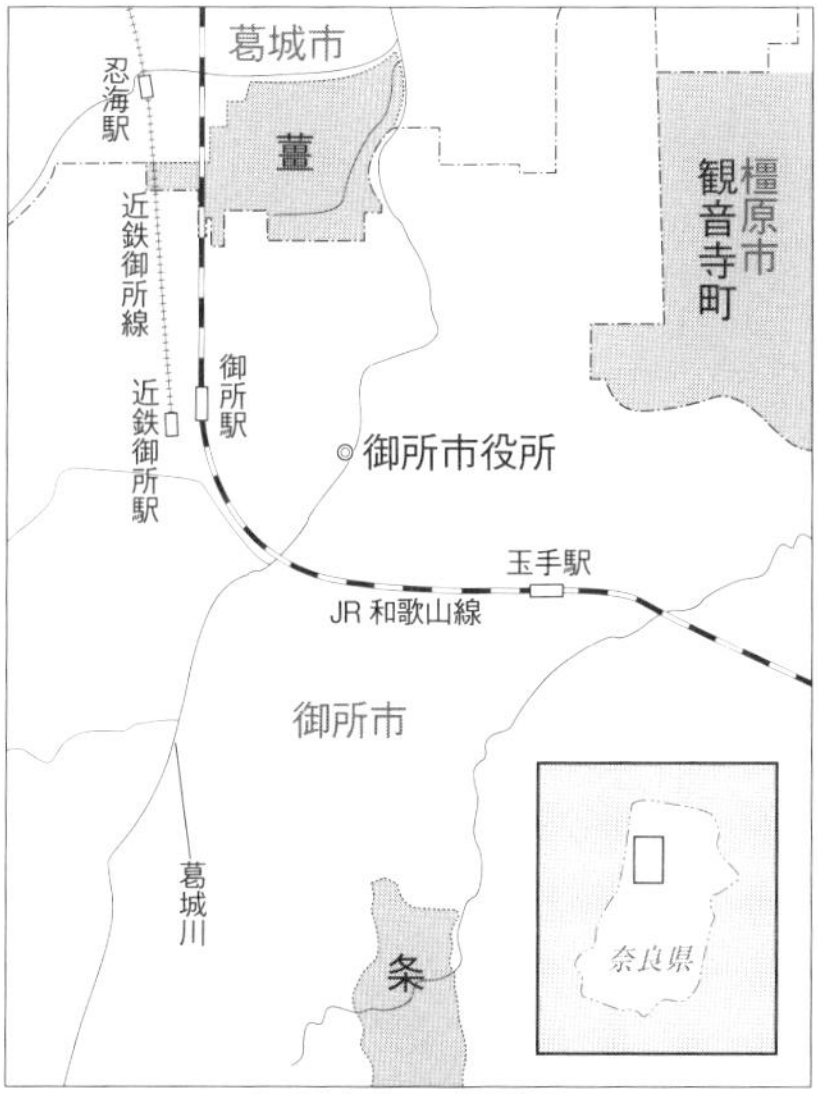

御所市条の位置図
弥生遺跡から森林跡に栗の痕跡がある。
履中天皇紀の攪食（かきばみ）に比定される葛城市薑（はじかみ）と縄文遺跡から栗切株の出土した橿原市観音寺町。

大海人皇子は里人から焼栗と茹栗を貰い、「思うこと叶うべくば生出て木になれ」といって貰った栗を埋めたので、不審に思った里人はそこに標を立てたのである。壬申の乱に大海人皇子が勝利し、大海人皇子は位に就かれた。

田原に埋み給ひし焼栗、ゆで栗は、形も変わらず生ひ出でけり。今に田原の御栗とて奉るなり。

土の中に埋めた焼栗やゆで栗が生えだしてくるこ

持統天皇は、詔して五穀の助けにあるため栗などの樹木を植えさせた。

とが、祈願成就になる栗の呪術性を示したものである。

これについて瀬田勝哉は『木の語る中世』（朝日選書 二〇〇〇年）のなかで、「『宇治拾遺物語』の説話が生まれた時代、「田原御栗栖《みくるす》」として朝廷に栗を献上していた宇治田原と天皇家の関係の起源をといたものである」と説明している。

栗実を地面に植え、それが生えてくることで物事を占った職業の人がいたことを、瀬田勝哉は同書で指摘している。『続日本紀』巻第二十五廃帝淳仁天皇紀に、天平宝字八（七九四）年七月一二日の条《くだり》に、「大学大允《だいがくだいじょう》、従六位上の殖栗占連咋麻呂《えぐりのうらのむらじくいまろ》が訴えて、姓から占《うら》の字を除くことを申請したのでこれを許した」とある。連《むらじ》とは、古代の姓《かばね》の一つで、その上につけた職業名をもって、朝廷に奉仕していた。

姓の「殖栗」の殖とは、『広辞苑 第四版』（新村出編 岩波書店一九九一年）によれば、ふえること・ふやすこと、ふやしたくわえること、とされており、植えると通じるところがあるので、植栗と解釈してもよいだろう。「殖栗占連咋麻呂」とは、栗実を植えてその生え具合を見て、諸種の事柄の吉凶を占うことで奉仕していた人であった。天皇や皇子たちの側近として常々御傍にいたので、大海人皇子が焼栗・茹栗を地に植え、「思うことが叶うなら生えだして木になれ」といわれたので、皇子の願いをそのまま吉と占ったのであろう。

大海人皇子が植えた焼栗と茹栗は、完全に発芽機能が失われているので、いくら発芽時期がきても芽を出さないのは当然であろう。奇瑞となるためには、誰かが人知れず新鮮な栗実を皇子が植えた場所に植えたのであろう。

『宇治拾遺物語』で大海人皇子が焼栗・茹栗を植えたとされる宇治田原町南宮ノ上西の地には、現在御栗栖神社が鎮座されている。この神社周辺の栗林から採れる栗は、古来よりその光沢と味の良さで知られている。その栗実は毎年一一月一五日、禁裏御所に献上されるのが習わしで、明治二〇（一八八七）年まで続けられてきた。現在の境内には栗の木は一〇〇本ほどあり、そのほか杉、樫、楓などを中心に多くの樹木が生い茂り、大木も多く、野生動物もみられるなど、良好な自然環境が保全されている。

『日本書紀』巻第三十の持統天皇紀は、持統天皇七（六九三）年三月一七日の条に、全国の人びとに栗を植えさせたことが記されている。

十七日　詔《みことのり》して、全国に桑・紵《からむし》・梨・栗・蕪青《あおな》などの草木を植えさせられた。五穀の助けのためである。

持統天皇は勅命を発して、全国に桑・紵・栗・梨・蕪青などを、五穀の助けとするために植えさせられたのである。五穀とは、人が常食する五種類の穀物のことをいうのであるが、詔がいう五穀を、米・麦・粟・豆・黍、または稗などとする諸説がある。つまり人びとが十分に食べるには五穀の収穫量が足りないので、それらを補完するための栗実や梨の実、野菜の青菜を植えさせたのだというのである。まだまだ栗実に頼らざるをえないほど、五穀の栽培技術は進んでいなかったのである。

なお、桑は蚕の食餌であり、蚕の糸が絹であった。紵はイラクサ科の多年草で、茎の繊維から糸をとり、越後縮《えちごちぢみ》等の布を織る。木綿以前の代表的な繊維で、現在も栽培されている。当時は、食だけでなく、衣類のほうも充分な供給がなされていなかったようである。

藤原京から出土した木簡には貢納された品物が記載されているが、その中の果物に栗、胡桃、梨、椎、柑、楊梅等が記されていると、網野善彦著『日本とは何か』（『日本の歴史』講談社 二〇〇〇年）は述べている。

大宮人搗栗を食べる

元明天皇は和銅三（七一〇）年に、藤原京から平城京へと遷都され、時代区分が奈良時代となる。大伴家持が撰するところの国民的歌集の『万葉集』に収められている栗の歌はわずかに三首であり、栗を食べる歌は巻第五にある山上憶良が子を思って詠った一首（歌番八〇二）である。

子等を思《しの》ふ歌一首并に序
瓜食めば　子等おもほゆ
栗食めば　ましてしのばゆ
いづくより　来たりしものぞ
まなかひに　もとな懸りて　安眠《やすみ》し寝さぬ

ここの瓜はメロンの変種の一つとされる真桑瓜《マクワウリ》のことで、夏の味覚の代表的なものであり、栗実とともに子供たちの好物である。

歌の意は、熱い夏に真桑瓜を食べているといつもきまって子供たちを思い出す、また秋の味覚の栗実を食べているとこのときも決まって子供たちを思い出す。子供たちはどこからきたものなのか、目の前にちらついて、今夜もおちおちと眠らせてくれない、である。

『万葉集』の栗の歌のもう二つは、巻九に収められている次の歌である。

那賀郡の曝井《さらしい》の歌一首
三栗の那賀に向へる曝井の絶えず通はむそこに妻もが（一七四五）
妻の和《こた》ふる歌一首
松反《まつがえ》りしひてあれはや三栗の那賀ゆ上り来ぬ麻呂といふ奴（一七八三）

二首とも共通して栗は「三栗《みつぐり》」を詠っており、食べる栗実ではなく、栗の実の生態から中に掛る枕詞としている。三栗とは、一つの毬《いが》の中に実が三つある栗のことで、その真ん中にあるものに注目して「中」といい、「中」あるいは「那賀」の枕詞と認められている。

『古事記』（倉野憲司校注、岩波文庫　一九六三年）の中つ巻の応神天皇紀の古事記歌謡四三でも「初土《はつに》は　膚赤らけみ　底土《しはに》は　丹黒き故　三つ栗の　その中つ土《に》を　かぶつく」と、やはり三つ栗を中の枕詞としている。

奈良の平城京に都があったころの飲食物にはどんなものがあったかについて、櫻井秀・足立勇の共著『日本食物史上』（雄山閣　一九七三年）は正倉院文書のうち、写経所の記録である天平宝字六（七六二）年の「二部般若銭用帳」、宝亀元年・同二（七七〇）年の「奉寫一切経料銭用帳」、宝亀二年の「奉寫一切経所告朔解」などから拾い上げている。

それによると、穀物では米・もち米・小麦・稗、みの（カラスムギに似た雑草の種子）である。蔬菜《そさい》では、生大豆・ひしお大豆・小豆・ささげ・瓜・ごま・葉芹・あざみ・なぎ・青菜・ちさ・蕗・葵《あおい》（普通はアオイ科のタチアオイのことであるが、これは食べられないので山葵《わさび》のことであろう）・大根・芋・茄子・わらび・山芋・茶・蓮根・筍・たらの芽など四六種をあげている。海藻では、わかめ・あらめ・みる・ふのり・なのりそ・ひじき・もづく・あをさ、など二三首をあげている。果実は、次の一四種をあげている。

梅子　枇杷　胡桃　生栗子　干栗子　擣栗子　李子　柿子　干柿子　橘子　保々相　桃子　呉桃子　甘子

奈良時代に食べられた果実の一つである在来種の桃の実。

梅子は梅の実で、枇杷はビワの実である。胡桃はクルミの実である。生栗子は、栗の実の生《なま》のもので、干栗子は生栗をいったん茹でて干したものである。搗栗子はカチグリで、栗の実を殻のまま乾燥させてから、臼で搗《か》ち、殻と渋皮を取り去ったものである。李子はスモモ、柿子は生の柿の実で、干柿子は干し柿のこと。橘子はミカン。桃子は桃の実。呉桃子は胡桃《くるみ》である。

さて栗実は、生のものと、乾燥した皮付きのものと、乾燥していて殻と渋皮が取り去られた実の部分だけの搗栗という三種があった。搗栗は、「つきぐり」とはよまず「かちぐり」とよまれる。「搗」の字は「かち」とよみ、互いにぶっつかることを「搗ち合う」と記すところからきている。

搗栗《かちぐり》の搗と勝とが通じることから、出陣や勝利の祝い、正月の祝儀などに用いられるようになった。押栗《おしぐり》ともいわれる。

『風土記』に現れる栗

平城京に遷都してから三年目の和銅六（七一三）年五月二日、元明天皇が撰進の命令を下した『風土記』のいくつかに栗が記されているので、とり上げる。『風土記』の原文は漢文体なので、ここでは吉野裕訳『風土記』（東洋文庫一九六九年）を要約しながら説明していくことにする。

栗の記述が最も多いのは『常陸国風土記』で、この『風土記』の成立年時は和銅六年から養老二年のほぼ六年間だと見られている。現在の茨城県の当時の様子を記したものである。

志太郡《しだのこおり》の条《くだり》に、郡役所からの行程十里のところに碓井がある。古老のいうことには、「大足日子天皇《おおたらしひこ》（景行天皇）が浮島の帳《とばり》の宮に行幸されたが、御飲料の水がなかった。早速卜《うらな》いをするものに良いところを卜《ぼく》させて穴を掘らせた」という。それは今も雄栗の村にある。雄栗村とは、現在の稲敷郡美浦村の霞ケ浦南岸にある陸平貝塚周辺と推定されている。雄栗村と記されているが、栗の木があったかどうかは不詳である。

行方郡《なめかた》の条では、郡役所から西北のところに提賀《てが》の里がある。昔、手鹿《でが》とよぶ佐伯があり、その人が住んでいたために後々になりそれを里の名につけている。その里の北には香島の神子の社がある。社の周囲の山野の地は肥沃で、柴《くぬぎ》、椎、栗、竹、茅の類が多く生えている。提賀の里は、現在の行方市玉造町手賀のことで、香島の神子の社は同所の八坂神社と推定される。

行方郡のつづきで、郡役所の南七里のところに男高《おたか》の里がある。国宰当麻《くにのみこともちたぎま》の大夫《まえつぎみ》の時に築いた池が、今も路の東にある。その池から南に鯨岡がある。そこに栗家《くりや》の池がある。栗の大木があったので、池の名とした。北に香取の神子の社がある。男高の里は、現在の行方市小高の地で、香取の神子の社は、御鷹神社のことである。

行方郡に麻生の里がある。その里をとりまいて山がある。椎、栗、槻、櫟《いちい》が生え、猪や猿が住んでいる。麻生の里は、現在の行方郡麻生町麻生である。

行方郡役所から東北十五里のところに当麻の郷がある。土地は痩せてはいるが、紫草が生えている。二つの鹿島・香取の神子の社がある。その周囲の山野には櫟、柞《ははそ》、栗、柴がそこここに林を成していて、猪、猿、狼がたくさん住んでいる。当麻の郷は、現在の鉾田市当間のことである。

久慈郡に密筑《みつき》里がある。村の中に清らかな泉がある。その東と南とは海浜にのぞみ、西と北は山野をひかえている。椎、

常陸・播磨・出雲国風土記に記された栗の産地

櫟、榧、栗が生え、鹿、猪が住んでいる。密筑里は、現在の日立市の久慈川河口周辺の水木と推定されている。

『常陸国風土記』は以上のように、六ヶ所に栗が見られることを記しているのである。明確に「栗林がある」とは記されていないが、森林植生がクリ帯に属する茨城県下であり、「そここに林をつくっている」との記述もみられるので、栗の純林状のところもあったであろうし、他の樹種が入り組んではいるが林の中では栗がほとんどを占めているところもみられたであろう。日々の食料を補完してくれる栗実がよく稔《みの》るようにと、他の樹種に圧倒されないように栗以外の樹木を伐採したり、栗の木が枯れたときはそこに若木を植えこんだりという、人手が加えられてきたことは十分に想像できる。

『播磨国風土記』には、栗についての記述が一カ所みられる。本書は郡司《こおりのつかさ》層の記した文書としての『風土記』の性格をもっともよく示しているとされているが、成立年次は不明とされている。和銅六年から三年以内になったものと考えられている。

揖保郡栗栖《くるす》の里の条である。栗栖と名づけるわけは、難波の高津の宮の天皇（仁徳天皇）が勅して、削った栗の実を若倭部連池子《わかやまとべのむらじいけこ》に賜った。そこでそれを持って御殿を退出してきて、この村に植えて育てた。だから栗栖とよぶ。その栗の実はもともと削ってあるので、その後も渋はない。栗栖里は、兵庫県揖保郡新宮町（現たつの市）の合併以前の東栗栖村と西栗栖村の地域で、農林業が中心で椎茸、ぶどう、栗の栽培が盛んであった。

地名の栗栖の「栖」とは、「住む、住みか」などの意味がある。栗が住むところとすれば、栗林ということになる。仁徳天皇から栗の実を賜った若倭部連池子が、持ち帰ってその実を植え、栗林を育てたのである。賜ったのが削った栗の実というのだから、殻を剥きさらに渋皮まで取り去ったのだから、発芽は相当難しかったに違いない。殻を取り去っても胚芽部分が傷ついていなければ発芽は可能だろう。稲でも籾殻を取り去って、玄米にしても発芽するので、栗でも同じことがいえるだろう。池子が天皇から栗実を何粒賜ったのか不明だが、一粒から芽が出て、桃栗三年といわれるので、長く見積もっても五年経てば、相当数の栗実がとれるので、全部植えれば里の名が付けられるくらいまで、栗が栖《す》むところの栗林は広がりをみせたはずである。

『出雲国風土記』でも、栗が現れるところは一カ所である。『出雲国風土記』は現存する『風土記』のなかで首尾一貫したものだとみるただ一つの完本であり、和銅の官命に基づいて作成されたものとみる見解が古くから行われている。仁多郡の「およそもろもろの山野にあるところの草木は」の条に、オキナグサ、ホトヅラ、ナデシコ、エビスネなど薬草二〇種のあとに樹木として、藤・李・檜・椙《すぎ》・樫・松・栢《かや》・栗・柘・槻・檗《きはだ》・楮《こうぞ》という一二種が記されている。

風土記逸文の山城国の「南郡の社」の条には、次のようにある。

> 雙栗の社。風土記によると、南郡《なみくに》の社。名は宗形の阿良足《あらたし》の神である。里を並栗《なみくり》と名づける云々。この神社は、
> 京都府久世郡久御山町佐山双栗に鎮座する式内社の雙栗《さぐり》神社である。

雙は双の古字で、雙栗は双栗とも記し、いずれもサグリとも、ナミクリとも読む。里の名は後の読み方を採用している。社伝によれば、当社は羽栗《はぐり》郷（佐山村）・殖栗《うえくり》郷（佐古村）・拝志《はやし》郷（林村）の鎮守であった。社名の由来は、諸説があって定かではないが、羽栗と殖栗の間に鎮座していたから双栗と称されたといわれ、またこの地を支配していた古代豪族の葉栗氏の始祖を

祀った氏神社で、葉栗が雙栗に転訛したともいわれている。風土記逸文の尾張国の「宇夫須那の社」の条に、若栗の郷とみえる。

尾州葉栗郡、若栗の郷に宇夫須那《うぶすな》という社がある。廬入姫《いほいりひめ》（景行天皇皇女）の誕生した産屋《うぶや》の地である。それ故に社に名づける。

宇夫須那神社は、愛知県一宮市島村上深田の鎮座する神社で、羽栗氏の始祖を祀った社で、同市島村字南裏山に鎮座する若栗《わぐり》神社を「北の宮」とし、当社を「南の宮」と称している。

長屋王栗を食べる

昭和六一（一九八六）年から平成元（一九八五）年にかけて奈良国立文化財研究所が、平城京左京三条二坊（現奈良市二条大路南）の場所を発掘調査していた。昭和六三年に奈良時代の貴族邸宅が、約一一万点という大量の木簡群とともに発見され、長屋王邸跡と判明した。なかでも左京三条二坊八坪の東南隅で発見された約三万六〇〇〇点の木簡の中には「長屋親王宮」と記したものが多くあり、「長屋王家木簡」と呼ばれるに至っている。

長屋王《ながやのおおきみ》は奈良時代の皇族で、官位は左大臣正二位である。豊かな経済力をもち、皇族勢力の巨頭として政界の重鎮となったが、対立する藤原氏の陰謀といわれる長屋王の変で、神亀六（七二九）年二月服毒自殺した。

奈良国立文化財研究所編『平城京 長屋王邸宅と木簡』（吉川弘文館 一九九一年）によると、養老年間（七一〇〜七二〇年）と天平年間初期から亡くなるまでの間（七二〇〜七二九年）の出土木簡には、送られてきた果物として柿、越前国から胡桃と栗、美作国から搗栗が記載されていた。また溝から出土した果物の種子に、棗《なつめ》、梅、杏、梨属、李、楊梅、榛、栗、胡桃、桃の種子があったと記している。

同研究所編発行の『長屋王家・二条大路木簡を読む』（二〇〇一年）は、栗を貢納した木簡について次のように記している。

栗は「栗子二升」、「丹生郡□（鴨カ）里一斗」「鴨里栗一斗」など丹生郡鴨里は、『福井県史通史編Ⅰ　原始・古代』によれば、鴨里とは賀茂郷のことで、諸説は一致して賀茂神社のある丹生郡清水町大森（現福井市大森町）付近に比定している。

長屋王の食生活について前にふれた『平城京　長屋王邸宅と木簡』によれば、「庶民の食事は一汁一菜に近い簡素なものであったろうが、長屋王の食事は食料素材にみるごとく品数の多い、山海の珍味を集めた豪華なものであった。貴族の使用する食器は、土器、木器を合わせて基本的に六〜七種類が一セットになることが明らかになっており、そのくらいの品数が並んだのであろう。

そして食器には何を盛るかを墨で記していたり、文献に食器の用途を書いている場合がある。それによると、主食の飯、汁物の羹《あつもの》、副食のあえ物、菓子、そして調味料があったことがわかる」という。当時の果物は菓子の一種であり、木簡から果物には、栗、胡桃、柿、桃などがあった。

また大塚初重・辰巳正明・豊田有恒・永山久夫・平野邦雄・町田章共著の『悲劇の宰相・長屋王を掘る』（山川出版社　一九九二年）は、長屋王の酒宴食について記している。永山久夫は発掘された木簡から酒宴食を再現して、それぞれの食物について発表している。それによれば、主食の御飯、酢、鮑《あわび》のウニ和え、酢鮎《すあゆ》、猪の醤漬け焼、羹、猪と鹿の肉の熟鮨《なれずし》、和布《わかめ》、塩、菊花酒、漬物（瓜の粕漬と茄子の塩漬け）、鯛の鮨と鯖の鮨、鮑、腊《きたい》（魚の干物）、蘇、橘、焼栗、という一九品目をあげている。酒宴食の菓子（木実）として橘や焼栗がだされ、とくに柑橘類は必ず出された。焼栗は、堅い皮ごと焼いてから皮をむき、渋皮と一緒に食べた。昔の人の知恵だと思うのだが、繊維質がとれるし、同時に渋皮に含まれるタンニンが体の中で脂肪が酸化するのを防いだり血管の老化を防ぐ働きをすると、永山はいう。

平成二〇（二〇〇八）年一一月一九日付け毎日新聞には、「紫香楽宮《しがらきのみや》跡　天皇の台所あった？「栗」「梨」など書かれた木簡出土」とのタイトルの記事がある。

奈良時代に聖武天皇が造営した紫香楽宮跡とされる滋賀県甲賀市信楽町の宮跡遺跡（八世紀ごろ）で、食品や門にまつわる木簡が出土し、市教委が一八日発表した。今回の発掘現場近くでは、九四年にも聖武天皇と光明皇后のかかわる「御炊殿《みかしどの》」「御厨《みくりや》」と書かれた木簡が見つかっており、市教委は「中枢人物の食事関係の部署があった可能性が高まった」としている。

食品が記された木簡は八点で、今年二～三月、中枢区画「朝堂」跡北東一五〇mから出土。長さ九・二㎝、幅一・二～二㎝、厚さ二～七㎜で、「栗」「梨」のほかヤマイモ科の食材の「止己呂《ところ》」、サトイモを示す「家伊毛《いえついも》」など、計一四字が確認された。

聖武天皇は飢餓や疫病による社会の動揺が激しくなる中で、天平一二（七四〇）年の九州の乱平定を契機に、以後五年間に都を平城京から、山背国に恭仁京《くにきょう》、摂津国に難波宮、さらに近江国に紫香楽宮を造営するなど、都を転々としたのである。この間、聖武天皇は天平一三（七四一）年には大仏造立の詔を発し、紫香楽で盧舎那仏の造立をはじめている。紫香楽宮の朝堂跡から発掘された木簡に記された栗や梨は、甲賀市教委が「中枢人物の食事関連の部署」と誰であるのか人物は特定していないが、聖徳天皇と皇后の食事担当部署であったと考えられる。それからいって、聖徳天皇や光明皇后が栗や梨を召しあがられた可能性は高い。前に触れた長屋王は聖武天皇の在位中の人である。

鹿島神沐浴地の神社の神饌に栗

瀬田勝哉は『木の語る中世』（朝日選書 二〇〇〇年）のなかで、奈良市にある春日大社の神と、伊賀国（現三重県）鷹生山《こもおやま》の栗との関わりを記しているので、要約しながら紹介する。春日大社の祭神は四座である。

常陸国の鹿島社の武甕槌命《たけみかづちのみこと》（建雷命）、下総国の香取社の斎主命《いわいぬしのみこと》（経津主命）、河内国平岡神社の天児屋根命《あめのこやねのみこと》とその比売神《ひめがみ》の四座が祀られている。

鎌倉時代前期に記された春日大社の『古社記』のなかに、「宝亀一一（七八〇）年初月三日、中臣殖栗連時風之を記す」と書かれた一文がある。瀬田はこれを「時風置文《ときふうおきぶみ》」とよんでいるので、そのまま使用する。その文は常陸国鹿島を出発した武甕槌命《たけみかづちのみこと》が大和国春日の地に鎮座するまでの道中を、つき従った中臣連時風《ときふう》・秀行《ひでゆき》の二人、ことに時風の立場から書かれたもので、春日神社創建年とされる神護景雲二（七六八）年から一二年経った宝亀一一年に書き記されたことになっている。この史料は、歴史的事実と合わないと近年いわれ、史料としてつかうことは敬遠されているという曰くがある。天皇と藤原氏一門を守護しようと、平城宮に近い地を求めて、鹿島の神・武甕槌命は鹿を乗物とし、中臣連時風と秀行を共につれ旅に出られた。神護景雲元（七六七）年六月二一日、旅の最初の休憩地である伊賀国名張郡夏身（見）郷に到着された。一ノ瀬河で沐浴《もくよく》され、そのとき鞭としてきた柿木を川辺にたてられたところ、鞭は樹となって生えついた。鹿島神はどうゆうわけか、鹿島から伊賀国まで一気に駆け抜けられたとみえ、途中の東海の諸国は『時風置文』には描写されていない。夏美郷に次いで伊賀国薦生山《こもおやま》に数カ月滞在された。

余談ながら伊賀国は現在三重県に所属しているが、その流域のほとんどは大阪湾に流れ込む淀川の一大支流である木津川の上流部である。平城京周辺の社寺との結びつきが深く、奈良時代には総国分寺である東大寺の造営や修理用材を供給する杣《そま》から出発し、杣工《そまく》たちが次第に周辺の公領に入り込んで田畑を耕作していくことによって、東大寺の勢力が拡大していき、荘の区域が大きくなったのである。現在の名張市を中心とした黒田荘と、阿山町にあった玉滝荘《たまたき》が有名である。

武甕槌命が滞在された夏美郷は、東大寺荘園の黒田荘に近く、夏美郷の中心地である夏美は、伊賀盆地の西部に南の大和高原から流れ込む青蓮寺川と比奈知川の合流点一帯のことである。奈良時代から伊勢神宮の斎王《いつきのひめみこ》が、都から伊勢に向う道がこの辺りを通っていたし、川辺は斎王の沐浴地となっていたようである。二つの河川の上流で伐採された木材が集まり、下流の木津川に流される中継点でもあり、国衙《こくが》の津がおかれ、水陸の交通の要衝であった。

ここまでは一気に進み、名張国夏見郷
及び薦生山に数ヶ月滞在。
春日大社
鹿島神宮
春日大社の神の行程

鹿島の神武甕槌命が滞在された地は、現在積田神社の鎮座する地とされている。この神社は奈良の春日大社からは春日の「奥の宮」とよばれ、祭神として春日四座の神が祀られている。積田神社の横を流れる比奈知川は「供奉川」とよばれ、川の向こう側には武甕槌命が神影を映したという鏡池とよばれる伝説の池もある。

積田神社のすぐ上手にあたる丘陵地の下部あたりは、通称「上栗《えぐり》」という地名をもっている。積田神社の祭礼のとき、神に捧げる神饌として上栗の地の栗が供えられたという。三重県立図書館のネット「伊賀地方の秋祭りとその食文化」によると、現在でも柿と栗が一つにされて供えられている。積田神社の秋祭り（11月2・3日）では、祭りの当日、神前に供える神饌をとくに「じく饌」とよぶ。

≪じく饌（宮膳）の献立≫
本膳・サバズシ、アユ、エイ、里芋、カツオ節
白蒸し・サバズシ、キョオ、エイ、ユズの皮、大根の茎と大根の銀杏切、白木の箸
柿と栗・それぞれを竹串に挿し、五本づつにまとめて台輪に挿す。
キョオのホデ(装束)・台輪の上におにぎり型のキョオを三段に積み上げて周囲に竹串をたてる。上を紙で包んで藁で結ぶ。

神饌とされる柿は、鹿島の神武甕槌命が、鞭として携えてきた柿木の縁であろう。一方の栗は、従者の中臣連時風と秀行が鹿島の神がここに滞在の後訪れる薦生《こもお》山の地で、焼栗を植えさせられ、中臣に殖栗を付け加えた連《むらじ》を名乗ることと関連があるのだろう。連は古代の姓に一つで、その上につけた職業名でもって、奉仕していた。積田神社の神饌とされる柿と栗は、一本の串に何個挿すのかは不詳である。

鹿島神、焼栗を植えて占う

夏美郷を出発された鹿島神・武甕槌命一行は、伊賀国薦生山の地で数カ月滞在された。薦生の地の中山神社の社記によると、鹿島神は夏見郷を神護景雲元（七六九）年一二月七日に薦生に渡御され、翌年春までここに滞在された。滞在地は現在の中山神社に比定されるが、同社は往古は中山春日神社と称し、中古は春日神社と称していたが、明治三九（一九〇六）年に中山神社と改称した。しかし、祭神は天児屋根命・菅原道真・大日霊貴命《おおひるめむちのみこと》の三座で、鹿島神・武甕槌命は祀られていない。

薦生の地は、名張盆地で青蓮寺川・比奈知川・宇陀川などの数多くの川が合流し名張川となり、笠置山地を穿って蛇行する峡谷部の前つまり上流部に位置している。薦生の地から奈良の春日山までは、大和山地を隔てて直線距離でおよそ二〇km余である。

鹿島神・武甕槌命は、ここ薦生に滞在中時風と秀行に焼栗を一つずつ与え、「宣《の》」りて仰せられるには、「汝等《なんじら》の子孫が、将来にわたってずっと自分に仕え続けることになるかどうか。もしそうなるならば、その焼栗を殖《う》えてみたら必ず生え付くであろう」。そこで神の言われるままに植えてみると、たちまち栗は生え付いた。それから二人は、中臣殖栗連《なかとみのえぐりのむらじ》と名乗り、春日大社に祀られた鹿島神の武甕槌命に奉仕、つまり春日大社を祀る一族の祖先となった。

この時に植えられた栗林であるかは不詳だが、薦生は古くから栗の産地として知られていた。前に触れた瀬田勝哉著『木の語る中世』からの孫引きであるが、『東大寺文書』四之七によると、平安時代中期の康保元《こうほう》（九六四）年、同二年夏見郷薦生御牧の中には栗林が三所あって、その一つは九三町と記されている。また同じ文書には、宮栗栖《みやくるす》というものがあり、その広さは六町一四〇歩だと記されている。

鹿島神の武甕槌命が薦生を発せられたあとどこを通られたのかは不詳であるが、春日大社の四柱の神の一つとして祀られた。春日の神々は春日造の神殿に四柱の神々が横並びに祀られている。第一・第二殿には国つくりに力を発揮された神である武甕槌命と経津主神《ふつぬしの》が、第三・第四殿には神事と政《まつりごと》を司る神である天児屋根命と比売神《ひめの》が祀られている。

春日祭の神饌には栗も

春日大社の数多い例祭のなかでも、一番重要な祭りが三月一三日の春日祭（申祭ともいう）で、三勅祭《ちょくさい》といい、この祭りで神にお供えされる特殊神饌のなかの一つとして栗が入っている。なお勅祭は、天皇の使者である勅使が派遣されて執行される神社の祭礼のことであるが、特に旧儀保存の目的で古式を参照した特殊な内容をもつものを「三勅祭」という。それは京都の上賀茂神社と下賀茂神社の葵祭、奈良の春日大社の春日祭、京都の石清水八幡宮の石清水祭のことをいう。

神饌とは神が召しあがられる食物の総称で、大御《おおみ》、御饌《みけ》、御食《みけ》、御膳《ごぜん》、神膳《しんぜん》、御物《おもの》、御贄《みにえ》などともいう。神道では祭りは神人共食《しんじんきょうしょく》することが大切とされ、祭りに際しては、まず神々を招き迎え、神に幣帛《へいはく》を供え、祝詞《のりと》を奏上して報告・感謝・祈願し、歌舞を奏し饗応する作法をいう。祭儀が終わると神饌などのお供え物を神とともに頂いて（共食）直食《なおらい》をするのである。

神饌には、生饌《せいせん》と熟饌《じゅくせん》がある。生饌は魚でも野菜でも生のままの姿を一品ごとに三宝（三方）に盛り供えるもので、明治以降の神饌の主流となっている。熟饌は、包丁を加え調理した神饌のことで、別名「調理神饌」「特殊神饌」あるいは「古式神饌」などとも称される。

春日祭は、天皇家と藤原家の私的な祭りとされ、外部には公開されない。申《さる》祭りの当日は宮司以下神職による「御戸開ノ儀」にはじまり、勅使が参向し、「祓ノ儀」「着到殿ノ儀」「御棚奉奠」「御幣物奉納」「御祭文奏上」など一一もの儀式が正午までに執行される。この祭りで御戸開神饌と御棚神饌が捧げられる。御戸開神饌は、本殿の御戸を開くお祭りに供されるもので、「八種《やくさ》神饌」いわれる。四台の高坏に神饌を盛る。

一台目には、黒米の御飯を円形に形作った練り飯とお箸

二台目には、干鯛、鯧《かます》、鮑、鰹節、煎海鼠《いりこ》、焼物鯛（この台には高坏の前に塩鯛をつるす）

三台目には、蓮、芋、大根、牛蒡、昆布

四台目には、柑子、柿、栗、石榴、梅枝《ばいし》（梅の枝ではなく、菓子の名である）又は三梅枝、ぶと、まがり餅、壇供餅、酒（濁酒）、どの高坏にも高く積み上げて盛り、神に敬意をあらわす。

春日祭の祭礼
このとき栗も神饌としてお供えされる。
出典：『大和名所図会　巻之一』
（近畿大学中央図書館蔵）

近江国の春日神社の栗の神饌

春日大社の神は、山形県、福島県、千葉県、静岡県、岐阜県、福井県、兵庫県、岡山県、徳島県、福岡県、大分県など各地に分祀され、それぞれ春日神社の名を名乗っており、春日大社四神をすべて祀っている神社もあるがそうでない神社もある。そのうち栗と関わりの深い神の武甕槌命はどの神社も祀っているので、この神をもっとも重要視しているといっていいだろう。

滋賀県愛知《えち》郡愛東町妹《いも》（現東近江市妹町）に鎮座する春日神社も奈良の春日

大社から分祀された神社で、春の例大祭《おこない》は三月一四日である。祭神は天児屋根命、武甕槌命、斎主《いわいぬし》命、比売命、天照大御神、誉別《ほむわけ》命で、当然のことながら奈良の春日大社の祭神とダブっている神が祀られている。

この春の例大祭に栗と柿が神饌として奉られるのである。この神社は、曽根、妹、仲戸、鯰江、という四つの集落の氏神になっていて、大神社、弁水、神部、田楽、星生、新幣という六つの宮座でお祭りしている。

この神社の例大祭は、「板御幣《いたごへい》」という雪かきのような形をした板に絵馬を描きつけた飾り、および竹に挿した栗と干し柿の神饌（「もの盛」という）に特徴がある。板御幣は、用水を田畑にひきこむため用水路の堰き止めに用いる板を象徴しており、六つの宮座はそれぞれ神を宿している用水板を保持していることになる。

三月一三日の宵宮に次のような行事が行われる。

衣装清めの儀と降神祭が行われ、清められた衣装の裃《かみしも》を着て、本殿から祭神の御幣を各宮座に持ち帰る。縁側に新しい砂を入れて垣根を設ける「垣結い」が行われる。

神饌である「もの盛り」が作られる。あまり深くない木製の桶に杉葉をぎっしりと詰め込み、丸く刈り込んでおく。その桶に長さ六〇cmのオナゴダケ（篠竹・矢竹）を半分に割ったものを挿し、先端に栗と干し柿を突きさす。桶に挿す竹の数は、少ないもので一〇〇本、多いもので一二〇本である。栗の挿し方は、鯰江集落だけは頭挿し（栗の尖った方）で、それ以外は底挿しである。その後、餅を搗き、平年は一二個、閏年は一三個の餅を桶に入れて神饌とする。

夜は灯明を灯して、神主による当屋清めの儀が行われる。

春の例大祭当日は、格の高い大神社《おおじんじゃ》を先頭に、「もの盛」は両手で抱え、餅は担いで、六つの宮座が神社前で合流し、順に神社の中へ渡る。神社本殿へと入ることを渡るという。このときわざわざ拝殿の中を通って本殿へと行く。本殿に神饌を届け終わると、神主を中心に念入りに、厳重に、祭典が行われる。

東近江市妹の春日神社の神饌として干し柿と栗が御供えされるのは、「雨栗日和柿」という諺によるのだという説がある。つまり雨の多い年には栗の実入りがよく、日照りの続いた年には柿の実入りがよいとのことをいっている諺であり、どちらも近世以前の農村部における重要な食料であった。それで雨の多い年でも、日照りとなるような年でも、食料となる栗や柿の豊作を祈念しての神饌であるとの解釈は極めて適切なものと考える。

武甕槌命と栗

東近江市妹の春日神社の氏子たちが神に栗と干し柿を神饌として奉り、その豊作を祈念するのは、祭神の武甕槌命が柿と栗と深い関わりをもった神であるからなのだろう。武甕槌命は常陸国鹿島神社に神として祀られていたが、中臣時風と秀行に請われて天皇と藤原氏を守護しようと、鹿を乗物とし、柿の木の枝を鞭にして出立されており、これで柿との関わりはわかる。そして香島から伊賀国薦生《こも》山に到着・滞在されていたとき、時風・秀行に焼栗を与えられているので、武甕槌命は焼栗を持参されていたことになり、栗と深い関わりをもっておられたことがわかる。

武甕槌命は祀られていた鹿島神社を立たれる時、柿と栗を身につけられていたのである。身につけられた栗と柿が神饌としてお供えされた物であったどうかについては不詳である。そこで、柿のことはさておき、栗と香島神社の関わりをすこし覗いてみることにする。

『常陸国風土記』では、大化五（六四九）年に下野国と常陸の国の一部でもって新しく神郡《かみのこおり》をつくられたとき、そこにある天《あま》の大神の社と坂戸の社・沼尾の社との三社を「香島の天の大神」と総称し、それによって香島の郡と名をつけた、と記されている。その「香島」が「鹿島」と記されるようになったのは、鹿島神宮の説では養老七（七二三）年のことで神の使いである鹿に由来するという。

鹿島神宮は茨城県鹿嶋市宮中に鎮座する延喜式の式内社で、常陸国一宮とされ、日本神話では大国主の国譲りの際活躍する武甕槌命が祭神である。

『茨城の史跡と伝説』（茨城新聞社編暁印書館　一九七六年）によると、「合併前の東茨城郡常北町（旧西郷村）は朝房山の北麓一帯を占め、『和名抄』にいう那賀郡鹿島郷にあたり、大字古内は朝房山の古名フジフジの名残といわれている。このあたりを鹿島郷と名づけたわけは、二〇年目ごとに造営する定めになっている鹿島神宮修造の材木を伐り出す「宮材の山」であるからだ」としている。

鹿島神宮は大宝元（七〇一）年に正殿と仮殿が造営されたといい、この年から二〇年に一度の式年造営が定められたのである。鹿島の地は、太平洋の鹿島灘に距離的に近いため空気に多量の塩分が含まれているので、栗材でなければ二〇年は保てないといわれている。鹿島神宮に向って右側の山は、『三代実録』にある栗材を工面した土地であると伝えられている。

鹿島神宮の式年造営に栗材を用いることは、正史の『三代実録』（武田佑吉・佐藤謙三訳『訓読 日本三代実録』臨川書店一九八六年復刻版）巻十二・清和天皇貞観八（八六六）年正月一九日の条に次のように記されている。

> 鹿嶋大神宮は惣《すべ》て六箇《むつ》の院なり。廿《にじゅう》年間に一たび修造を加ふ。用いる所の材木五万余枝、工夫十六万九千余人、料稲《りょうとう》十八万二千余束なり。宮を造る材を採る山は那賀郡《なかのこおり》に在《あ》りて宮を去ること二百余里、行路《みち》険峻《けわ》しくして挽運《ばんうん》に煩《わずら》ひ多し。伏して見《おもんみ》るに、宮を造る材木は多く栗樹《くりのき》を用いる。この樹は栽《う》え易くして亦復《また》早く長《そだ》つ。宮の辺《ほとり》の閑地《あきち》に、且《しばら》く栗樹五千七百株、椙樹《すぎのき》四万株を栽えたり。望み謂《こ》ふ、神宮司に付《よ》せて加殖を命じ、兼ねて齋《いつ》き守らしめん。

この記録は、五七〇〇株という多数の栗が植えられたことがわが国の正史に記録された珍しいものである。縄文時代の青森の三内丸山遺跡では、栗が植えられ、集落の周辺は栗林になっていたとされるが、文字として記録されていない。それ以外にも各地で栗は植えられ、ほとんど栽培にまでいきついたとは想像できるのであるが、記録として残っていないので、確かめようもない。

それはさておき、『日本三代実録』の記録は鹿島神宮の修造用材を得るための栗の造林であり、真っ直ぐで長い材を得ることが目的なので、植えた苗木の密度は相当に密であったと考えられる。木材生産が目的の栗林といえども、一本ごとの栗の実りは少ないけれども、栗林全体では相当量の栗の実を拾うことができたと考えられる。それは当然、祭神の武甕槌命に神饌としてお供えされたであろう。

このように見てくると、武甕槌命は栗とはきわめて縁の深い神であったといって差し支えないであろう。中臣時風と秀行を供として鹿島立ちされるとき、途中の中食のため栗を携えられていたことも、理解されるであろう。

鹿島神宮には貞観８（866）年に、運営用材確保のため栗の木と杉が大量に植栽された。写真は、大阪府箕面市。

第三章　王朝人の食べた栗

荘園の栗林

桓武天皇は延暦一三（七九四）年、平城京から山背国《やましろ》の長岡京へまず都を移し、さらに平安京へと遷都した。淀川水系の交通の便を考えてのことであったが、また新しい皇統にふさわしく、天智天皇や渡来系氏族との関わりの深い山背の地に都を造営し、そこに政治の中心を移すことによって新しい王朝の成立を示そうとしていた。平安遷都から鎌倉幕府成立までの約四〇〇年間を平安時代とよんでいる。平安遷都にともなって、仏教界では近江で生まれた最澄《さいちょう》が遣唐使にしたがって入唐し、帰国後天台宗をひらいて南都から独立した仏教修行の新しい道をとなえた。最澄が平安京の東北に当たる比叡山にひらいた延暦寺は、長く仏教教学の中心となった。また讃岐にうまれた空海も同時期に入唐し、とくに密教を学び、帰国後真言宗をひらいた。

空海は高野山に金剛峰寺をひらき、密教を通じて朝廷に重く用いられ、京都に教王護国寺（東寺）を与えられ、密教の中心道場とした。

平安時代は経済史からは荘園制度の時代とよばれる。荘園とはもと別業の意味である。諸国の荒廃地、未開墾の原野などを皇族や寺院や権門勢家に賜って開墾させ、その田園を別業《なりところ》（自己の本領以外の私有地の意味）としたことにはじまる。

荘園には田畑ばかりでなく、山林も含まれており、山林の中の栗林は特別視されていたのか、栗林の反別は明確に記されている。すこし時代はくだるのであるが、平安末期の延久四（一〇七三）年九月五日付けの「石清水文書」（農林省編『日本林制史資料 豊臣時代以前』内閣印刷局内朝陽会一九三四年）に、それがみられる。なお数字は、肆《し》（四のこと）、陸《りく》（六のこと）、玖《く》（九のこと）のように漢字表記されているので、わかりやすい漢数字で記す。

太政官牒石清水八幡宮護国寺
宮寺所所荘園三十四箇所事
一所　字甲斐伏見庄　錦部郡
葦谷山　四十八町九反
甲斐宅一所　今宅一所
東宅一所　御敷野栗林四町

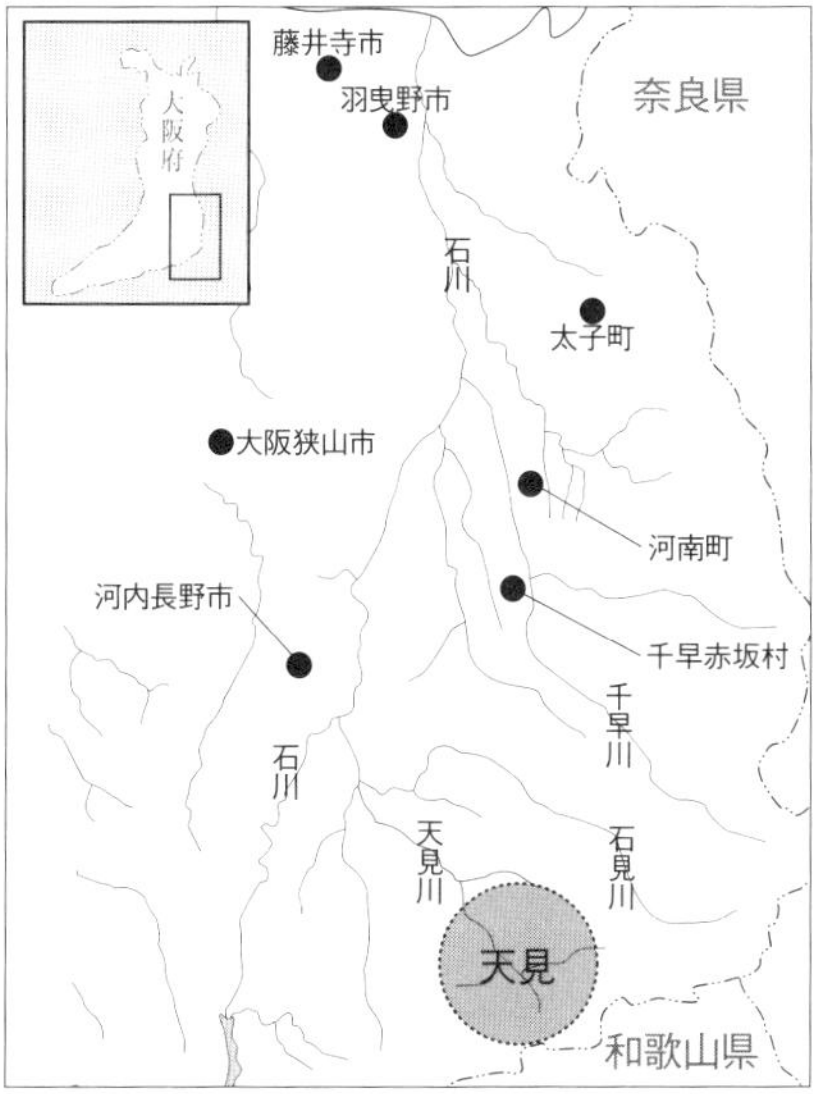

大阪府河内長野市天見の位置図
石清水八幡宮の荘園の一つで、河内錦部郡甲斐庄に比定される。

佐太山地一二町　佐美蘇河会山地五十八町
新居地山一町三反　栗原里二坪八反
上原山地二反　岡本地林一町五反
郡殿栗林二町　辻山地四反
豊国殿地二反　大栗栖地一町　（以下略）

京都府の南部で大阪府境に鎮座している石清水八幡宮には、護国寺という寺があった。当時は神仏混淆《しんぶつこんこう》のあらわれとして、神社に付随して寺がおかれた。別に神宮寺、宮寺、神供寺、神護寺ともいわれる。また寺に付随して神社がおかれた。明治維新の際、神仏分離令が発せられ、神社と寺は分離された。寺として、あるいは宮として、独立したところもあれば、廃絶したところもある。

石清水八幡宮護国寺は平安時代には、河内国（現大阪府東部）に七カ所の荘園をもっていた。その一つに河内国錦部郡甲斐伏見庄があった。現在の河内長野市天見や流谷の地域で、ここにある流谷八幡宮は石清水八幡宮から勧進されれた神社だといわれている。

甲斐伏見庄は、甲斐庄と伏見庄の二つに分かれており、甲斐庄では荘園の地目で山林と、宅地と栗林と田畑に分かれていた。山林は葦谷山、佐太山、佐美蘇河会山、新居地山、上原山、岡本地林、辻山の七カ所で、その面積は一二町二反であった。宅地は甲斐宅、今宅、東宅、栗原里、豊国殿の五箇所で、その面積は二町であった。栗林は、御敷野栗林、郡殿栗林、大栗栖の三か所で、その面積は七町であった。七町という相当の広さの栗林を、石清水八幡宮護国寺は荘園として経営していたのである。どんな栗林であったのかは不詳であるが、地目を栗林とするには栗樹が少なくとも六〇％を超えていたと想像される。六町歩の栗林から採れる栗実の量も不詳だが、相当量の収穫があったことであろう。その中から年貢として護国寺へ貢納され、寺の守護仏への御供えとなり、また寺に奉仕する僧侶への配り物とされていたと思われる。そのほどこの時代であっても、栗実は重要な産物であり、食料であった。

伏見庄の置かれていたところではないが、河内長野市内の岩瀬地区では現在も栗が栽培されている。水はけのよい傾斜地になっており、肥えた赤土で栗樹の栽培に適しているので、味の良い大きくて品質のよい栗が育まれているという。

東大寺荘園栗林焼かれる

平安末期に山城国南端にある東大寺の荘園の栗林が、隣接する摂関家の荘園の人々に焼かれたという事件が水野章二著『里山の成立 中世の環境と資源』（吉川弘文館二〇一五年）に記されているので要約しながら紹介する。この事件を水野はいくつかの『平安遺文』を元に記している。

東大寺賀茂庄は現在の京都府木津川市域（旧加茂町）の木津川と丑谷川《うしたに》をそれぞれ北と東の堺とし、西南は兎並《うなみ》を含む区域が想定されている。その東と南に広がる山地一帯は右大臣家藤原家忠（関白師実の息）領の山田牧があった。この牧は、旧加茂町の弥未から当尾《とうのお》にかけての広大な山地にひろがる牧であった。この二つの荘園は、境争いを繰り広げていた。天治二（一一二五）年三月、右大臣藤原家忠家領山田牧の住民と定使《じょうし》・藤原宗元が八〇余人隋兵をひきいて牧内だといって賀茂庄内に乱入し、田畑や住宅などの垣・栗林を伐りすて焼き払ったことを、東大寺領賀茂庄の住民は東大寺政所に訴えた。これを受けて東大寺は、朝廷に裁定を求めたのである。

ところが山田牧は、「件《くだん》の庄は公験《くげん》の載する所、山地広博なり。住民等荊棘《けいきょく（いばら）》を伐り掃らい、漸漸に田畑を耕作す。しかるに近年以来、傍の荘園の住人請文を出し、荒地を占点し、始めて栗林となすの間、去春草場を焼くの野火、件の林に延焼し既におわんぬ。その後、東大寺俄に寺領の林を焼くの由を称し、大衆《だいしゅ》を発し、住人私宅を焼き掃わんと欲す」と逆に東大寺の非道を訴えたのである。

この文書によれば、山地が広がっている山田庄の住民たちは荒れた地に生える荊棘を刈り払い、田畑の開拓を進めていた。しかしながら近隣の荘園の住民も請文《うけぶみ》をさしだし、荒地に拠点を設けて栗林を作っていた。山田牧では、春には牧草育成のために草場に火をつけて焼いていたが、その野火が栗林の延焼してしまった。それに対して東大寺は、寺領の栗林を焼いたとして大衆（多くの僧侶・あるいは僧兵のことか）を出して、山田庄の住民の家を焼き払おうとしているというのであった。

王朝人の食べていた栗

それはそれとして、平安時代の人々がどんなものを食べていたのかを知る資料として、『和名類聚抄』がある。醍醐天皇の第四皇女勤子内親王の令旨に奉じて、源順が編纂したもので、収録した漢名に和名を与えたもので、いわば現在の漢和辞書である。ここにみられる食料は、前の時代である平城京時代とほとんど変わりはないものであったと考えられる。穀類や豆には、うるちの米《よね》、もちの米《よね》、稗、小麦、黍、大豆、小豆、胡麻などがあり、蔬菜類では蔓菁《あおな》、茄子、蒜、百合、蕨、蒟蒻、薊《あざみ》などがあった。果実には、石榴、梨子、檎子《やまなし》、柑子《かむじ》、木蓮子《いたび》、榛、栗、杬子《ささぐり》、椎子、櫟子《いちい》、榧子《かへ》、林檎子《りんごう》、楊梅、桃、橘、胡桃、棗、梅、柿、杼、枇杷などがあった。

これらのなか、柑子はミカンのことで、木蓮子はつる草で甘味のある果実を実らせる。榛の幹は栗に似ているけれど果実の付け方は栗とは違っており、その果実は栗に似た味をもっている。杼はトチのことで、栃とも橡とも記され、栗の実に似た実が秋に熟する。しかし、栃の実はサポニンが含まれているため、栗の実のようにそのまま生で食べることはできない。手間暇をかけてサポニンを抜いてから、米の粉に混ぜて餅として食用とする。

栗は、単なる栗と、杬子《ささぐり》という二通りに記されている。杬子とは小さな栗の総称であり、また柴栗ともいわれる。栗は縄文時代の昔から栽培されてきたので、柴栗の何倍もある大粒の果実が実る栽培種が生まれていた。ここでの栗とは、その栽培種の栗実のことであり、改良されていない原種のままの、いわゆる野生栗のことを杬子として区別していたのであろう。

大粒の実をつける栽培栗は生まれていたが、どこでも栽培していたわけでなく、栽培地は丹波の栗と称されるように特定地域で栽培されていたので、出回っている栗実の量は少なかったのであろう。それにくらべ、柴栗は各地にひろく生育していたため、拾い集められた量は、栽培栗をはるかに凌駕したのであろう。前に触れた荘園の栗林の栗は、栽培栗の林であったのか、野生栗の林であったのか、不明のままである。

『古今和歌集』（佐伯梅友校注岩波文庫一九八一年）巻第十は「物名」の歌を集めた集である。物の名としてうぐいす、ほとぎす、うつせみ、うめ、かにわざくら、すももの花、からももの花、たちばな、をがたまの木、やまがきの木、あふひ、かつら、そうひ、おみなえし、きちこうの花、しをに、りゅうたんのはな、などをあげ、果実としては歌番四五五に梨、棗、胡桃という三種を詠み込んでいるのであるが、他の歌においても、栗はとりあげられていない。栗はあまりにも日常的に食されているため、雅を旨とする和歌としては卑近すぎて雅趣を感じられなかったのであろう。

余談だが、果実が詠み込まれた歌を掲げる。

平安時代には栗の実は食べられていた

なし　なつめ　くるみ

あじきなし　なげきなつめそ　うき事に　あひくる身をば捨てぬものから（四五五）

一句目に梨、二句目に棗、四句目に胡桃が詠み込まれている。歌は、詰らないことだ、そう嘆くなよ、これまでいろいろと辛い目にあってきた、それなのにその身を思い切って捨てもしないで、の意である。親しい友への忠告なのか、あるいは自分のことをかえりみての自省のものなのか、その時の歌を読む人の気持ち次第である。

名前に栗をもつ神々

律令の細則である『延喜式』（国史大系編修会編・新訂増補国史大系二六巻『延暦交代式・貞観交代式・延喜交代式・弘仁式・延喜式』吉川弘文館一九六五年）に記されている栗をみていこう。

栗と神との関わりを神社名でみると、『延喜式』の巻第九と巻第十には神社の名前が記されており、いわゆる神名帳となっている。そこに宮中に鎮座されている神と、国ごとに鎮座されている神がそれぞれ記されている。神名に栗の字をもたれる神は、宮中に坐《いま》す神の中にはいない。それぞれの国ごとに、名前に栗の字のついた神とその神の社《やしろ》は次のとおりである。

　神社と記されているが、このよみかたは現在行われている音読みの「ジンジャ」ではなく、大和ことばで「カミノヤシロ」とよむ。社とは、そこに神が坐《いま》すところであり、その神を齋《いわ》い祭った斎場である。後の世では、神を祭る殿舎をさすようになった。

　次の六つの神の社が記されている。

①山城国久世郡雙栗神社《くせのこおりさぐりのかみのやしろ》　三座

　現在の京都府久世郡久御山町佐山双栗に鎮座する雙栗神社で、由来などは前の章に述べた。

『延喜式』神名帳に見る栗の名をもつ神の社の分布図

②大和国城上郡《しきのかみのこおり》殖栗神社《えくりのかみのやしろ》

奈良県桜井市上之庄字南垣内に鎮座する殖栗神社で、由来などは前の章に述べた。

③伊勢国朝明郡《あさけのこおり》殖栗神社《うえくりのかみのやしろ》

現在の三重県四日市市西村町に鎮座する殖栗神社で、現在の祭神は天児屋根命、宇迦之御魂命、応神天皇、殖栗連など一一柱であり、天児屋根命は『姓氏録』の左京神部に「大中臣と同じき祖」とされる殖栗連の祖神である。殖栗神社から東へ約一・五kmの小牧町に、殖栗連の墓とされる若宮古墳がある。

④尾張国葉栗郡《はくりのこおり》若栗神社《わかくりのかみのやしろ》

現在の愛知県一宮市島村南裏山に鎮座する若栗神社八幡宮である。記紀伝承で第五代の天皇である孝昭天皇は長くこの地に滞在し、尾張連の遠祖の興津余会《おきつよそ》公の娘を妃とし、祭神天押帯日子命を産んだ。天押帯日子命の後裔の葉栗臣人麿が、白鳳年間にこの神社を創建したと伝えられている。

⑤尾張国丹羽郡《にはのこおり》削栗神社《けぐりのかみのやしろ》

現在の愛知県一宮市千秋町勝栗神小屋に鎮座する削栗神社で、創建年月不詳で、江戸期まで祭神　所在とも不詳となっていたが勝栗村の八幡社を当社に比定されている。この地は、中世伊勢神宮の内宮領である搗栗御厨《かちぐりのみくりや》のあったところである。御厨とは神饌を調理する屋のことであるが、古代や中世では神社の神饌の料を献納した神社所属の領地のこともこういった。それから言えば、伊勢神宮内宮に献納する搗栗を産した地域ということができる。

⑥飛騨国荒城郡《あらきのこおり》栗原神社《くりはらのかみのやしろ》

岐阜県吉城郡上宝村（現高山市上宝町）宮原にある栗原神社で、江戸時代には白山神社と称されていたが、明治三（一八七〇）年に式内社栗原神社と認められ、現在の社名に改称された。

ついでに栗の字を名前にもつ神の社を探ってみると、穴栗神社（奈良県）、七栗神社（三重県）、広栗神社（石川県）、井

栗神社（奈良県）、千栗神社（佐賀県）、唐栗八幡神社（岐阜県）、野栗神社（群馬県）、叟栗神社（京都府）、丸栗神社（長野県）、岩栗神社（佐賀県）、一本栗地主神社（北海道）、栗田神社（京都府、秋田県、長野県）、栗栖神社（京都府）、御栗栖神社（京都府）、栗山八幡宮（北海道）、小栗山神社（青森県）、栗沢神社（北海道）、野栗沢神社（群馬県）、勝栗神社（鹿児島県）などがある。

栗の実を貢納する国々

栗の実は、他の胡桃や椎の実などとともに税として朝廷に納める対象とされていた。『延喜式』巻第二十四の主計上には、次のように定められている。正税である調《みつぎ》や庸《よう》ではなく、中男《ちゅうなん》一人輸作物とされている。中男作物《ちゅうなんさくもつ》は、律令制のもとでの租税の一つで、中男つまり一七歳から二〇歳までの男子に郷土の産物を納めさせるもので、養老元（七一七）年にそれまでの調副物《みつぎそえもの》に中男の調を統合して制定された。その品々は、天皇の食膳に供されたらしい。中男作物はいろいろとあるが、栗を含む木の実類をとりあげると、次に示すように栃、麻、胡桃、栗、山椒、椎、という五種類となる。なお国全体が山がちで物成りの悪い飛騨国や、遠路をはるばると運搬してこなければならない陸奥国・出羽国、遠方でありしかも海路輸送の必要な壱岐や対馬国などは貢納には及ばないとされていた。

凡《およそ》中男一人輸作物　飛騨・陸奥・出羽・壱岐・対馬等国嶋不輸
橡《とち》、麻子《あさのみ》、呉桃子《くるみのみ》、生栗子《なまぐりのみ》各一斗五升（二七ℓ）　蜀椒子《さんしょうのみ》、椎子《しいのみ》各一斗（一八ℓ）、平栗子《ひらくり（または「ひたいくり」）》四升（七・二ℓ）、搗栗子《かちぐりのみ》
七升（一二・六ℓ）

栗は、生栗という生のままのものと、平栗と搗栗という加工して保存性をよくしたものとの三種類に分かれていた。

平栗は、『延喜式』巻第三十三大膳下の「造雑物法」によればその一斗二升五合（二二・五ℓ）を得るには生栗子一石（一八〇ℓ）を用いるとされている。従って生栗の一二・五％の歩留まりという、きわめて精製された栗の製品のようである。

これらの栗の実を貢納する国々は、次の通りである。

丹波国（現在の京都府中部と兵庫県東部）　平栗子《ひらぐり》、搗栗子《かちぐり》
但馬国（現在の兵庫県北部）　搗栗子
因幡国（現在の鳥取県東部）　平栗子
美作国（現在の岡山県北部）　搗栗子
備中国（現在の岡山県西部）　搗栗子

なお、栗以外の木の実類を貢納する国は、常陸国の麻子、信濃国の麻子《あさのみ》、若狭国の蜀椒子《なるはじかみ》、越前国の呉桃子《くるみ》、加賀国の呉桃子、丹波国の蜀椒子、伯耆国の椎子《しいのみ》、播磨国の蜀椒子となっている。

ところが規定では「橡」を貢納することが定められてはいるが、どの国が貢納するのか明確にはない。橡の実は、食用とするまでにアク抜きを丁寧に行う必要があり、相当の手間と時間がかかるので、納めるように一旦は定めてみたものの、調理担当部署からの苦情もあり、貢納国を定められなかったのではなかろうかとも考えてみた。

栗を貢納する国は前記の五カ国である。三種類の栗が中男作物

『延喜式』で栗及び木の実の貢納を定められた国々

として記されているが、生栗を納める国がない。また朝廷に近接している畿内の山城、摂津、河内、和泉、大和の国々は貢納する国と定められていない。また畿内ではないが、隣接する近江国も外れている。それらの国から随時納めさせていたのかも知れない。生栗は朝廷が経営する栗林で産するもので、量も質も賄えたものであろうか。

栗を貢納する国では、丹波国はいわゆる丹波栗といって大粒の栗の実を産する地であり、このころから丹波栗の栽培がおこなわれていた可能性がある。他の四カ国は、中国山地の南北につらなる連続した地域となっており、気候的には中国山地の東端ともいえる丹波山地とほとんど差違はない。

果樹農業発達史編集委員会編『果樹農業発達史』(農林統計協会一九七二年)は、兵庫県摂丹地方(兵庫県東部の旧摂津国と丹波国の領域)の栗栽培について『延喜式』に「古ヨリ丹波、但馬、阿波諸州栗ヲ産ス。今モ山中ヨリ出ズルモノ上品トス。大サ卵ノ如シ。諸州之ヲ栽培スルモ丹波ニ及バズ云々」と記載されているとしているが、筆者のみた吉川弘文館刊行の『新訂増補　国史大系第二十六巻』に収められている『延喜式』にはその記載をみることはできなかった。

また同書は、円融天皇の天延三(九七五)年ごろ、「京都府天田郡川合村からテテウチグリ三〇石を朝廷に献上したとの記録があり、当時改良された大栗が相当量生産されていた」と推定している。

手々打栗《テテウチグリ》について上原敬二著『樹木大図説』は、来歴は三つの説があるとしている。その一は、用明天皇が西国を巡行されたとき、丹波国岩屋山の丹波栗を嘉賞され、栗の下部に爪のあとをつけられた。この栗を蒔くと素晴らしい大木になった。里人はこれを称してツマアト栗、また御手植栗とよんだ。後世転訛して〝テテウチ栗〟になったという。その二は、栗の実が大きいため一個しか掌中に入らないのでテノウチグリというべきを、幼い言葉でこれをテテウチグリとよんだという。その三は、「出て落ち」つまり栗の実が笑み出て落ちるという義で、清濁の音が入り混じりテテウチになったという。

そして上原は、「しかし以上、いずれも正否の判断は控えるが、テテウチはテウチグルミのテウチと同じく、皮が薄く、手の内で容易に種皮を剥ぎ得るという意味も、一応は正しいと考えられる」としている。

中男作物以外の名目で、栗を貢納することがあった。『延喜式』巻第三十一の宮内省の項にある、「諸国例貢御贄《しょこくれいみつぎおにえ》」の条である。「贄《にえ》」とは、朝廷または神に奉る土地の産物、とくに食用に供する魚・鳥などのことをいい、貢物または供え物のことである。この「諸国例貢御贄」を貢納する国は二九カ国と大宰府である。

その中で栗等の堅果を貢納する国は、山城国の平栗子、大和国の榛子、伊勢国の椎子、信濃国の姫呉桃子、越前国の椎子、丹波国の椎子・平栗子・搗栗子、但馬国の搗栗子、因幡国の椎子、播磨国の椎子・搗栗子、美作国の搗栗子であり、栗を貢納する国は山城国・丹波国・但馬国・播磨国・美作国という五カ国であった。中男作物との違いは、中男作物にあった備中国が外れ、播磨国が入ったことである。

天皇即位後の大嘗祭の神饌と栗

朝廷の最も重要な神事に大嘗祭《だいじょうさい》があり、その時に祀る神に捧げる神饌の一つに栗が含まれている。大嘗祭は歴代の天皇が天津日嗣《あまつひつぎ》の位に即《つ》かされた後、まずその年に収穫された新穀（新米）をもって天祖および天神地祇を自ら祀られるもので、皇室の儀式祭典の中で最も重いものとされ、大嘗祭は大祀として厳重なものであった。

天皇の即位は御所の紫宸殿でおこなわれるが、大嘗祭では祭祀用の御所を新たに造営される。大嘗宮は、悠紀殿《ゆきどの》と主基殿《すきどの》という二つの御殿に分かれている。両殿とも松、欅、杉の皮付きの丸太でつくられる。

東（左）の悠紀殿には天神《あまつかみ》を祀り、西（右）の主基殿では地祇《くにつかみ》を祀るといわれている。天神とは大の神のことで、地祇は地の神・国土の神のことをいう。

大嘗祭のとき天皇が神に供える神饌が、『延喜式』巻第七神祇七の践祚《せんそ》大嘗祭に記されている。大嘗祭を行うとき、七月以前に天皇が即位されたときは当年に事をおこない、八月以降に天皇が即位されたときは翌年に事を行うと定められている。

神にお供えされる雑物つまり神饌は、大膳職《おおかしわでしき》が調えるのである。大膳職は、律令制では宮内省に属し、宮中の会食の料理などを司った役所である。長官は大膳頭《おおかしわでのかみ》である。

御供えする器は、高さ五寸五分（一六・七cm）で口径七寸（二一cm）の多加須伎《たかつき》（高坏のこと）八〇枚、これには隠岐鰒《おきのあわび》、烏賊《いか》、熬海鼠《いりこ》、魚腊《うおきたい》（魚を丸干しにしたもの、干し魚）、海菜《のり》と塩を盛った。隠岐鰒とは隠岐国（現在の島根県隠岐郡）で生産されたアワビの干したものであり、烏賊も乾燥したものつまりスルメである。熬海鼠は、ナマコの腸をとり去り、茹でて乾燥させたものである。

それに葉椀《くぼて》を笠形の葉盤《ひらて》で覆い、木綿をもって結わえ垂れさせて飾とした。比良須伎《ひらすき》八〇枚は、高さ及び口径・飾りは多加須伎とおなじである。山坏《やまはい》四〇口に、貽鮨《いずし》（二枚貝の貽貝《いがい》の鮨のこと）、鰒鮨を各一升盛り、その飾りは多加須伎とおなじである。それに加えて海のものとして麁盛白筥《あらもりしらはこ》三〇〇合（筥の大きさは長さ一尺五寸（約四五cm）、広さ一尺二寸（約三六cm）、深さ三寸（約九cm）。以下の筥も同じ）、東鰒を盛いれた筥五合、隠岐鰒筥一六合、熬海鼠筥一六合、烏賊筥一二合、佐渡鰒筥四合、煮堅魚筥一五合、堅魚筥二四合、筥筥五五合、與理刀魚筥一一合、鮭筥二合、昆布《ひろめ》筥四合、海松《みる》筥六合、紫菜《のり》筥四合、海藻《めの》筥六合である。筥とは蓋つきのはこのことで、蓋と身を合わせると一つの道具となるため、単位を合とする。

山のものとして橘子《たちばな》筥一〇合（別納一〇蔭）、搗栗《かちぐり》子筥五合（別納一升）、扁栗《ひらぐり》子筥五合（別納二〇籠開けず）、干柿子筥二合（別納五〇連）、梨子筥五合（別納一斗）、茹栗子筥六合（別納一斗）、削栗《かちくり》子筥二合（別納二斗、熟柿子筥三合（別納一斗）、柚子筥二合（別納一斗）である。人手を加えた食物として勾《まがり》餅筥五合、末豆子《まめつき》筥五合、大豆餅筥一〇合、小豆餅筥五合、おこしこめ筥五合（以上の六種は別納六枚）である。

祭りが終わると山坏以上は、皆山野の浄らかなところに置き、余りは諸司に給して頒《わ》けるとされている。

前記のように山海の珍味が神に神饌として捧げられるが、山の物は橘、栗、柿、梨、柚という五種類である。そのうち橘と梨と柚は人によって加工されないのままのものであり、柿は皮を剥いて縄に吊るし乾燥させた干し柿である。

一方の栗は、搗栗、ゆで栗、平栗、削栗という四種類であり、生栗はどうも神饌とはならなかったようである。搗栗とは、栗実を殻のまま乾かすか、火に当てて乾かしたものを臼で搗いて殻と渋皮をとったものである。ゆで栗は、栗実を茹でたものであり、削栗は多分栗実の皮を剥いただけのもののようである。平栗は、栗実を蒸して皮を取り去って粉に加工したものである。縄文のむかし、人々の生活を支えてきた栗の食べ方と同じ方法で加工したものが、神も召しあがられるとして神饌として奉られたものであろう。

神祭の際支給された栗

栗が律令細則の『延喜式』によって宮中にどう納められたかをみたが、こんどは納められた栗がどのように使われたのかをみることにする。『延喜式』巻第三十二の「大膳上」の項である。「大膳《おおかしわで》」とは、律令制では宮内省に属し、宮中の会食の料理などを司った役所のことである。

宮中内での神祭りの時の神の食事つくりも大膳の仕事であり、御膳神《みかしはでの》四座、醤院高部《たかへ》神一座、竈《かまど》神四座、菓餅所火雷神《ほのいかづちの》一座、竈神四座の神祭りがあり、白米・もち米・大豆・小豆などを御供えするが、栗は含まれていない。

鎮魂《たましずめ》の祭事のとき、大直《おほなほ》神一座に栗が御供えされる。鎮魂祭とは、陰暦一一月の中の寅の日（新嘗祭の前日）に、天皇・皇后・皇太子などの魂を鎮め、御代長久を祈るため宮内省で行われた祭事である。「大直神」とは大直毘神《おおなおびのかみ》のことで、この神は伊弉諾尊《いざなぎのみこと》の子で、凶事を直して吉事とする働きをもつとされている。

鎮魂

大直神一座

（略）糯米《もちごめ》三升（五・四ℓ）、大豆一合八勺七撮（〇・三ℓ）、小豆二合八勺（〇・五ℓ）、生栗子三升（五・四ℓ）、搗栗子二升（三・六ℓ）、干柿子一升二合（二・二ℓ）、橘子二蔭、巳上七種神四座果餅料。自余不須也。（以下略）

この祭事のときの料理は、神祇官《じんぎかん》がこれを供えるとされていた。神祇官とは、『大宝令』に制定された官庁で、太政官の上位に位し、神祇の祭祀を司り、諸国の官社を総管した。神祇官の長官を神祇伯《じんぎはく》といい、花山天皇の皇子清仁親王の王子の延信王が任ぜられてから、歴世その後胤が世襲、白川家がこれである。

これらの祭事のときには、雑給料として手当が支給された。雑給料は、参議《さんぎ》以上は糯米、大豆、小豆、堅魚《かつお》など三〇種類、五位以上も糯米、大豆、小豆、堅魚など三〇種であるが参議以上とは量が少ないことで差別されている。参議とは、朝議に参与するという意で、奈良時代に設けられた令外《りょうげ》の官で、太政官に置かれ、大中納言に次ぐ重職で、四位以上の者から任ぜられ、公卿《くぎょう》の一員で、八人が普通である。

六位以下は糯米、大豆、小豆などであるがその種類は一三種とすくなく、位によって支給される種類も数量も差別されていた。酒や酢などの調味料や魚類・海藻などというように種類が多いので、穀類や木の実を中心として掲げることにする。数量はいずれも一人宛ての支給で、一部省略して掲げる。

参議以上		糯米一升四合（二・五ℓ）、大豆一合八勺七撮（〇・三ℓ）、小豆二合八勺（〇・五ℓ）、生栗子一升四合（二・五ℓ）、搗栗子六合（一・一ℓ）、干柿子三合（〇・五ℓ）、橘子三十三顆
五位以上	三十人	糯米七合五勺（一・四ℓ）、大豆七勺（一・三ℓ）、小豆一合五勺（〇・三ℓ）、生栗子五合（〇・九ℓ）、搗栗子二合五勺（〇・五ℓ）、干柿子一合五勺（〇・三ℓ）、橘子十五顆
六位以下	二六〇人	糯米六合七勺（一・二ℓ）、大豆四勺（〇・七ℓ）、小豆六勺（一・一ℓ）生栗子三合（〇・五ℓ）、橘子五顆

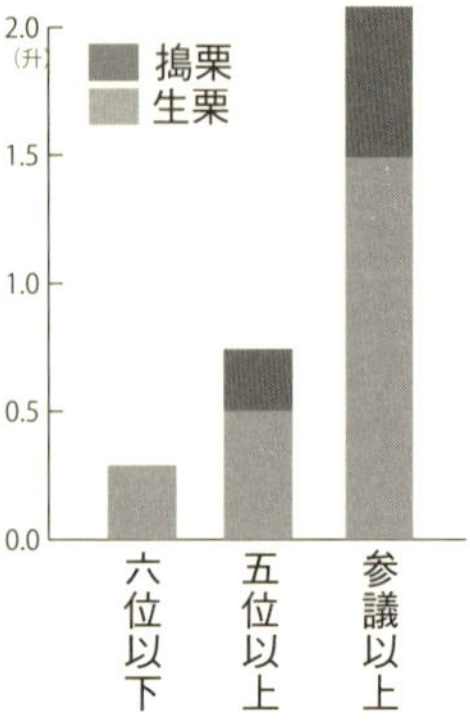

雑給料では数量がわかるので、鎮魂の祭事の手当としてどれだけ栗が必要であったのか、計算してみよう。参議以上の人数が記されていないので、仮定で二七名（太政大臣、左右大臣、大納言八名、中納言八名、参議八名）とすると、生栗は六七・五ℓ、搗栗は二九・七ℓ、五位以上では生栗二七ℓ、搗栗一五ℓ、六位以下では生栗一三〇ℓとなり、合計すると生栗二二四・五ℓ、搗栗四四・七ℓ、両方の総計では二六九・二ℓという数量となる。当時は五斗（九〇ℓ）入りの俵であったので、運搬するための俵詰めとすると、生栗では約二・五俵となり、搗栗では〇・五俵となる。

ここまでは鎮魂祭の雑給料とされた栗であるが、宮中では沢山の祭事が行われており、ほとんど祭事ごとに雑給料という手当が支給され、支給される物のなかに栗が含まれているものがあるので、その祭事と支給される栗を拾い上げていくことにする。まず新嘗祭《にひなへの》の宴会雑給である。新嘗祭とは、現在では「にいなめさい」と読むが、天皇がその年に新しくできた穀物つまり稲を天神地祇にすすめ、また親しくこれを食する祭儀である。古くは陰暦一一月の中の卯の日に行われた。近時は一一月二三日に行われ、祭日の一つとされたが、現行の制度では「勤労感謝の日」として国民の祝日とされている。とくに天皇が即位され、初めて行う新嘗祭を前にふれたように大嘗祭《だいじょうさい》という。

新嘗祭宴会雑給では一人宛て、親王以下三位以上並びに四位参議は生栗子一升と、搗栗子四合、四位・五位並びに命婦《みょうぶ》は生栗子五合と、搗栗子二合が支給された。なお命婦とは、律令制では四位・五位の女官および五位以上の官人の妻の称である。前者を内命婦と云い、後者を外命婦と云った。

賀茂神祭《かものかみのまつり》のとき斎院陪従《さいいんばいじゅう》等人給食料として、栗が使われている。賀茂神祭は、京都市北区に鎮座する賀茂御祖神社《かもみおやのかみの》（通称上賀茂神社）と賀茂別雷神社《かもわけいかづちのかみの》（通称下賀茂神社）の祭りで五月一五日に行われる。弘仁一〇（八一九）年に朝廷の律令制度として最も重要な恒例祭祀に準じて行う国家的行事とされた。平安時代には祭りといえば賀茂祭をさした。『源氏物語』には、賀茂祭の斎王《さいおう》列を見物しようと、光源氏の妻の葵の上と、六条御息所《みやすどころ》が車争いを演じる場面が登場する。この祭りには、内裏神殿の御簾《みす》、祭儀に関わる人、御所車、勅使、供奉者の衣冠、牛馬などすべてに二葉葵《ふたばあおい》を飾ったことから、江戸時代以降は、葵祭《あおいまつり》とよばれるようになり、現代の人は賀茂祭よりも葵祭のほうがよく知られている。斎王とは、賀茂神社に御杖代として仕えるために皇室から差し出された内親王・女王のことである。

この祭の陪従者等の給食料には、煮魚五斤四両、雑魚七斤什四両や生栗一斗六升八合（三〇・二ℓ）、搗栗八升四合（一五・三ℓ）が堅魚《かつお》・鯖などの魚や干柿・芋・筍などとともに使われている。

またこの祭りには、齋院司の別当以下四人の人たちの食料としても、煮堅魚十二両、鮨四斤、生栗四升（七・二ℓ）が魚類や筍などとともに使われている。賀茂祭は栗の端境期である五月に挙行されるので、支給される生栗は保存されていたものと考えられるが、どこでどうゆう仕組みで保存されているかは不詳である。

仏事の法要に支給された栗

『延喜式』巻第三十三大膳下は、前述の大膳上が神に関わるものであったのに対し、こちらは仏に関わるものになっている。当時は神仏混淆で、神と仏は一つであるとして、わが国固有の神の信仰と、中國伝来の仏信仰を融合調和させて信仰していた。したがって、天皇家では、神を信仰すると同時に仏も信仰していたのである。明治維新の際発せられた神仏分離令までこの信仰形態は続いていたのである。

正月最勝王経齋会《さいしょうおうきょうさいえ》供養料のなかにも栗がいれられている。この行事は毎年正月八日から始まり同一四日まで行われるが、同一七日にも行われ、最勝会《さいしょうえ》ともいわれる。金光明《こんこうみょう》最勝王経を講説（講義し説明すること）し、国家の安穏を祈る法会で、奈良時代から宮中で行われた。法会には仏聖二座、四王四座をまつり、講読師二口、衆僧三〇口、沙弥三四口という多数の僧侶が参加した。沙弥は出家したが未だ正式な僧侶になっていない男子のことである。僧別日果菜料として米七合（約一・三ℓ）、糯米一升（一・八ℓ）などとともに生栗六合（これは菓子料として四合、菜料として二合）が胡桃六顆、干柿一合などと一緒に、味噌漬け、粕漬の冬瓜《かもうり》、柑子、橘子など七四種の品物が供養されたのである。

仁王経《にんのうぎょう》斎会供養料にも栗が含まれている。仁王経とは、不空訳の「仁王護国般若波羅蜜経」または鳩摩羅什《くまらじゅう》訳「仁王般若波羅蜜経」の略称で、護国安穏のためには般若波羅蜜を受持すべきことを説いている。わが国では鎮護国家の三部経の一つとして法華経・金光明経とともに古くから尊重されてきた。仁王会は、春秋の二季または天災・疾疫などの際に、宮中の大極殿・紫宸殿・清涼殿などで仁王経を講読して鎮護国家・万民豊楽を祈願した勅会つまり天皇の命令によって行われる法会である。わが国では飛鳥時代の斉明天皇の白雉九（六六〇）年に始まっている。

仁王会《にんのうえ》の仏聖（ここでは僧侶のこと）ならびの沙弥の供養は、最勝王経会に準じて行われているが、僧一人当たりに菓菜料として米六合五勺（約一・二ℓ）、白大豆五勺（〇・一ℓ）、小豆一合六勺（約〇・三ℓ）や搗栗子五勺（菓餅料）、生栗子（菓餅料二合、好物料一合五勺）が、胡桃子、薯蕷《ヤマイモ》、梨子、桃子、柚子、橘子などとともに、供養されている。

季節の変わり目には節《せち》といって、祝日が設けられていた。『延喜式』巻第三十三大膳下では、節は正月、五月五日（端午）、七月二五日（相撲の節？七月七日のまちがいか）、九月九日（重陽）の四つの節となっている。

正月四節料の親王以下食法は、新嘗祭に同じとされている。新嘗祭の宴会では前に述べたように宴会雑給として生栗と搗栗が支給されているので、正月にもやはり支給されていたと考えられる。五月五日の端午の節には、搗栗が参議以上に四合、五位以上に二合が、粽《ちまき》料として糯米、大角豆、筍、生糸などとともに支給されている。七月二五日の節には、栗は端境期にあたるのか支給されていない。もちろん堅魚、生大豆、熟瓜などは支給されている。九月九日の重陽《ちょうよう》の節には、栗はまだ採れはじめなので生栗が参議以上五顆、五位以上四顆と、升で計る量ではなく初物として支給されている。同じ節における文人料として、詩文や書画に携わる文官にたいして五位の者一人宛て生栗五合が堅魚、烏賊《いか》などとともに支給されている。五位以上の人に対して支給される栗子の単位が顆であり、一方文官に支給される単位が合で升《ます》で計る単位である。支給される量は、常に上位の者の量が多いはずであるから、支給される栗子にそれだけの差別があったと考えられる。そこから考えると、五位以上の者に支給される栗子は、一個であってもより高く評価される現在の丹波栗のように大きな粒選りのもので、一方の文官は柴栗のような小粒なものであった可能性は高い。

『延喜式』巻第三十三大膳下は、諸国貢進菓子の項で諸国から貢納する菓子類を掲げている。山城国、大和国、近江国、出羽国、加賀国など二九カ国と大宰府が納めるべき菓子の種類と数量を国ごとに列挙しており、その数は臨時に増減するとされている。納める場所は内膳司となっているが、甘蔓煎《あまづら》だけは直接に蔵人所におさめるようにされている。ここにいう菓子とは、米・小麦の粉、餅などに砂糖、餡などで種々の形をつくったものではなく、草木の果実のことをいった。むかしは「菓」の字を「くだもの」とよみ、「子」の字は「み」ともよんだ。したがって「果物の実」となるのである。

ついでに貢進される菓子を列挙すると、郁子《むべ》、葡子《ぶどう》、楊梅子《やまもも》、覆盆子《いちご》、椎子《しいのみ》、花橘子《はなたちばな》、蓮根、甘蔓煎、柑子《みかん》、梨子、薯蕷《やまいも》、甘栗子、搗栗子、平栗子、などである。

栗を貢納する国は、次の諸国である。

●山城国（現京都府南部）　平栗子一〇石（一八〇ℓ）
●丹波国（現京都府西部と兵庫県東部）　甘栗子二捧・搗栗子二石一斗（三七・八ℓ）・平栗子（数量記載なし）
●但馬国（現兵庫県北部）　搗栗子七斗（一二六ℓ）
●因幡国（現鳥取県東部）　平栗子五斗（五〇ℓ）
●播磨国（現兵庫県西部）　搗栗子（数量記載なし）
●美作国（現岡山県東北部）　搗栗子七斗（一二ℓ）

前に述べたように平栗子は、生栗の一二・五％の量しかとれないので、山城国では平栗子一〇石も納めなければならないため、平栗子を作るだけで生栗一四四四〇ℓを収穫しなければならなかったのである。

神祭の際食べられた栗

『延喜式』巻第三十九は「正親・内膳」についての細則である。内膳司《ないぜんし》は、正式には「うちのかしわでのつかさ」とよみ、律令制では宮内省に属し、天皇の食事の調理・試食を司った役所である。長官は二人で、奉膳《ぶうぜん》といい、高橋・安曇《あずみ》両氏の者が任ぜられ、他氏が長官の場合は内膳正《ないぜんのしょう》と称した。内膳司の項には、各種の神祭における直会《なおらい》の食料が記されており、その中に栗があるので抜き出していく。

栗は六月神今食《しんこんじき》（「じんごんじき」ともいう）の際の材料の一つである。神今食とは、古代の宮中神事の一つで、六月と十二月の一一日、月次祭《つきなみさい》の夜、神嘉殿に天照大神を祭り、天皇が自ら旧年の穀《こく》（旧米のこと）を忌火《いみび》で調理して神膳を供え、自分も食し、神と共寝する神事である。忌火とは、神に供える物などを煮炊きするための斎み清めた火のことで、火鑽《ひきり》できり出した火である。神今食に使われるものは、六月も一二月もともに、淡路塩一升、堅魚五斤、干鯛六隻、干鯵三十隻などとともに、干棗《ほしなつめ》二升、生栗子二升、搗栗子二升、菱子《ひしのみ》二升などである。

新嘗祭《にいなめさい》の供御《くご》料としても栗は用いられている。新嘗祭の夜料として、塩二升、堅魚五斤、塩年魚《しおあゆ》二升などとともに、干棗子二升、搗栗子四升、干栗子二升、生栗子一斗などが用いられている。

新嘗祭の物忌を終わった後の直会《なおらい》には、米二斗、糯米二斗、胡麻子二升八合、煮堅魚十三両、海松《みる》六斤十両などとともに干棗二升、干栗子二升、搗栗子六升、生栗子二斗二升八合、干柿二連、椎子四升、菱子二升などが用いられている。

新嘗祭の翌日の辰の日、宮中では豊楽《とよのあかり》（「豊明」ともかかれる）が行われた。豊楽節会《とよのあかりのせちえ》ともよばれ、宮中の年中行事の一つであった。この日、天皇が豊楽殿《ぶらくでん》（のちの紫宸殿）に出御され、新穀（新米）を食し、皇太子以下諸臣に酒などを賜った儀式である。吉野の国栖《くず》人たちに歌笛を奏させる。また大歌所《おおうたどころ》の別当が歌人を率いて五節の歌をうたい、御節舞姫が五節舞を舞う。その行事に、米一斗（一八ℓ）、糯米二斗（三六ℓ）、小麦四升（七・二ℓ）、塩二升（三・六ℓ）、堅魚五斤などとともに、干栗子二升、搗栗子四升、生栗子一斗が、菱子、橘子などの木の実と一緒に用いられている。

前に述べた大膳上・大膳下の項では、節会の際に参加する諸臣たちに支給される雑給つまり手当について触れたが、内膳司の項ではそれぞれの節会に出される御馳走の材料が記されている。そこにも栗が用いられているので、述べていく。

はじめは正月三節である。正月の三節は、正月に宮中で行われた三つの節会のことで、元日の節会、七日に行われる白馬《あおうま》の節会、一六日に行われる踏歌《とうか》の節会のことをいう。

白馬の節会は、正月七日左右馬寮から白馬を庭上に曳きだして天覧の後、群臣に宴を賜る儀式である。この日に青馬をみると年中の邪気を払うという中国の風習によったものである。本来は青馬を曳いたのを、日本では白馬を神聖視したところから、後に白馬に変更、字は「白馬」と改めたが、節会のときはアオウマと読ませた。

宮中の正月三節の一つである踏歌の神事
宴の材料として搗栗や生栗が用いられた。
出典：『東海道名所図会』巻之二
（近畿大学中央図書館蔵）

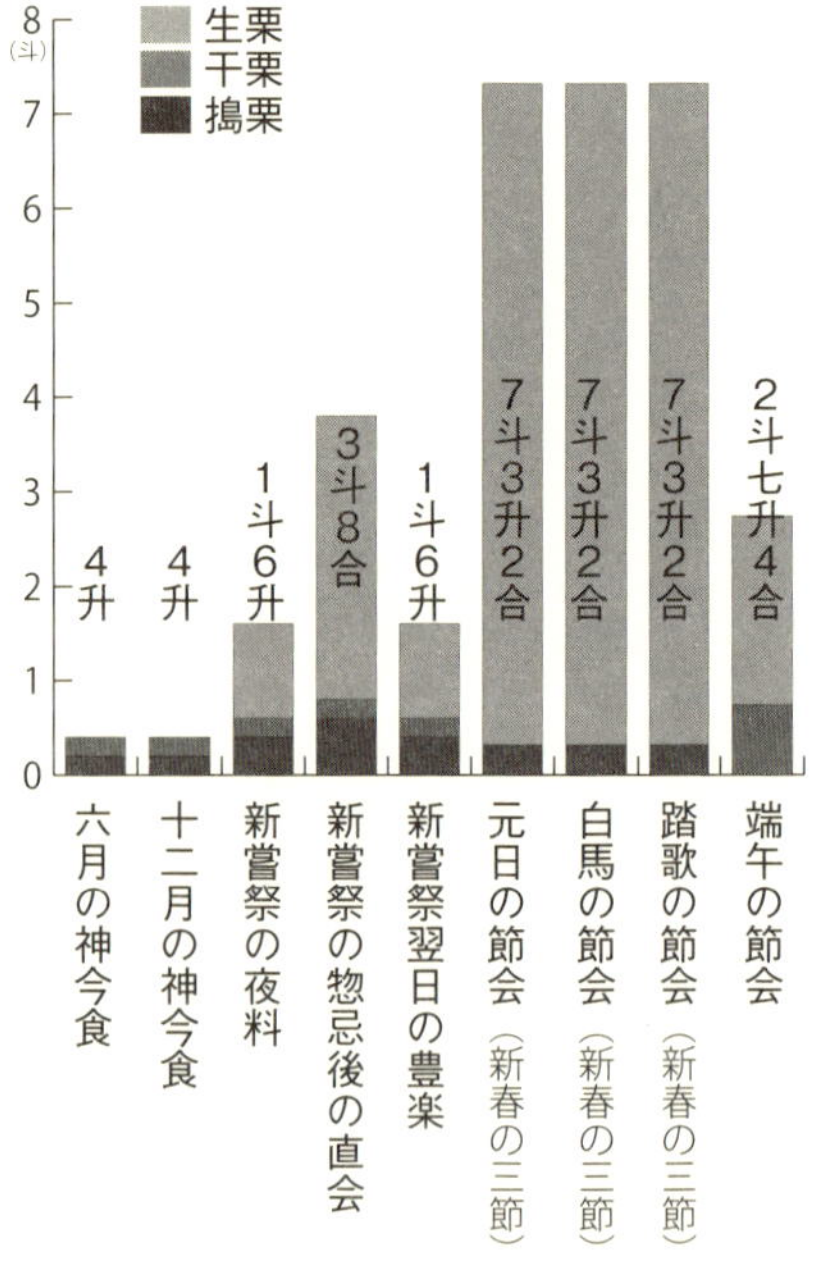

神祭のご馳走の栗の種類別使用量
新春の三節には多量の生栗が用いられた。

踏歌《とうか》の節会の踏歌とは、足を踏みならして歌い舞う集団舞踏のことをいい、隋・唐の民間行事であったが、日本に入り歌垣《うたがき》と結びついて古代の宮中で行われた。歌の巧みな男女を召して、年始の祝詞を歌い舞わせた。正月一六日、天皇が紫宸殿にでて踏歌をご覧になられ、その間五位以上の者を召して宴を賜った宮中の年中行事である。

この諸節の宴の材料として、一度の宴に対し米三斗（五四ℓ）、糯米六斗五升（一一七ℓ）、小麦一斗二升（二一・六ℓ）、清酒・濁酒一斗五升（二七ℓ）とともに干棗子三升（五・四ℓ）、搗栗子九升（一六・二ℓ）、生栗子六斗四升二合（一一五・六ℓ）、干柿子六連などが用いられている。

五月五日の端午の節会では、米一斗三升（二三・四ℓ）、糯米一斗七升（三〇・六ℓ）、胡麻子四升（七・二ℓ）、酒一斗（一八ℓ）、干栗子一斗（一八ℓ）、生栗子一斗七升四合（三一・三ℓ）などが用いられている。

七月七日の七夕の節会と九月九日の重陽の節会では、栗は用いられていない。

天皇や皇太子が食べられる栗

供御《くご》とは天皇の飲食物のことをいうが、上皇・皇后・皇子についても同じ言葉をつかう。その供御料も内膳が司っており、『延喜式』巻第三十九の内膳司に細かく定められている。供御月料として一カ月分が定められており、小の月にはその三十分の一を減ずると定められている。

一カ月の供御料は、糯米二斗四升七合五勺（四四・六ℓ）、粟四升七合五勺（八・六ℓ）、糯糒《もちほしいい》一斗二升七合五勺（二三ℓ）など六六種の食品と、帛《はく》、灯油、箸竹という食事をする際に必要な品がそれぞれ数量が決められている。なお帛は金銀や朱漆のご杯を拭うためのものであり七尺（二・一メートル）の長さがあった。箸竹は四五〇株とされ、九〇株は山城国乙訓《おとくに》の園で伐りだされたもので、のこり一六〇株は同国相楽郡神鷺《かさぎ》の園で伐りだされたものだと、産地まで指定されている。

天皇の供御料のうち菓子とされたのであろうか栗も含まれているが、搗栗子二斗九升三合五勺（五二・八ℓ）、干栗子七斗五升（一三五ℓ）、生栗子二石二斗五升（四〇五ℓ）、合計三石二斗九升三合五勺（一九二・八ℓ）という膨大な量となる。供御料とされる菓子《このみ》は、栗以外に干棗、干し柿、椎の実、胡桃、橘、蓮の実がある。

また供奉《ぐぶ》雑菜として季節ごとの野菜類と木の実があがっている。ついでながら野菜類にはどんなものがあったのかをみると、生瓜、茄子、莧《ヒユ》、葪《アザミ》、蕗、蔓青《アオナ》、茎立《ククタチ》、薺《ナズナ》、ちさ、葵、羊蹄《ぎしぎし》、韮、葱《キ》、蒜、生薑《ショウガ》、蜀椒《ナルハジカミ》、蓼《たで》、蘿菔根《おほね》（大根のこと）などであり、現在では田畑の雑草としかみられないヒユやアザミ・タデが野菜として食膳に上っていたのである。ナズナは現在では田畑の雑草とみられて、一般的に食用の菜とはされないが、正月七日の七草粥のときには持て囃されている。

木の実の類は、生大豆、小豆、生大角豆《ササゲ》、芋子、桃子、柚子、柿子、枇杷、李子、覆盆子《いちご》、笋《たけのこ》、栗子などである。栗子は四升（七・二ℓ）であり、七・八・九月に供奉されることになっている。

そして中宮《ちゅうぐう》はこれに準じて供奉された。中宮とは、皇后、皇太后、太皇太后の称である。同じ項に、東宮《とうぐう》の雑菜としてほぼ同じものが掲げられ、栗子は一升（一・八ℓ）と少なくなっている。

『延喜式』巻第四十三東宮坊《とうぐうぼう》・主膳監《しゅぜんげん》の項にも、栗が記されている。主膳監の和名は「ミコノミヤノカシハデノツカサ」という長い名であり、律令制では東宮坊に属し、坊中の膳部を司った役所で、皇太子の食膳の管理・製作・造酒を担当した。

この役所の毎月の月料が定められている。糯米などの穀類、酒、酢、塩などの調味料、魚類などの副食物が種類ごとに数量が決められている。木の実類も、干棗子一斗三升、搗栗子六斗七升五合、生栗子一石八斗七升五合、干柿子二七連、胡桃子一斗四升九合、椎子二斗九升二合五勺などとなっている。

以上のように平安京の宮中では、朝廷の年中行事や宴などの際、天皇や東宮をはじめとする人々の食事に、栗は欠かすことのできない食物となっていたのである。用いられた栗は、生のままのものから、乾燥させた干栗、乾燥して栗の皮を取り去った搗栗、手を加えた平栗というものまであった。

大臣等をもてなす盛饌の栗

櫻井秀・足立勇共著『日本食物史』（雄山閣一九七三年）は、平安末期の盛饌の献立を示しているので紹介する。平安時代初期から天皇は、臣下の邸宅に行幸されることがあった。盛饌とみられるものは、大饗・大臣大饗などの献立である。平安時代末期の承安二（一一七二）年一月二日に催された摂政家臨時客の献立のなかにある栗を紹介しよう。摂政家臨時客とは、摂政大臣家で親王・公卿以下を饗する儀で、招待しないのに臨時に集まるので臨時客という。献立は、四種器、窪器物、干物、干菓子、木菓子、唐菓子、粉物、追物（焼物のこと）、汁実、それから酒・飯などから組み立てられている。四種器とは調味料で、酒もその一つである。窪器物とは醤の類で、汁気のおおいものである。汁気のないのが干物で、一名削物といった。生物とは膾《なます》の類で、刺身のようなもの。魚肉に限らず鳥の肉も生のまま食べた。汁には温汁と寒汁があり、汁の実だけを別に盛って出す場合もあった。

干菓子は、松の実、柏《カヤ》の実、柘榴《ザクロ》、干棗の四種である。松の実は、炒って皮を剥いてもり、柏の実も炒って盛り、柘榴は皮を剥いて盛る。干棗は、熟した棗の皮を剥き蒸して乾燥させ甘葛煎をぬり、乾かすたびに繰り返す。五菓を供するときもあり、その時には搗栗を一坏《ひとつき》加えるのである。木菓子は、時菓子とも号される。栗、橘、杏、李、椎子、桃、柿などが用いられる。その時期の美果四坏が供され、御移徙《わたまし》の五果といい転居や転宅のときには五果とされていた。陰陽寮の注に、李は東、杏は西方、棗は中央、栗は北方とされているが、どんな意味なのか不詳である。

大饗（正月に行われる大臣主催の宴会。また臨時に大臣に任ぜられたときにも行う）の際には、朝廷から御使いが出され、蘇《そ》と甘栗を賜れることが例になっていた。蘇と甘栗が選ばれた理由としては、栗は香りもよいので、それと一緒にこの栗を煎るときの味付け材料である蘇を添えたのであろうとされている。その時の天皇の使いの様子を、『枕草子』（池田亀鑑校訂岩波文庫一九六二年）は「めでたきもの」の段で、「宣旨《せんじ》など持てまいり、大饗のをりの甘栗の使ひなど参りたる、もてなし、やむごとながら給へるさまは、いづこなりと天降《あまくだ》り人ならんとこそ見ゆれ」と描写している。大饗のとき甘栗を賜る勅使は、六位の蔵人《くろうど》であった。

鎌倉時代初期の建久（一一九〇～一一九九年）のころの朝廷で宴会が行われたとき、供される栗の取り扱いを『古今著聞集』（西尾光一・小林保治校注　新潮社　一九八三年）巻第三公事一〇〇「九条兼実、節会の際物を食ふやう沙汰し、節会の内弁実房まず食を取る事」に記されている。公事とは、朝廷の政務や宮中の儀式典礼の意味である。

蓮の実は天皇や皇太子の供御とされた

建久の比《ころ》、月輪の入道殿、摂籙《せつろく》にて公事でも興し行はれけるに、近代《ちかごろ》節会なども上達部《かんだちめ》、物を食はぬ事いはれなき事なり。ふるきにまかすよし沙汰ありけるに、三条の左大臣入道の内弁の時、きつにとりてめし給ひたりけるを、「識けり。者のし給ふことなれば、やうぞ侍らん」と思はれけれん、諸人みな同じ物を食せられけり。次にまた、内弁かちぐりをとりてめすよしして懐中し給ひければ、人人皆、また同じ体《てい》とせられけり。殿下、たちのぞかせ給ひて、「何となく内弁のせらるる事をかかるべき式ぞと心得て人々まねぶ事、見苦し」とて、その後この沙汰とまりにけり。

建久のころ、九条兼実が摂政として廃れていた朝廷の儀式を再興されたが、ちかごろ節会などでも上達部（公卿の異称）が物を食わないことは理由のないことである。むかしのやり方を真似て行うべきであると指示があった。三条左大臣が内弁のとき、食器をとり召しあがったのを「故実に精通された方のされることだから、わけがあろう」と思われたのであろうか、諸人皆同じ物を食べられた。次に内弁が搗栗をとり食べるふりをして懐中にしまわれると、人びとはまた同じことをされた。兼実がのぞかれて、「何事も内弁のされることを、そのようにすべき決まりと心得て、真似をすることは見苦しい」と、その後はこの沙汰は止まったというのである。つまりむかしのように、節会のとき出された物を食べることが復活したのであった。

ついでに時代は少し遡るのであるが、平安時代中期ないしは末期に成立したとみられる長文の序をもつ古詩の『玉造小町子壮衰書』（杤尾武校注、岩波文庫一九九四年）にも、老いさらばえて町を徘徊する女が物語る往時の贅沢の限りをつくす中に、搗栗を食べる部分がある。

神嶺《しんれい》の美果を集め、（略）
西王母の神桃《しんとう》
魏南《ぎなん》牛乳の椒《はじかみ》
趙北鶏心《ちょうほくけいしん》の棗
泰山華岳《たいざんかがく》の乾柿《ほしがき》
勝丘玉皁《しょうきゅうぎょくふ》の篩栗《かちぐり》（以下略）

海運の発達しない平安時代において、中国の有名な産地の桃、棗、干し柿、搗栗を輸入で取り寄せて食べていたというのであるから、その贅沢は言葉では言い表せない。中国には、チュウゴクグリという渋皮が簡単にとれる種類の栗があり、乾燥して皮を剥いて加工したものもかの国では流通していたのであろう。

栗林の目的は栗実を得るため

『日本後紀』（森田悌全現代語訳　講談社学術文庫（上・中）二〇〇六年・（下）二〇〇七年）には、桓武天皇、平城天皇、嵯峨天皇が栗前野《くりくまの》や栗栖野《くるすの》にたびたび行幸され、狩をされていることが記されている。

栗前野は山城国久世郡にある郷の一つで、現在の京都府城陽市南部の長池から宇治市南部の広野あたりに広がる地域だと比定されており、天皇家の狩猟場とされていた。栗栖野は山城国宇治郡山科村（現京都市山科区）のことで、東山三十六峰の南端となる稲荷山の東麓あたりである。どちらも栗の地名があるが、栗との関わりは少ない。『広辞苑』によると、「栗栖原《くるすばら》」は栗の木の多く生えている原だと説明している。原と野の一字違いで、栗が生えているかどうか区別されるのである。

余談だが原と野の区別について、野とは自然の広い平地で多くは山すその傾斜地をいうとされ、一方原は平らで広い土地をいい特に耕作しない平地をいうとされる。このように説明されているが、何かの本で平地の中で、水田に開拓できる平地が野で、水田にならない平地が原だと読んだことがある。それだから、栗栖原には栗の木が生えているのであろう。

『日本後記』巻第十四平城天皇大同元（八〇五）年六月一日の条は、天皇が栗林は栗の実を得るためのものであるとの勅を発している。

本日、天皇が次のように勅した。

池の目的は灌漑にあり、栗林は実を得るためのものである。ところで、現在諸国の蓮池や栗林について見てみると、灌漑用の水をさいて造成したり、栗実のみのらない林なのに皇室用途の栗林と称して独占し、他人の利用を排除しているものがある。これらは百姓《ひゃくせい》にとって妨げとなっているので、使人を派遣して詳細を調査せよ。

天皇家は、『延喜式』でみたように、諸種の重要な神事のとき、神饌として栗をお供えする必要性があるため、各地に皇室御用の栗林を保有していたのである。平城天皇の頭には、延暦三（七八四）年一二月一三日に桓武天皇から出された詔《みことのり》の「山川藪沢の利は公私之を共にすの令文有り」（『続日本紀』巻第三十八）があったにちがいない。さらに自らも大同元年閏六月八日、「漆や果実のなる樹木は茂らせて伐損することなく、その果実を公私が共に利用せよ」と詔している。

天皇家が保有している栗林が分譲されていることが、『日本後記』巻第二十一弘仁二（八一一）年八月十日の条に記されている。

山城国乙訓郡の地二町、田十町、池一処、栗林一町を甘南備《かんなび》内親王に賜った。

これからみても栗林は、材木や薪炭に利用される杉や檜、樫、楢類のような多くの樹木が生育している山林とみなされることはなく、むしろ稲を育てる水田と同じような重要性をもっていたと考えられる。

王朝期の栗実を食べる人々

名高い『源氏物語』以前に成立した物語の一つに、『うつほ物語』（中野幸一校注・訳　小学館一九九九年）がある。その『うつほ物語』の冒頭の章である「俊蔭」に栗実をひろうところが、描写されている。

山に入りて見れば、大いなる童、土を掘りて、物を取り出でて、火を焚きて焼き集めて、また大いなる木の下に行きて、椎、栗などを取りて、この子を「何しに、この山にはあるぞ」と問へば、「魚釣りに来つるぞ。おもとに食はせんとて」といへば、「山には魚なし。また、生けるもの殺すは罪ぞ。これを拾ひて食へ」と教えて、この掘り拾ひ集めたる物どもをとらせて、童は失せぬ。この子、うれしと思ひて、持て行きて母に食はす。

意訳すると、山にはいってみると、大柄の子供が土を掘り物を探し出し、火を焚いてそれを焚き集めていた。また大きな木の下に行き、椎や栗の実を拾っている。そしてこの子に「何をしに山に入ってきたのか」と聞くので、「魚を釣りにきた。母上に食べさせようと思って」と答えると、「山には魚はいない。また生き物を殺すのは罪だよ。これを拾って食べなさい」と教えて、掘り集めたものなどをこの子に与え、童は消えてしまった。この子は嬉しく思い、それらを持ち帰って母に食べさせた。

『うつほ物語』は作者も、成立年も未詳で、作者は男性らしいことはわかるがそれ以上は困難だとされる。つくられた時代は、円融天皇か花山天皇のころであろうとされている。この物語は貴宮《あてみや》という美しい女性を中心に、藤原仲忠をはじめ、その周囲の多くの男性、ついに貴姫が皇太子の妃となる次第を述べた長い長い物語である。

仲忠の出生を描いた冒頭の「俊蔭」の巻は、藤原俊蔭が一六歳で渡唐し、波斯《はし》国に漂流し、三人の異国人に琴の伝授をうけた話や、あるいは阿修羅に逢った説話や、俊蔭が帰国してから結婚した女と藤原兼正との間に生まれた幼児が、母とともに山中の杉の洞《うつほ》のなかで、猿に養育された話などいずれも伝奇的な傾向に富んでいる。

前に引用した場面は、幼児が童（護法天童ともいわれる仏・菩薩・諸天に仕える童子）から、椎の実や栗の実を貰う場面である。椎実も栗実も、シブ抜きせず、そのまま食べられる果実である。大木の杉の洞で暮らす母子にとっては、ありがたい食べ物であった。この母子を養育している猿たちが、「年ごろ養ひつる猿、なおこの人をあはれと思ひて、武士《もののふ》の寝静まるをうかがひて、青つづらを大きなる籠《こ》に組みて、いかめしき栗、橡を入れて、蓮の葉に冷やかなる水を包みて来る」と、この数年來養ってくれていた猿が、なおもこの母子を気の毒に思って、武士たちが寝静まったことを見計らって、青葛を大きな籠に組んで、たくさんの栗実や栃実を入れ、蓮の葉に冷たい水を包んで持ってきた場面がある。

小学館版『うつほ物語』には記されていないが、神宮寺庁蔵版『古事類苑 飲食部』（普及版 吉川弘文館一九八四年）は『空穂物語 嵯峨の院』にある「栗粥」の場面を切り取っている。小学館本は底本に尊経閣文庫蔵前田家各筆本を用いているが、これ以外にも系統のことなる写本があり、『古事類苑』がどの写本を描きぬいたのかは不詳である。また前に触れた『日本食物史』も平安時代の飯と粥のいろいろについて述べた部分に、「また栗粥があったが、これは宇津保物語で『栗を手ごとに焼て、粥に煮させ、云々』とある粥である」と記しており、『宇津保物語』に栗粥をつくる場面がしるされた書物があることは確実である。白粥《しらかゆ》とは米だけを煮て煮爛《にただ》らかしたものをいうのだから、栗粥も栗実を釜に入れて煮、栗の形がなくなるまで爛らかしたものであろうか。

所々にみやれば、とほう火をたきて、その山のめぐりの山ふじにたにあり、ちかうみれば、火を山のごとくおこして、おほいなるかなへたてて、くりをてごとにやきてかゆにさせ、よろづのくだ物くひつつ、人々の御もとなる人にたびいたり、

意訳すると、あちらこちらを見ると、大きな火を焚いている。その山のまわりの山ふじに谷がある。近づいてみると、炭火を山のように熾《おこ》して、大きな鼎《かなえ》（食

桓武天皇は「果実のなる樹木は茂らせ、その栗実を公私が共に利用せよ」と詔された。写真はトチの実。

物を煮るための金属製の容器で三本脚）をたてて、栗をそれぞれに焼き、粥を作らせ、あまたの果物を食いながら、人びとは御許人《おもと》に並んでいたであろうか。

大きな山の麓に栗拾いに出かけた貴人に仕える女性を頭にして、大きな焚火をし、その炭火の上に鼎をのせ、栗をひろってきた人びとがめいめいで皮を剥き、それを鼎に入れて栗粥を作り、採れたての収穫物を味わっているところだと読める。栗が煮えるまでの間、柿やアケビの実、むかごなどのおびただしい山の生り物を食べながら、女主人に仕えているといった図であろう。

平安期の僧侶の栗拾い

文献資料から平安期の人びとが栗拾いを楽しむ姿をみかけることはできないが、奈良市の遺跡から発掘された木簡に、僧侶が栗拾いを楽しんだことが記されている。平成一八（二〇〇六）年一一月二一日のアヒサヒコムは、「古代寺の生活・木簡の記録　奈良・西大寺食堂院跡で出土」とのタイトルで報道している。

奈良文化財研究所が二〇日、奈良最大級の寺だった西大寺の食堂院《じきどう》跡（奈良市西大寺本町）で、平安時代中期（一〇世紀末）の木簡が多数見つかったと発表した。栗拾いの使いにご飯一升が支給された記録や、事務方の僧侶の署名欄が並ぶ決済文書などがある。食料の入荷から、保管から分配までの状況がよくわかり、古代寺院の経営の実像を知る一級資料という。食堂院は、僧侶の食と修行の場で、木簡は食堂院跡の中央部にあった大型井戸跡から、食器などとともに見つかった。「正暦二（九九一）年」と書かれたものもあり、奈良時代に大規模だった西大寺が縮小した平安時代中期に廃棄されたらしい。

木簡の中には、伊賀（三重県）へ栗拾いに行った使いにご飯一升を支給した内容や、カブラを漬けた者にご飯一斗二升を支給した記録がある。

西大寺の僧侶の栗拾いの使いというだけで、何人行ったのか、どれだけ拾えたのか、どうして運んだのかなどは不詳であるが、栗拾いを寺の関係者がするという事実は示されたのである。

西大寺は奈良時代の天平宝字八（七六四）年九月、孝謙天皇（重祚して称徳天皇）が恵美押勝の乱平定を祈願して金銅四天王像造立を発願し、僧常謄を開山として建立された。護国のため四天王像を寺に安置するのは、金光明最勝王経に基づくものである。南都七大寺の一つとして奈良時代には、壮大な大伽藍を誇ったが、平安時代に一時衰微し、火災や台風で多くの堂塔が失われ、興福寺の支配下にはいった。鎌倉時代に再建された。真言律宗総本山の寺で、西大寺の寺名は、奈良の大仏で知られる東大寺に対するものである。

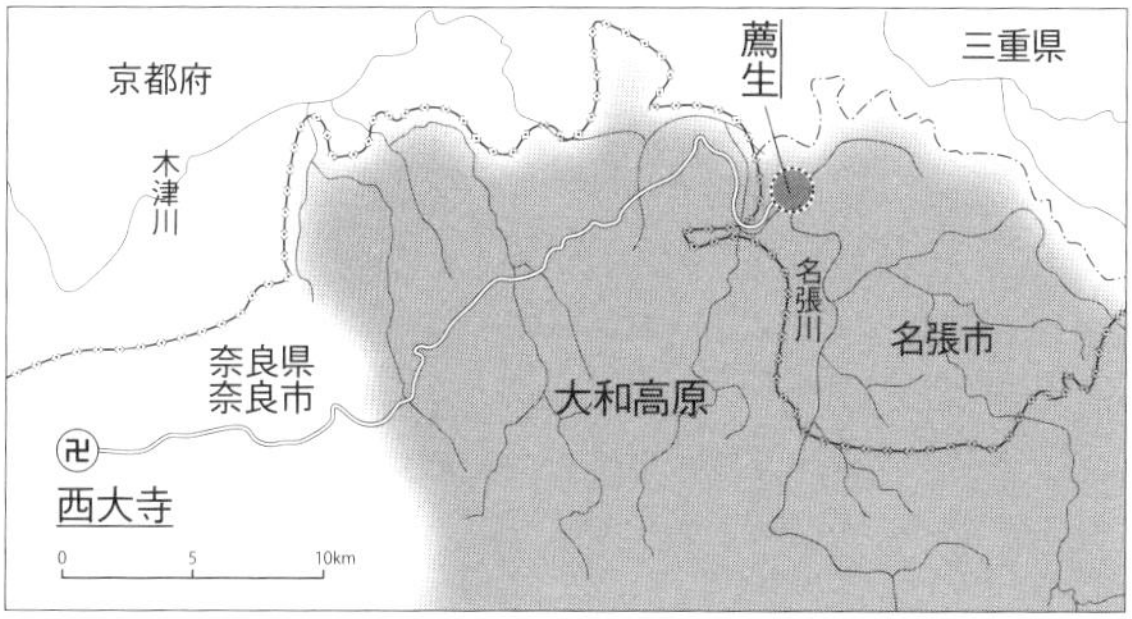

奈良西大寺の僧は、30 数㎞先の伊賀国名張郡（現三重県名張市）まで栗拾いのために遠出している。

その西大寺は各地に荘園をもっていたことが、少し時代が下るが建久二（一一九一）年五月一九日の寺の代表が鎌倉幕府へ報告した「注進　西大寺所領諸荘園現存日記事」（『日本林制史資料　豊臣時代以前編』）という西大寺文書にみられる。

大和国、山城国、近江国、摂津国、備前國にある九箇所の荘園は、大体は有名無実で、あるいは国に領され、あるいは人に領され、あるいは半分、あるいは三分の一である。そうではあるが、庄号を報告する。そして顛倒の庄には二七所あり、それは「流記公験により明白であることを注進する」と報告したのである。その二七所の荘園の一つとして、伊賀国に栗林がみられるのである。

伊賀国

名張郡須智村　田一町

同郡畠川村　栗林一二町四段二百四十六歩

西大寺の荘園名として畠川村は記されているのであるが、近世の伊賀国（現三重県）名張郡には四一カ村あり、全域が津藩領であり、津藩領の村名のなかに畠川村を見出すことができなかった。つまりどのあたりにあるのか不詳である。しかし、前の章で述べたように、奈良の春日大社の武甕槌命が鹿島から遷られる途中の薦生村に立ち寄られたのが、やはり名張郡である。薦生村は栗の産地として近世まで知られていたところであり、畠川村は小さなムラで消失していたかも知れないが、鎌倉時代までの栗林は西大寺が領有していたのであろう。奈良から伊賀の名張盆地まで行くには、大和高原を越えなければならず、かなりの距離である。使いにご飯一升をはずんでも、不足のない旅程である。

第四章　中近世の人たちが食べた栗

鎌倉初期の東寺領荘園の栗

平安京朱雀大路南の果ての東側に立てられていたので通称東寺とよばれている教王護国寺も、広大な荘園を持っていた。武家に横領される直前あたりの、現在の兵庫県篠山市域にあった大山荘について、前の章でふれた水野章二の『里山の成立』は「鎌倉遺文」を解読し、現在の兵庫県篠山市域にあった東寺の荘園の貢納物に栗があることを記しているので紹介する。

東寺の丹波国大山荘は、現在の兵庫県篠山市に合併する以前の旧大山村域とほぼ一致しており、一四もの大字《おおあざ》を形成している。篠山川の支流の大山川流域を中心とした山がちの中規模の荘園で、周囲を山に囲まれ、わずかに南東方面だけが開けて篠山盆地に接している。村域の大部分を占める山地はそれほど高くないが急峻である。

承久三（一二二一）年、後鳥羽上皇は鎌倉幕府の討伐を図って戦をおこしたが敗れ、かえって公家勢力が衰微し、武家勢力の強盛を招いたのが承久の乱である。その乱の結果、武蔵国に本拠をおく関東武士中沢基政《もとまさ》が大山荘の地頭《じとう》に補任された。しかし、地頭中沢家と領主である東寺との間で大山荘支配をめぐって紛争がつづき、仁治二（一二四一）年五月にいったん地頭請が成立している。このとき、基政は東寺に対して年貢米一四二石四斗をはじめ夏畠地子《じし》麦一〇石、在家苧《お》三〇組、漆一升、油一石八斗などの畠作物などの貢納品の納入を請負い、さらに里山に産する次のような産物の貢納品もあった。なお、地子とは荘園制度のもと名田《みょうでん》以外の一色田《いっしきでん》とよばれる領主直轄地を農民に小作させて収納する地代のことである。広義の年貢にあたる。

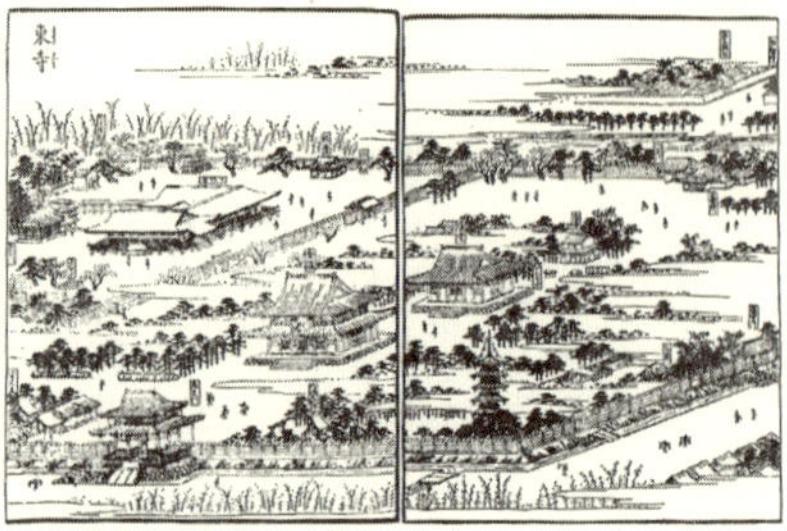

京の東寺は各地に荘園をもち、栗や串柿などを貢納させていた。
出典：『都名所図会』巻之一（近畿大学中央図書館蔵）

餅二〇〇石　栃八合　甘栗四升　生栗五斗
串柿一〇連　薯蕷《やまいも》一〇〇本　野老《ところ》一〇合
牛蒡《ごぼう》五〇把　蒟蒻《こんにゃく》三〇丸　土筆《つくし》一斗
零余子《むかご》三升　胡麻《ごま》三升　平茸二升
梨子五合など

このように東寺大山荘は仁治二（一二四一）年には、栗については甘栗四升（七・二ℓ）と生栗五斗（九〇ℓ）を貢納していたのである。ところが『日本林制史資料　豊臣時代以前』（農林省編　朝陽会発行一九三四年）に収録された「東寺百合文書」の応永二六（一四一九）年一二月二六日の条には

請取大山荘栗わらびの事
一斗栗
六連わらび
右且所納件の如し

とあり、約一八〇年を経ると、東寺の荘園とは名ばかりで、貢納品は二割も満たない数量が納められるだけになっていた。東寺の勢力が衰え、地頭の武家にこの荘園を横領されるばかりなっていたのである。

東寺は弘法大師空海が都の伝道寺として時の天皇から授かった寺であるが、空海が唐で学んできた密教の修行場である高

野山金剛峰寺も、寺領に栗林をもっていた。高野山は現在の和歌山県伊都郡高野町高野山という山中の広い盆地に本山と宿坊が一つの町を形成している。前に触れた『日本林制史資料　豊臣時代以前』は、建久四年九月の高野山文書を掲げている。

検注
言上阿弖川上庄在家幷畠桑栗林七等事
合
在家八十五宇内脇在家二十五宇真女五宇
此外逃亡・死亡跡十二所
畠二十一町八段三十歩
桑千八百九十本　柿五百九十八本
栗林三十一町七十歩　七三十二本
建久四年九月□（不明）日

阿弖川《あてがわ》上庄は、紀伊国（現在の和歌山県）の有田川上流の山あいにある荘園であった。現在の清水町の地域にあたる。現在の自動車運搬を主流と考える人には、高野山金剛峰寺は、よくぞこんな不便な所に荘園をもったものだと、地図をみて考えるに違いない。しかし当時の里道は尾根道なので、尾根伝いでは高野山と阿弖川庄は、至近距離とは言えないが、あまり遠距離とは言えなかった。

それはそれとして、別の「上庄可辨進色々所当物等事」という文書では、「栗林二十町　所当かち栗二石」としている。つまり、栗林二〇町歩に対し搗栗を二石高野山金剛峰寺に納めよというのである。

鎌倉室町時代の食事と栗

前の王朝時代末期から戦乱が続き、武家の世になっても南北朝より室町時代の末まで戦乱が絶えることがなかった。このため百姓は生業を妨げられ、租税は重いものを課せられ、あるいは戦に駆り出されたため、流離逃亡するものも少なくなく、土地の栄える余裕はなかった。農業は平安時代には唯一の産業であったが、鎌倉・室町時代には手工業や商業が次第に発達することとなった。

『庭訓往来』にみられるように、銭貨の流通が次第に多くなり、外国貿易も盛んになった。この書によると、室町時代のはじめごろには京都に全国から物産が集まっている。拾い上げると、加賀の絹、丹後の絹、尾張の八丈絹、武蔵の鐙《よろい》、伊予の簾《すだれ》、播磨の杉原紙、出雲の鍬、甲斐の馬、備中の鉄、備後の酒、大宰府の栗、近江の鮒等である。栗は大宰府つまり九州が名産地と評価されていた。

また、『庭訓往来』にはいろいろな食品名があげられているが、それらは鎌倉時代後半ごろ中流以上において御馳走の一つとして愛好されたものとみてよいだろう。季節による木菓子の類を挙げてみる。

柚柑《ゆこう》　柑子《こうじ》　橘　熟瓜《ほそち》　澤茄子《みずなす》
生栗《なまぐり》　搗栗《かちぐり》　串柿《くしがき》　熟柿《じゅくし》
干棗《ほしなつめ》　菱《ひし》　覆盆子《いちご》　百合草《ゆり》　梅　桃
枇杷《びわ》　李《すもも》　柘榴　木練《こねり》　楊梅《やまもも》

などである。栗は生のままのものも、乾燥させた「搗栗」も木菓子として好まれていたのである。なお、木練とは俗に甘柿と呼ばれる種類のものである。

室町時代になっても、食用とされる動植物の種類は、前の時代とほとんど変わりなかった。公家文化を吸収しながら、武家文化がこの時代後半に最初の豪華に達した。飲食に関する形式や礼儀作法も様々に喧伝された。武家や公家の社会において行われた饗宴《きょうえん》では、飯の膳（湯漬という）のあとには、次のような菓子（今日の水菓子にあたる）がだされた。

金柑　蜜柑　柑子　枇杷　林檎　楊梅　柘榴　桃　杏　梅　李

梨　胡桃　椎　栗　生栗　干栗　搗栗　棗　柘榴　柿　干柿

橘　温州橘　唐瓜　白瓜　覆盆子　等

栗は、栗と生栗と干栗と搗栗という四種類が上がっている。干栗は乾燥させた皮付きのままのものであり、搗栗は干栗の皮と渋皮を取り去った剥き身の栗である。生栗は秋に収穫されたものであろう。単に栗と記されたものは、加工の有無が不明なため、総称を用いたものなのであろう。

朝夕の決まった食事のほかに、今日のおやつに当たるものを口に入れ、労を休めることが勤労階級において鎌倉時代からおこなわれていた。これを仏家では点心《てんしん》または茶子《ちゃのこ》と称した。室町時代には点心と茶子は区別されており、点心は饅頭、饂飩《うどん》、碁子麺《きしめん》、素麺《そうめん》などを食べていた。茶子は、点心のあとに食べる淡白な、量の少ないもので、唐菓子でないものをいったのであろう。茶子としては、むかご、豆腐上物、油揚、干栗、搗栗、干松茸、結昆布、唐納豆などがあげられる。

室町時代も飯として、米を尊んだ。しかし日常、飯に米を用いたのは貴族や武士であっただろう。当時米の飯には、

『庭訓往来』には木菓子として、梅が上がっているが、生梅の実を食べたのであろうか。

強飯《こわいい》と姫飯《ひめいい》があった。強飯は甑《こしき》で蒸したものである。鍋や釜で煮たものを古くから粥《かゆ》といっていたが、粥のうちよく炊いて水気を少なくしたものが姫飯である。粥はこの時代でも一般に好まれた。

米を加工したものに餅がある。餅はモチイの略で、もち米を蒸して臼でよく搗いたもので、米の形は全く見当たらない。餅は、正月や節句といった祝賀のときに搗かれた。祝賀用の餅には、古い習わしをうけて、正月の雑煮の餅、鏡餅、三月の草餅、五月の粽《ちまき》、秋の亥子《いのこ》餅があった。

亥子餅は、陰暦一〇月の亥の日に食べる祝餅で、上流階級の祝い方を『殿中以下年中行事』は次のように伝えている。

> 白餅、赤豆餅、黒餅、衝重ねに積みて、胡麻の粉、小豆の粉、栗の粉、ふちだかに紙を敷き、三種の粉を三所におきて、御前におく也。柳の木をとりて輪鼓《りうご》の丈《せい》に臼をつくりて、柳の木にて杵を二本作り、強飯を臼に入れ、三種の粉をかけて、杵二つをおしそろへ、右の手にとりて、女は「いのちつく幸ひ」と、三杵つきて食うべし。男は「いのちつくつかさ」と、三杵つきて食ふべし。白強飯まいる也。

このようにして亥子餅を食べると、万病が除かれるというのである。もちろん、中国から伝わった風習である。

武家の出陣帰陣時の儀礼と搗栗

室町時代に書かれた長享三（一四八九）年の奥書のある『四条流包丁書』の料理の一つに、栗が使われている。同書には、鮨、刺身、糸膾、鯛の膾、山吹膾、江州の鮒の丸煮、鳥の焼き物、鱏《えい》、鮒の子膾、雁の皮炒、海老の船盛等、数多くの料理の名称とその方法を、簡潔に解説している。栗が使われた料理は、次の一つだけである。

はり生姜……老海鼠《なまこ》汁には針栗を入れる。老海鼠の毒を生栗で消すためである。なお、針栗の「はり」は今日の「はりはり」の「はり」で、生栗を細かに刻んだものである。

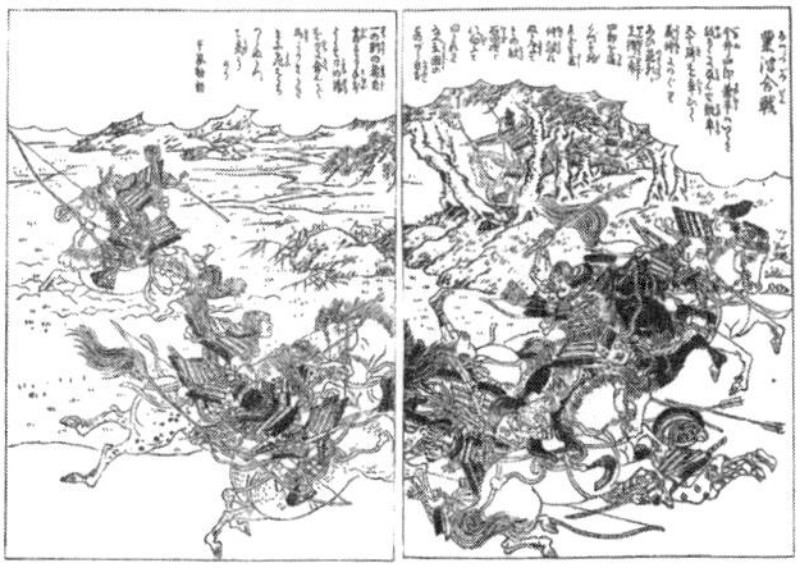

武家は合戦に出陣する時と帰陣の時の儀礼に勝栗を食べた。
出典：『都名所図会』巻之一（近畿大学中央図書館蔵）

室町将軍が臣下の邸にお成りのときの、饗膳の菓子にも栗が使われていた。桜井秀・足立勇著『日本食物史 上』（雄山閣一九七三年）には、永禄四年三月末足利義輝が三好筑前守義永の邸のお成りのときの献立が記されている。義輝は一七献を、お伴衆は七献の供応をうけている。

式三献からはじまり、初献、一献、二献、三献と進み、次いで御ゆづけ（飯の膳）となり、その膳が七つまでである。

そのあとが御くはし（菓子）という段取りとなる。

御菓子
亀足蒟蒻麩《きそくこんやくふ》（蒟蒻に亀の足がつけてある）　　亀足胡桃
打栗　海苔　山の芋　結昆布　串柿　松の実　蜜柑

このように九種の菓子を食べた後、別室に退いて休息する。やがてまた着座。引き続き四献目の肴、銚子が参り宴会が再開し、頃合いを計らって能が始まる。一七献立に至り、供応は終了するのである。

お伴衆はまず湯漬を食べたのち、菓子の段となり、こぐし、いなのうす、串柿、山の芋、ふくめのし、榧、きんとん、花せみてふ昆布、銀杏、平栗、姫胡桃という一二種のものを食べ、初献から始まったのである。

前に触れた『日本食物史 上』は、武士が出陣するときと戦からの帰陣のときの、食物的儀式に触れているので引用する。はじめは永正八（一五一一）年の奥書のある『中原高忠軍陣聞書』の説である。

一　あはび五本の時は、昆布五切れ、勝栗七たるべし。あはび五本は御本意を達するという心なり。またあはび三本のときは、昆布三、勝栗五たるべし。

一　（上略）出る時は、一番にあはびの広き方の先より、中ほどまで口をつけて、尾の方より広きかたへ少し食ひて、酒を飲むべし。その次二献めに、勝栗を一つ食ひて、酒を飲むべき也。その次三献めに、昆布の両方のはしを切のけて、中を食ひて、酒を飲むべき也。毎度軍配（軍勢の配置）の時は、あはび、勝栗、昆布、この三色たるべき也。我が家にして軍配を祝ふには、主殿の九間（の座敷）にて南向て祝ふなり。家のつくりやうによりて南へ向きがたくば、東へも向べき也。東南は陽のかた也。その謂なり。

一　酌すべきやうの事。一人としてすべし。初献はそひそひはひと三度入て、さて二献のは、そひと一度入て、左へ回りて加へ、又そひはは二度入るなり。三献めはそひそひはひと三度入なり。以上九度なり。盃をひとに飲ませぬなり。祝ひてやがて肴をくづしてあけべし。酌はもろ膝を立て、つくばいてすべし。加へる時も、その外かりそめにも、後へすさるまじき也。そひと入は、酒をそと入なり。これは鼠の尾の心なり。はひと入るは、酒も多く永く入るなり。これは馬の尾の心なり。陰陽の儀なり。
一　帰陣して祝の時は、初献に勝栗をくひて酒をのむなり。二献めにあはびの廣き方のさきを、いと切て折敷に置て、その切目より細き尾の方へ食て、酒をのむなり。三献めには昆布の両方の端を切のけ中を食て、酒をのむべきなり。あはびの食ひやうは、こう出陣と帰陣と変るなり。
一　あはびと栗とは出陣帰陣と置様かはる也。あはびはいづる時は左なり。昆布は毎度置処替まじきなり。

ここでいう「あはび」とは打鮑《うちあわび》のことで、鮑の肉を細長く切り、薄く伸ばし干したもので、祝の席に酒の肴として用いた。「うちのしあわび」とも、「のしあわび」ともいわれる。昆布は「よろこぶ」として、祝いの席に用いられた。出陣のときの膳には、鮑、勝栗、昆布が、三か五か七つ、出される決まりであった。これは陰陽道に起源をもつ民俗学的なものとして、奇数を陽の数として、めでたい数としてきたからである。
武士の出陣帰陣の食事儀式を掲げたが、この方式が標準ではなく、食べ方や酒の飲み方は、それぞれの流派によって異なっている。江戸時代に伊勢貞丈が著した『軍用記』は次のように記している。

出陣の時肴組やう
かりそめに肴を拵らふる事。打鮑二つ、勝栗五つ三つも組むなり。
出陣の時、一に打鮑、二に勝栗、三に昆布、このごとく祝うなり。うち勝つよこぶという心なり。右喰様ならびに酌の次第、酒の飲みやう流々により相替る間一偏ならず。（中略）肴の喰やう。まず出陣の時は打鮑をとりて、左の手にもち、細き方より大い方へ口を付けて、太い所をすこし食切りて、上の盃をとりあげ、酒を三度入れ、さて、飲みてその盃は打鮑の前辺に置べし。さて、次に勝栗の真中にあるをとりて、両の端を切りて、中を食切りて、下の盃にて三度酒を入れさせて飲みて、その盃を本の所に置べし。（中略）

帰陣の時御肴組み様。

帰陣の時は勝ちて打ちよろこぶと祝ふなり。一勝栗、二打鮑、三昆布、是の如くいはうべし。打帰りては、打鮑の広き方を喰なり。その外出陣のごとし。

二つの儀礼とも、肴に打鮑、勝栗、昆布の三色を用いることと、三々九度の盃のことという大筋は同じである。肴にこの三色を選んだことは、専ら迷信からきている。しかしながら、食品として、優れたものの中から選んだものらしく、この三種は『武家調味故実』に、推奨している食品の中に含まれている。

一　このみてまいるべき物。

干棗、焼栗、山の芋、牛蒡、蓮（焼て）、薊《あざみ》、和布（煮て）、青海苔、雁、鯉、鯛、鮑、五種の削り物（干鳥、干鯛、鮑、鰹、イリコ）

武家にあっては、このように出陣や帰陣の際には語呂合わせに等しい食物を食べ、勝ち戦を願う儀式を行っていた。栗も一役買っていたのである。迷信的、形式的なものであるが、生命を賭けた戦には、士気・意気を鼓舞するためには、大切なものであったのだろう。

朝廷の式微と栗

足利将軍八代目の義政治世の応仁元（一四六七）年から始まった応仁の乱後、わが国全体が戦禍にあえいだ。俗に戦国時代ともいわれ、朝廷は非常に式微《しきび》し窮乏していた。幕府では御料地の保護や献上品などを行っていたが、室町時代後半からは幕府の威厳は地に落ち、朝廷の窮乏を補うことはできなかった。

室町時代の皇室領は、それまで以前に多くは武家に横領されており、頼むところは山城国の山科、美濃国の一色・多芸の庄、播磨国の揖保の庄、越前国の坂北庄、尾張国の井戸田の庄などが主なものであった。このわずかな地であるうえ、しかも年貢を滞り納めるものは少なかった。

このような有様なので、宮門や築塀は破れ朽ちていた。大礼である大喪と即位も、後土御門・後柏原・後奈良・正親町の諸天皇のころは、正式にとり行うことはできないほどの窮乏であった。御膳の貧しさなど想像にあまりある。

後奈良天皇の天文四（一五三五）年の生活を記した『後奈良院宸記』からは、献上されたものによって、日々の賄いがなされていたことが読み取れる。栗も献上されているのであるが、ついでに実情を知るため、いくつか拾いあげてみる。漢文で記されているので、読みやすくするため意訳して挙げる。

天文四（一五三五）年

二月　六日　天晴、明日新典侍より唐納豆まいる。中務宮今年はじめて参られる、一献のあり。

二月一九日　晴、天気好、このたびは武家より一向進物無し。岡殿より鶯宿梅の枝給わる。新典侍より桜・梅の枝を進上される。巻餅《けんぴん》一蓋参る。

三月　一日　天晴、今日行水。武田入道大膳太夫より白魚進上さる。伊予より御魚進上さる。
舟木御料所より二五〇〇疋運上あり（注・疋は鳥目一〇文の称）
三月一九日　雨時々そそぐ　不動像同じく香水、御栗一蓋参る。
四月一三日　晴、大慈院より梅漬を給う。武家より蜜柑一折進上さる。
五月　二日　陰、幸尊西堂より枇杷一蓋進上さる。
六月　一日　天晴、大典侍より山桃一蓋参る。三位局より瓜一折進上さる。
八月　八日　陰、伯二位より鮎一折進上さる。知恩院より松茸一折給う。
九月一四日　晴、勾当内侍より松茸進上さる。二位局より栗と柘榴を進上さる。
一一月二〇日　陰、般舟三昧院より蜜柑一籠進上さる。

以上簡略に抜き書きしたが、献上されてくる物は海の物より、山の物が多い。献上される物をみると、野趣があらわで、田舎の農家の使い物の感がある。しかしながら、栗でも柿でも、当時は立派な贈答品であったのである。宮中もこのように献上品をたよる窮乏であり、そこに頼っていた公家たちもみじめなものであった。

多くの公家たちが貧乏しているなかで、内蔵頭から正二位権大納言に上った山科言継《ときつぐ》と栗を『言継卿記』（東京大学史料編纂所編纂『大日本古記録 言継卿記』岩波書店一九五九年）からみてみよう。

山科家の代々の家領であった山科荘が、天文一七（一五四八）年に、室町幕府によって事実上横領されてしまう。言継は染や仕立て技術を取得しており、妻や家人とともに装束製作にあたり、天皇をはじめ諸家の注文に応じた。また医術や調薬も修め、診察や薬の調合も行った。言継は朝廷財政の最高責任者の内蔵頭として、後奈良・正親町両天皇家の逼迫した財政の立て直しに奔走した。当時の財政収入の最大のものは、諸大名の献金であり、その献金獲得のため、各地を訪ね歩いた。

『言継卿記』は、大永七年正月から天正四年一二月まで前後五〇余年間の日記である。この公家はなかなか克明にその日の飲食について書き留めている。それを拾い上げると、前に記したように窮乏したとは言うものの、多種多様の食品があがる。比較的しばしば口にしている野菜・山菜系のものを挙げると次のようになる。

つる草、やまいも、あおな、わらび、しろうり、栗、たけのことなる。なお、時折口にしたものとして、栗の餅と搗栗がある。

宮中に献上されてくる栗については、『お湯殿の上の日記』に詳しいので、そちらを探っていく。

御湯殿の上の日記にみられる栗

室町時代には、皇室領は武家に横領され、窮乏していた。
出典：『都名所図会』巻之一（近畿大学中央図書館蔵）

稔りの秋が到来すると、宮中には公家や社寺が季節のものである栗を献上していたことが『お湯殿の上の日記』（塙保己一編・太田藤四郎補『続群書類従・補遺三 お湯殿の上の日記一～十』続群書類従完成会　一九三二～一九三四年）にみられる。

御湯殿とは天皇の浴室のことで、清涼殿の西北の隅の一室の「御湯殿の上」の西に、廊下を隔てて設けられている。したがって、「御湯殿の上」は「御湯殿」と廊下を隔てて相対している。御湯殿の上は、御湯殿に奉仕する女官の詰め所であり、そこで湯などをわかし、食膳の具などをおいた。『徒然草』には「雉・松茸などお湯殿の上に懸りたるも苦しからず」とみえている。

『お湯殿の上の日記』は、その御湯殿に奉仕していた女官の口記で、室町時代の文明のころ（一四六九～八七年）から江戸時代末期のものが現存しており、禁中の日常や女房言葉を知るうえでの好資料とされている。お湯殿の上に、秋の三種類の味覚がきたことを記しているところがある。

（文明十年）九月十四日
むろまち殿より松はしめてまいる。
山しなより御くりまいる。
つうけん寺殿よりかきの御ふたまいる。
ひんかしのとういんとのよりも御ふたまいる。

これを意訳すると、室町将軍より松茸がはじめてきた。山科（山階か）より御栗がきた。通賢寺より柿の御蓋がきた。東洞院殿よりも御蓋がきた、となる。この日は、松茸と栗と柿という、秋の季節を代表する茸と果物が集まってきたのである。松茸は「松」と書かれることが多いが、〝松たけ〟と記しているものもあり、『お湯殿の上の日記』は数多くの女官の執筆なので、それぞれの女官の省略癖があらわれているのであろう。

余談ながら室町将軍は「松はじめてまいる」と記されているので、この秋の初物の松茸であった十四日の記述からは考えられるのであるが、同年九月三日に「うんれう院よりまつ一折まいる」とあり、同八日にも「あんしゃう寺よりもとのことくのすかたにて松まいる」と山科の安祥寺などから松茸が届いていたので、その年の初物の松茸ではなく、室町将軍がその年に初めて献上した松茸という意味であろう。

さて、秋になると宮中のお湯殿の上には、江戸時代の貞享年間（一六八四〜一六八八年）までの間、毎年栗が届け

稔りの秋の御湯殿の上には、種々の果物が献上されてきたが、アケビもその一つである。

られていたのであるが、まず室町時代の文明年間（一四六九〜一四八七年）のものを拾い上げてみる。

　文明九年から同一八年まで、献上する人は勝井、山科、葉室、二宮、民部卿などという違いはあるが、誰かが栗の献上をおこなっていたのである。

文明九年	九月五日	かちい殿より御くり、かきまいる。
文明十年	九月八日	山しなより御くりまいる。
	九月十七日	大はらのりかくかき、くりのひけこまいらする。
	同廿八日	二宮の御方へしやうれん院よりすすき、御くりまいる。
文明十一年	九月八日	山しな御くり一つつみまいらせらるる。
文明十二年	九月八日	はむろより御くりのかこまいる。
	同十三日	三宮の御事（方）より御くりまいる。
	同廿四日	御宮けとて御くり一折まいる。
文明十三年	九月九日	すいしん院よりまつ、御くり二かうまいる。
	同十二日	みん部卿御くりまいる。たなかよりぬかこ、御くりの折まいる。
文明十四年	九月十三日	たなかより御くりの折まいる。
文明十五年	四月二日	くらの頭より御くりまいる。
	九月六日	御くりまいる、たなかよりまいる。
	一一月廿二日	はむろよりとしの御くり二こままいる。
文明十六年	八月十八日	りしやう院より御くりの折まいる。
文明十七年	八月廿三日	御くりの御ふた御宮けにまいる。
	九月五日	八はたの田中御くり一をりまいる。
	九月十日	山しなより御くり一こまいる。
	九月十二日	御くりのかこ二はむろよりまいらせらるる。
文明一八年	八月廿一日	ほうあい寺殿より御くり一折まいる。
	九月六日	たなかよりとしとしの御くりの折まいる。

献上された栗の実の様態

「御くり」とだけ記されているものを拾いあげたのであるが、実際にはどんな姿をした栗であったのかをみると、実にいろいろな種類があった。

毬のままの「いがくり」(天文一九(一五五〇)年七月一九日)の献上は、「しゅんこうよりいがの御くりまいる」(天文元年九月一五日)、「大しいんよりいがの御くりの折まいる」(明応五(一四九〇)年九月二日)などの記述があった。秋もまだ浅くて栗の実は、十分に熟していないけれども食べられる。これは中身の栗の実よりも、むしろ秋が来たという季節感を味わって頂きたいという趣旨であったのではなかろうか。毬栗のことであろうが、中の果実がはじけてでておらず、枝には付着はしていない毬そのものなのであったのだろうか。

「枝の御くり」(天正八(一五八〇)年八月二七日)も同じ趣旨なのだろう。毬栗のついた枝は、生花にもちいられるので、しばらくの間は床の間に飾られたのであろうか。

その年の秋にとれた初めての栗は、「初くり」(貞享元(一四八七)年九月四日)、「りしょう院はつ御くりまいる」(文明一八年八月一二日)などと記されている。

「かわくり」(天正八年九月三日)は、「大すけどのよりかわくりの御ふたまいる」(天正八年八月二九日)、「大すけ殿よりかはの御くり一ふたまいる」(天正八年八月二八日)などと記されているが、栗の実は皮がついたままのものなのが普通の姿なので、「御くり」と同じとみても差し支えないであろう。

「ひらきくり」(永禄三(一五〇〇)年正月九日)というものが、「なかはしよりひらきくり一つつみまいる」と記されているのであるが、どのような姿をしているのか不詳である。秋に採れたものを正月まで保存していたのである。

一方「むきくり」（元亀三（一五七二）年七月二七日）は、「たけたむきくりのひけこ一しん上申」（天正七（一五七九）年九月二六日）とある。硬い果皮をとりさって、いわゆる中身だけにしたものであることがはっきりとわかる。献上物をうけとった女官が、見たままにしるしたものであったのだろう。

また、「しぶくり」というものも献上されている。「新すけ殿よりしふくりまいる。はしめてまいる」（天文元（一五三二）年八月九日）、「大すけどのよりしふくりの御ふたまえる」（天正元（一五七三）年八月一一日）とある。わが国の栗は、渋皮が取れにくい性質を持っているので、果皮を取り去っても渋皮はそのまま残っている。献上された栗は、果皮は取り去られてはいるが、渋皮まで処理されていなかったものであろうか。栗の実を乾燥して中身だけにしたものは「かちくり」（明応四（一四九五）年正月二九日）とよばれる。これはそのまま、菓子として食用に供することができる。「とみなかかちくりのはこまいらする」（文明一五（一四八三）年四月三日）と、保存がきくので、栗の実る季節からはるかにずれた季節に献上されている。栗の加工されたものに「かちんのくり」というものがある。「かちん」とは、餅のことをいうのであるから、餅の栗とは栗の実をいっしょに搗きこんだ餅のことをいっているのだろうか。「上らふよりくりのかちん一ふたまいる」（天正元（一五七三）年九月八日）、「上らふよりくりのかちんのふた、すすまいる」（天正七年九月二三日）と、栗が実る時期に献上されており、季節ものを早速餅に加工したもののようである。

御湯の上には、毬のままの栗も届けられていた。

『御湯殿の上の日記』に現れる栗を、もう一度整理してみると、毬栗、枝の栗、初栗、皮栗、剥栗、勝栗、餅の栗《かちんおくり》、渋栗という八種類となる。

ついでに御湯殿の上に献上されてきた果物類を拾い上げてみると、青梅、あけび、梨《ありのみ》、杏、苺、伊予蜜柑、岩梨、瓜、柿、榧、木苺、金柑、銀杏、柘榴、椎の実、白瓜、西瓜、つばい桃、栃、梨、棗、はしばみ、甜瓜、松の実、蜜柑、郁子《むべ》、桃、山柿、山桃、林檎、くし柿、李、胡桃などなど、その種類は多い。

兵糧としての栗

戦国時代には、戦におもむく時には、全軍の兵糧を馬で運んだ。これから分配をうけて、武士たちはめいめい腰兵糧を携えてはこんだ。戦場が近い場合には、腰兵糧だけでおもむいた。腰兵糧とは、腰弁当であり、糒《ほしいい》や握飯が多く用いられた。糒は湯につけるなど手数がかかるので、あまり持てなかった。飯も便利な握飯が多く、こちらは焼いた焼握飯であっただろう。生米も時には持っていった。それらには、味噌や塩が添えられていた。鍋や食器類を持参するのも普通であった。

戦国時代の武士は、米を一日にどのくらい食べたかというと、前に触れた『日本食物史 上』は、「一食二合半、一日二食の習慣であったから一日に五合、というのが古くからの説である。戦いまであって、激しく労働したときは、一日に三食でも四食でもやり、五合ではとうてい納まらないのはいうまでもない」と、記している。

栗は、戦場に持参する食料としては必需品ではなかったようである。生栗は堅い皮をむくのに手間がかかり、搗栗にしても固くて戦のための空腹を満たすためには、噛み砕くのに手間がかかった。勝栗と言われながらも、必要としていたのは大将クラスの人たちで、下級武士たちには梅干しに比べると必要性は少なかったであろう。

しかしながら、江戸時代初期で最後の大戦となった慶長一九（一六一四）年、翌元和元（一六一五）年の大坂の陣では、徳川方では悠々とした攻め戦となったので、兵糧として昆布や栗そのほかの美物を携えて出掛けたものがいたことを

『日本食物史 上』は次のように記している。

私冬陣に左之方打ちをられ、をれ半月見付使に被下候。則参候へば、石原主膳、三浦熊之助，作久傳左衛門、私と四人に乗物之内より、こぶ、山椒、かちぐり包給候。（『福富覚書』）

内容は、私は冬の陣で左側の手を打ち折られ、折れて半月、見付使いを仰せ下された。そこで行ったところ、石原主膳らと私の四人に乗物の中から、昆布、山椒、搗栗を包んでくださった、というのである。

一方、城に貯える兵糧のことである。戦乱の続いた時代には、戦のみならず、凶作の年にも備える必要もあり、糧食の蓄積には骨のおれることであっただろう。籠城の兵糧の見積もりは、一人に米一升、味噌は一〇人に二合、水は一人に三合を一日分と見積もられている。

城中に貯える食品は、米、味噌、塩の三種は欠くことができない。そのほか、麦、粟、豆、稗、蕎麦、葛なども貯える。魚類では、鰹節、塩から、干し鮭、たにし、鮑、鰯、鮎、その他を塩にして乾燥したもの、野菜では、梅干し、芋、搗栗、串柿、大根の葉、うこぎ、さいかちの葉、大角豆の葉、わらび、芋の茎、あかざ、ぜんまい、干し蕪、そのほか海藻を干したものである。搗栗は、野菜の一種として貯えることとされていた。

金閣寺鳳林住職様々な栗を貰う

江戸時代の初期、京都の北郊にある鹿苑寺（通称は金閣寺）の住職であった鳳林承章禅師は、『隔冥記』（赤松俊秀校注　鹿苑寺　一九五八年）と名付けた日記を寛永一二（一六三五）年～寛文八（一六六八）年までの三二年間、記し続け

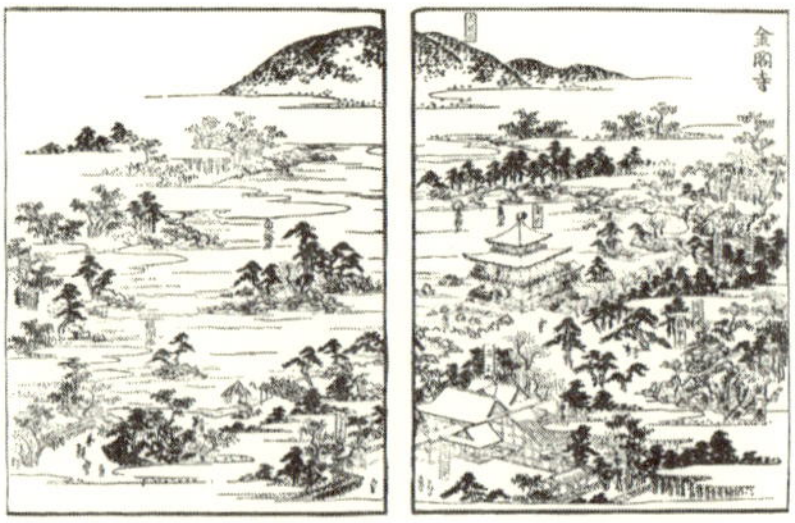

金閣寺の鳳林和尚の日記には、生栗・勝栗・煮栗などを進物として貰ったことが記されている。
出典：『都名所図会』巻之一（近畿大学中央図書館蔵）

ている。その中には、当時の京都におけるマツタケの発生状況や椿園芸の様子がわかる記述がある。

栗についても、交際の広かった彼には、後水尾院をはじめあちこちから栗が進物として届いているので『隔冥記』から拾い上げていくが、漢字ばかりなので読みやすく意訳して挙げる。

寛永一二（一六三五）年一二月二八日　半井勝公より、歳暮の祝儀として京の諸白《もろはく》（酒のこと）を二樽、肴三種として栗一桶・昆布二〇把・豆腐五〇丁を給う。

寛永一四年八月二八日　今日、（訪問した仙洞御所で）御菓子に煮栗が出て勅にいわく、この栗には子細がある。むかし天武天皇、宇治田原において焼栗を植えられていわれるに、この栗生えるなら天下を再び治められると。しかるに焼栗が生えてきた。その栗の種であると。私は謹んで賞味した。ここの勅は、後水尾上皇の言葉である。

寛永一四年一二月二五日　仙洞より御水尾院の使いとして芝山大膳太夫来られ、大栗入り大箱一□（不明）と漬松茸一桶を頂戴した。

同年同月二九日　花坊が歳暮の禮のため来られた。栗を二〇〇植えよとの芳徳、実をうえる。

寛永一五年九月一一日　北野能宇来る。当月の祈祷御札と一重の内栗餅を持参していた。

寛永一六年八月二六日　当門前で神事があり、若狭の柴栗を一重お供えする。

寛永一七年二月九日　宗春が来て長白藤を三本接ぐ。場所は金閣路の大栗の木の北方にある藤に接ぐ。

寛永一七年七月三〇日　例年のごとく袖岡越中より、柴栗一重恵まれる。初物である。

同年九月八日　袖岡越中より重陽の祝儀のため二瓶・栗と山芋を恵まれる。
寛永一八年四月二三日　平野五郎右衛門見舞いのため来たり。打栗を一折・五〇〇枚入りを恵まれるも、他の客と応対中で会えなかった。
同年九月八日　袖岡越中より重陽の祝儀として二瓶・煎栗と柿□(不明)を恵まれる。明王院より柿・栗・葉茶入りの棗《なつめ》を恵まれる。
寛永二〇年五月二八日　西川忠味が来られたので、青雲軒で相対した。江戸より上洛以後初めて来られた。湊紙一〇〇枚及び勝栗一包恵まれる。勝栗は越後の名物である。
寛永二一年三月二三日　板倉周防守の内設楽太兵衛より、大栗一折恵まれる。
同年九月八日　清芳より節句の祝儀として、二瓶・煮栗一重・生姜三把恵まれる。
正保元年一二月一四日　高雄本願上人より歳暮として大栗一折一〇〇顆恵まれる。
同年同月二一日　慈照院より大栗一折一〇〇顆並びに抹茶一棗（茶の銘は長井初鷹であった）を届けられる。

ここで鳳林和尚が貰った栗はどんなものであったか整理してみると、生栗と考えられるものに栗、大栗、柴栗がある。手を加えているが栗の姿をしているものに煮栗、焼栗、煎栗がある。硬い殻を剝いたものに勝栗がある。栗の姿がすっかりなくなったものに打栗と栗餅がある。

元禄期の『本朝食鑑』の栗

江戸時代の学者によって食物と認められているものを、人見必大は『本朝食鑑』（島田勇雄訳注『本朝食鑑2』東洋文庫一九七七年）としてまとめている。元禄一〇（一六九七）年に刊行された同書は、水火土部、穀部、菜部、菓部、禽部、鱗部、介部、獣部、虫部にわかれ、栗は菓部の山菓三十二種に収められており、菓部はさらに味菓類五種、蓏菓類五種について触れている。

山菓三十二種は梅、梅干し、杏、李、桃の順に記され、次いで栗の説明がされているので、意訳しながら述べていく。

栗は各所にあり、種類も少なくない。樹は繁茂し、長大で、木理は細密である。花は白色・淡青で、長さ四・五寸の筋をつくる。実は一枝に四・五の苞《つと》をつけ、苞はハリネズミの毛のように刺が多い。毬の色は、はじめのうちは青く、それから黄に、のちには紫赤になり、あるいはまだら色のものもある。

毬の中には実が三つあり、その中心の平たい実がすなわち中子栗である。しかし、四・五子のものや連苞のものもある。八・九月に霜が降ると熟して毬が自然に裂け、その実の落ちたものは長く貯蔵できるが、毬がまだ裂けないうちに採取したものは腐りやすい。

栗の殻は、生のうちは黄色で、熟すると栗色となる。殻の内側は紫膜の薄皮が張り、内の実もやはり紫膜をつけており、渋皮という。渋皮ははなはだ渋いので、これを削り去って内の実を食べるのである。

およそ栗の実は、上部は尖り、下部は丸い。これを植える場合、逆さまにすれば生えやすい。芽は尖ったところから生え、湾曲しながら地上に伸びだしてくるので、もし逆さにせず、真っすぐに植えれば生えない。柿、桃、李、梅、杏の類はいずれもこのように植えるのである。こうして栗の実を植えれば生えやすく、大きくなり実を結びやすいが、早期に移植した場合はそうならない。

むかしは、丹波国（現在の京都府中部及び兵庫県東部）・但馬国（現在の兵庫県北部）・阿波国（現在の徳島県）などの国から栗の実がとれ、『延喜式』の神祇や大膳にも記載されている。いまでもやはり丹波の山中より産出されるものが上であって、その大きさは鶏卵ほどもある。『大和本草』に「丹波ノ産ハ大ナリ」とある。

諸州各地でこれを植えているが、形は似ているけれども、丹波の産には及ばない。

近頃、生栗を貯える方法に、黄赤土に埋めておくか、あるいは赤土泥まぶしつけて晒し、それをまた土中に埋めておく方法がある。こうすれば、年月を経ても栗は腐らない。東国の家々ではこの方法を用いている。

また上野国（現在の群馬県）・下野国（現在に栃木県）では、極めて小さい山栗がとれ、一年に三度収穫できる。それで三度栗というのである。味はよくないこともない。このような類の山栗は諸州にもあって、やはり小さいものであう。むかし杭栗《ささくり》といっていたものであろうか。三度栗について『本朝食鑑』の島田勇雄の注は、一年に同じ木から三度取れるものをいうのではないと、『桃洞遺筆 第二輯 巻中』を引用し次のように記している。

「『因幡志 巻二末』に、法美《はふみ》郡宇治山に産するといい、『紀伊続風土記 巻六十九』に牟婁郡栗栖荘芝村、また同書巻七十二に同郡佐本栗垣内村、また同書巻八十同郡三里郷一本松村等に産することを記す。このほか、越後・信濃・石見・土佐・筑前等にも産す。一名、『詩経名物弁解』は山栗、石見では梶原栗という。大抵、牟婁郡に産するものは、その山を年々一度ずつ焼く。その焼株より出る新芽に実るなり。七月末より十月ころまで、本・中・末と三度に熟するをいうのである。三度花が咲き実を結ぶものではない。みなその地の名産としているが、いずれの国にも産するものである。

このように述べた後『本朝食鑑』は、栗の薬用について述べている。そこには、無毒、栗は古来より「胃腸を丈夫にし、腎気を補い、飢饉に耐える」と言われている。つまり、斟酌して食べるならまことにその通りである。ところが、胃腸を丈夫にするからといっても、多く嗜食してはかえって胃腸を損なって腹下し、腹の痛みなどをおこすので、慎むべきことである。飢えに耐える場合もそうである。飢饉のときは食物としてよいのであるが、つねに飢えに耐えるといって栗ばかりを食べ、他の食物をとらなければ、腹は満ち、胸は塞がることになる。これではかえって吐き戻し、酸っぱいものが胸に出るが口に出ない症状がおこる。

竹や木が刺さって、刺が肉に入って出ない場合、生栗・甘草を同じく、糊状に粘るほどすり、塗り付ければ取れる。

栗の食べ方には、生食、焼食、茹食がある。

『本朝食鑑』の搗栗

『本朝食鑑』は、付録として「搗栗」を記している。

殻つきの熟れた栗を毎日天日にさらして乾かし、振ると内部で音がするまでに皺んだとき、臼で搗いて紫の殻と内側の渋皮を取り去れば、外表は黄色く皺み、内部は潔白で堅く、味は極めて甘くなる。軟らかくして食べたいときは、熱湯に浸すか熱灰にうずめて焼くかして、軟らかになったところを食べるとよい。これは、「堅果の珍」とされる。山栗の小さなもので、乾果を作ってもよい。

あるいは肉無しでの野菜食、つまり精進料理の時、この搗栗を鰹節の代用にすると、よく甘味をだす。搗栗を調味料として用いる方法について解説したものは、極めて少ない。

現今は正月元日および冠婚規祝の具として、物に打ち勝つという義に用いられている。

むかしは、丹波・但馬の産は主計寮《かずえりょう》に貢納したが、近頃は関東で多くこれを作り、京師・海西に送り、もっとも美味だとされている。今では、丹波・但馬の産ははなはだ少なく、好くないのである。なお、主計寮は律令制の役所で、民部省に属し、諸国より納められた租税を計量し、国費を支弁するところである。また、海西とは、中国・四国から九州の中ほどに至る地域をいう。

搗栗の一種に打栗《うちぐり》というものがある。好い搗栗をよく蒸し、布に包んで金槌で徐々に打って平たな団子にし、青い栢《かや》の葉の上に盛り付けて、珍としている。これは『延喜式』にいわれる平栗子《ひらくり》のことであろうか。ある説に「搗栗は脾胃を厚くし、腎気を養う効が生栗より勝れているから、好く食べるとよい」というが、これもやはり理にかなっているようである。

ついでに丹波栗についての小話「いが栗」（武藤禎夫校注『安永期小咄本集』岩波文庫一九八七年）を、紹介する。

二三人寄合い、「これ、おぬしは国はどこだ」「おらぁ丹波だ」

「そんなら、大きな栗があるだろうな」「たいてい、大きなものがこつちゃねへ」

「どれほどある」「これほどある」と、両手を広げてみせる。

「途方もねへ、そんなものがあるものか」「いんにゃ、これほどある」と手を寄せる。

「なに、まだ嘘だ」「これほどある」

「まだ嘘だ」「そんなら、これでほんとだ」

「イヤまだだ」「そんなに寄せると、いがで手をつく」


これに似た話が安楽庵策伝の『醒酔笑』（鈴木棠三訳 東洋文庫一九六四年）巻の六「うすつき」にある。

両手で一尺ばかりの輪をつくり、「これくらい大きな栗をみた」という。
そばの者が、「まっと減らせ、まっとへらせ」というと、どんどん小さくしていったが、
そのあげく「そんなに小さくすれば、いがで手をつくものを」といった。

長からん角豆《ささげ》の花は短くてみじかき栗の花の長さよ

この歌は、長い莢をつけるササゲには短い花が咲くのだが、短い柄をもつ栗の実の花茎はなんと長いと、対比の面白さを歌ったものである。

『農業全書』の栗

江戸時代の代表的な農書に、元禄一〇（一六九七）年七月に公刊された宮崎安貞著『農業全書』（岩波文庫一九三六年）がある。栗は巻之八菓木之類の第五に記されている。そこには、栗の栽培方法が述べられている。現在の言葉に意訳しながら、紹介する。


栗には大小があり、丹波の大栗は勝れたものである。

毬の中の三つある実の、中のものを選んで、湿地に埋めて置き、春になって芽が少し出始めたとき、肥えた地の底が固くて立根が長く入らないところを選び、五〜七寸の間を置き、並べて植え、中一年して移し植えること。二〜三年には必ず実るものである。

またこの苗木を場所を選んで植えて置き、杖ほどの大きさになったとき、台木にして大栗の穂を接いでも、効果が早い。二年後には、必ず実る。また、山で柴栗の台木を掘り、植えて接いでもよい。

一説に、栗は植え付けしても、移し植えるべからずともいわれる。木が太くなって植えかえれば、長く生らないものである。小さいときは、移し植えても変わることはない。

栗を植えるときは、木より落ちたものをそのまま拾い、藁などに包んで深く埋め、春の二月のころ芽が少し出たのをみて、尖った方を下にして、深さ二〜三寸に植える。もし種を遠方よりとるのであれば、桶か箱に砂土を入れ、その中に埋けて風や日光にあてないこと。総じて木となっても手風の触れることを忌むものなので、植えてから成長の後まで、手を触れないこと。

また丹波においても、成長がさかんになってからでも、木に虫がついて中に入り、木が痛んで実らないものである。一〇月に入ってから、草で幹を包み、樹下にも木の葉をあつめ、火を付けて焼く。虫の穴に煙が入り、朽ちたところにも火が入り焦げるので虫も死に、その後木が若返りよくなる。

丹波においても大栗は、おおかた屋敷回り、山畠などの畦畔ばかりに植えて、山中には大栗は稀であるという。丹波の土は大概赤土である。植えるところは、南向きが取り分がよい。また粗い白砂の地も栗にはよいという。北向きの肥えた深い地は、良くない。栗の生育に合わない地でも、いったんは太り繁るけれども、やがて虫が付いて倒れるものである。土地、環境を良く選んで植えることが肝要である。

同じく丹波でも、栗を取り収めるときは、よく熟し、自然に口を開いたものばかりを拾い、一日干し、かますに入れてよそへ売り出すのである。

搗栗は、藁灰の灰汁に一夜つけて置き、あくる朝日が出てから取り出し、日にあてて乾かし、中の肉がよく乾いて堅くなったとき、皮を打ち取る。臼で搗いてとるのも良い。

生栗を来年まで納めて置くことは、箱か桶または壺に砂を入れ、栗の芽のところを焼金で焼き、砂に埋めておけば夏まで新しいもののようである。また栗の芽のところを、前のように焼き土を塗り、ざっと干し、日の当たらない縁の下に散らしておくと、腐らず長く保つものである。ただし、自然に口を開いてから落ちたものが良い。熟していないものは、駄目である。また、栗が実らないときは、下枝を多く切り捨てて、梢の枝を切り払ってとめておくと、必ずみのる。

栗の植え方について、盛岡藩の各地の山林奉行を務めた栗谷川仁右衛門が天保一三年～安政五（一八五八）年までの知見の上著した『山林雑記』（加藤衛拡・八重樫良校注・執筆『山林雑記・太山の左知』日本農業全書56　林業1　農山漁村文化協会一九九五年）は、「栗の実臥せの事」として記しているので意訳し挙げる。

栗の木の色には白・黒・赤・黄の種類がある。花は青黄色で、花の長さは二、三寸になり、胡桃の花に似ている。八月から九月ごろ、実がよく熟したとき、三つ栗の真ん中の栗を選んで土の中に埋めておく。春の土用に栗の芽が少し出かかったときに、平うねを作って二、三寸間隔に実をまく。その際、尖った方を下にして土をかける。三年目の春植え替えすること。月齢の一五日以前に植え替えすると早く成木になり、実もたくさんつくという。

三つの栗を一カ所に植えて三本発芽したら、左右の二本を切り捨てる。いが皮のついた真ん中の栗は樹勢が強く、実の付き方も良いという。

『広益国産考』の栗丸太生産

江戸時代も中ごろを過ぎると、栗は果実を食用とするだけでなく、木材としても注目されるようになってきた。江戸時代三大農学者の一人である大蔵永常は、その著作である『広益国産考』（岩波文庫一九四六年）六之巻において「栗丸太并ニ栗材の強き事杉檜に増る話」で、栗丸太を取るための植樹について述べているので、意訳しながら紹介する。

国々で杉、檜、槻等を、多く仕立てるけれども、栗材を出すことは少ないように覚える。この栗材が少ないため、杉丸太、松丸太など多く用いるのである。雨掛りあるいは溝などに栗を用いると、強く保つこと杉松よりも強いだろうと思うばかりで過ごしてきた。江戸などでは、屋敷方の板塀・溝などをみるに、杉丸太を打貫にして伏せ、塀の控柱に松・杉などをみる。これは栗材が少なく高値であるからだろう。

江戸では諸侯方の御下屋敷などは、雑物ばかり作付されたところを見ることが多い。その時々にこのような所にこそ杉と栗材を仕立てたり、また諸屋敷の溝ばかりでも栗丸太を用いれば、如何ばかりの経費節減になるのであろうかと、人にも語ったことがある。ある下屋敷に行ったときに見たのだが、多く南瓜などを作り、みな百姓に任せている。これらの場所に杉と栗・檜など仕立てられれば、材木を貯め置くこととになる。急用のときそれらを伐採し用いれば如何ばかりの徳用となるであろうと思う。これによって、栗材の育て方を次にあらまし記す。

まず栗材を仕立てるには、勝栗にする小栗の実を求め蒔くこと。大栗を蒔き付ければ、成長も早いだろうと思えるが、大木となればみな根際などに虫穴ができ朽ち木となる。用木となるのは、小栗でなければかえって成長が悪い。たとえ五〜七年で伐採して用いても、小栗の方がよろしい。それだから小栗を蒔くべきである。

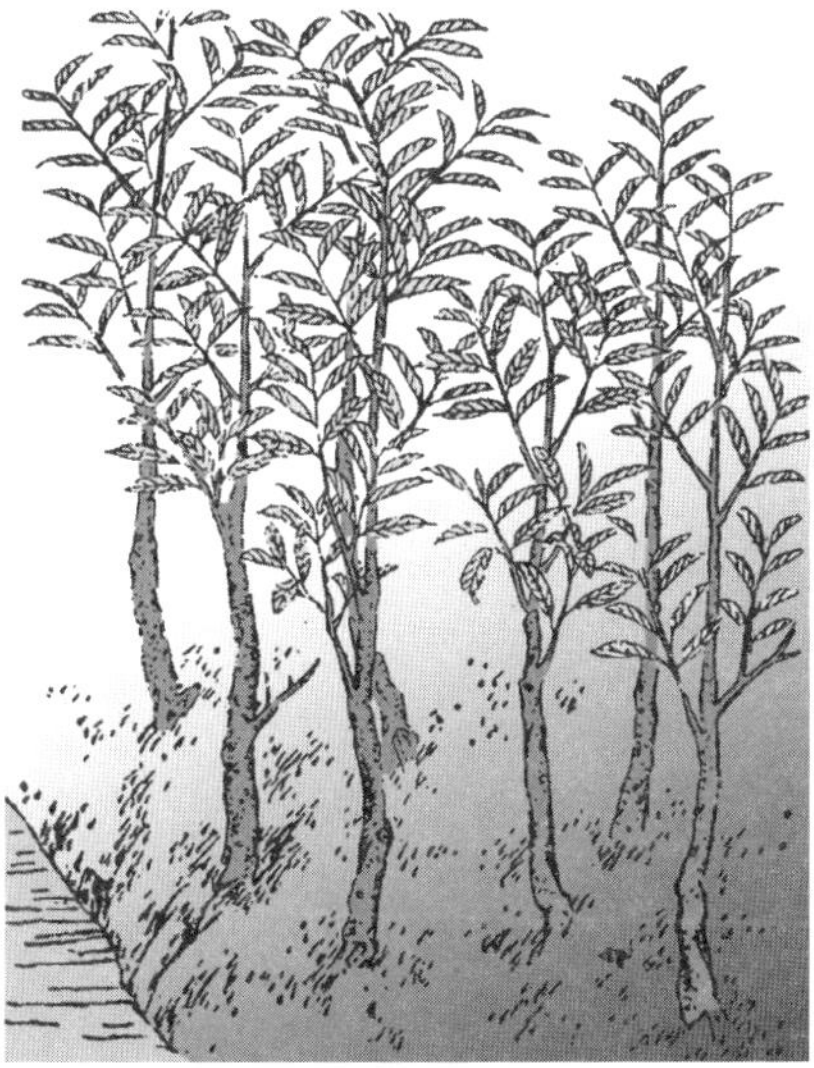
『広益国産考』には栗丸太の仕立て方法が記されている。

実を蒔く時には、畑の砂壌土に畦をたて、綿などを蒔くように小溝を少し深くきり、それにひたと並べて土を覆っておく。また小溝を少し深く切り、馬の踏み藁の腐ったものを、干し貯えおき、その上に苗栗を並べ、その上に土を置くこと。追々芽を出し、一寸ほどにも伸びたとき、油粕か下肥をほどこすこと。木の類はすべて山に育つものなので、大根や綿などのように肥しを多くおかなくても効くものだが、実蒔きのものでも二度ほど肥しは施すこと。夏干ばつの時は、水をかけること。もっとも、根に藁を敷き、根の土が乾かなければ隔日に水をかけること。

そのようにして育てれば、九月の末までに二尺または三尺位まではのびる。暖かな地であればその冬まで置いても枯れることはないが、まずは一〇月にことごとく葉の落ちたとき皆こきあげて囲うこと。春より一〇月までの間は草取り、中打ち、土かいなどは度々おこなうこと。一〇月に掘り上げた苗は、溝を深く掘り、それに横斜めに何本も束ね、根を溝に入れ土を着せ掛け、囲っておく。暖地では囲わなくてもいい。翌春の二月末より三月上旬までに掘り出し、小根は皆切り捨てて植えかえ、畑で養成する。

実を蒔いて三年の春、本植えする。

本植えは二尺（六〇cm）または二尺五寸ほどの間をおいて並べて植え、およそ火吹竹位になったとき、間を一本づつ間引いてすかすこと。こうしなければ成長が悪い。はじめは密にしなければ木ぶりが歪む。

五～六年目には、幹の周囲が一尺周り位にはなるものである。一尺より一尺五寸周り位が用に立つものである。

右に記したものは、普請の材に用いるものの仕立て方である。

実の収穫を目的としたものなら、右のように仕立てたものを台木として、大栗の穂を接いで植えること。大栗は丹波の産を良しとする。しかしながら、世間ではその所どころに大栗のない所はない。大栗は屋敷回りに植え育てること。山に植えるのは悪い。屋敷回りに下畑などあれば、大栗を作ること。桃・梨などのように手入れをすることなく、大いに利益のあがるものである。

栗木を御用木にする広島藩

大蔵永常は、前の項で触れたように、栗材は雨のかかりやすい所や、溝などに用いると長持ちする材だといい、徳用の樹木であるにもかかわらず、栗材が市場に出回るのが少ないと感じていた。栗材が長持ちする有用材であることは、江戸時代で各地を領有していた各藩も良く知っていたので、各藩が用いる用材として指定し、百姓たちには許可なく伐採することを禁止し、あるいは栗を植えることを奨励してその確保を図っていた。代表的な藩の伐採規制や栗栽培の奨励をみることにする。

広島藩は現在の広島県の西部の太田川流域に中心とした領土をもった浅野氏が、広島に本拠を置いていた藩である。農林省編『日本林制史資料　広島藩』（内閣印刷局内朝陽会一九三〇年）によると、享保一八（一七三三）年一二月に出された「郡中村々相触候御法度書」の第五条に御用木の種類が記されている。

かねて相決め之有る御用木の品、松・樅・杉・檜・栗・槻・栂・楠・弓木は、野山《のさん》、腰林《こしばやし》、または家回りのも、随分立ておき申し候。御用に仕上げられる可候節は、相応に代銀下され、持ち主は勝手にも相成らず候事に候、右御用木の品々はたとへ村方の道・橋・樋材木または家作りの入用にても断りなく伐り申さず、願い出て免許を請け伐採仕すべき事。

このように広島藩では、藩の御用木として「まつ・もみ・すぎ・ひのき・くり・けやき・とち・くすのき・弓木」という九種類の樹木を指定していた。栃と弓木を除いてみな用材となる樹木である。栃と栗は、どちらも食用果実の実る樹木である。栃は材質が柔らかく構造材としては向かないが、板材や椀や盆・盤などの細工物用として活用されていた。

前に触れた『日本林制史資料　広島藩』に掲載されている作成年代未詳の「學己集三」（広島県所蔵）五十五から、各樹種の用途や産出地をみてみよう。

一　諸材木

所々御建山より川出し等便の有る所を積り、御用木の趣に従い百姓の手透きを考へ人夫を集め伐出し申候。

但し、右の通り年々伐尽くし荒れ候時は御留山に仕し候て、五年又はその余年数の限りを仕、材木の類伐をき申さず候所も有之、その儘にて差置き候得ば、木立悪敷候に付、時々下刈を仕をき、或は立枯れの諸木を伐除き候てその品を相応に御用木・炭・薪にも仕候。

一　諸材木凡長大之限

角木　長三間　二尺角

平物　長四間半　幅一尺一寸　正六寸　但し板木とも唱え候

丸太　長五間半　廻四尺

右の通りより大き成材木は御領分よりは出申さず候、是より以下の寸間近年出申す分左の通り。

一　松　凡《およそ》一ケ年　二万五二〇〇本程　角木・平物・丸太三品にて出す

右　沼田・佐伯・山縣・高田・高宮・豊田以上六郡より

一　栗　凡一ケ年　九〇〇〇本程　角木・平物・丸太并皮付き丸太も出申し候

右　沼田・佐伯・山縣・高田・高宮以上五郡より出る

一　杉　凡一ケ年　六〇〇〇本程　角木・平物・丸太并さび杉も出申し候

右　沼田・佐伯・山縣・高田・高宮以上五郡より

以下、樅・栂・浅木・檜については、前の三樹種と同じように、年々伐りだされている。

これら以外の樫・桐・槻・槙・漆・桑・栢植・枇杷・弓木・栃・榧・朴については、「御用之ある節、申しつけ伐り出させ候類の材木」と位置付けられている。

広島藩の栗材は、一年間に九〇〇〇本程という、松の二万五二〇〇本程に次ぐ大量の材を御用材として産出していたのである。

金沢藩の栗

江戸時代には「加賀一〇〇万石」と言われ、大名の中では最も大きな禄高を誇っていた金沢藩（加賀藩ともいう）の領国は加賀（現石川県加賀地方）・能登（現石川県能登地方）・越中国（現富山県）という三カ国であった。その金沢藩の山林政策は厳しいものであり、藩有林である御林山は百姓たちには絶対に伐採させなかった。さらに私有林の百姓稼山でも、七木の締《しまり》と称して、重要な樹木は百姓が自由には伐採できない厳しい規則を設けていた。

農林省編纂の『日本林制史資料 金沢藩』（内閣印刷局内朝陽会 一九三三年）によると、金沢藩の藩主前田利常は加能（加賀国と能登国）惣検地の際、元和二（一六一六）年七月二日山林に関する「定」を発している。その第一条が次のものである。

一　能登国中山々材木の事、杉、檜木、栂、栗、うるしの木、けや木等、下々為売買伐採候事堅令停止候当地用所においては印判次第にきらせ可申候事

この条文に記された「すぎ、ひのき、つが、くり、うるし、けやき」等の七種類の樹木を七木と称したのである。この七木の樹種は時代により、あるいは地域により一定しない。文化三（一八〇六）年五月一三日に金沢藩から御算用場諸方掛り竹中何兵衛に紙面をもって伝えられた七木は次の通りである。

七木の定

加州　　松・杉・桐・槻・樫

越中砺波・射水両郡　松・杉、桐、槻、檜、栗
同新川郡　松・杉・桐・槻・樫
能州　松・杉・栗・槻・桐・樫・唐竹

加州つまり加賀国では五種類、越中国の西部にあたる砺波・射水郡では六種類、同国新川郡では五種類、能州つまり能登国では七種類であったが、定の文言は七木となっている。

この七木は、〝畦畔《けいはん》七木・垣根七木〟と称され、田畑の畦畔や百姓の居屋敷周りの純然たる百姓所有のものであっても、自分勝手に伐採することは堅く禁止されていた。一旦はこのように定められたのであるが、栗については後になって七木から除外されてきた。

石川県羽咋《はくい》郡の『志賀町史　第五巻沿革編』（志賀町史編纂委員会編　志賀町役場一九八〇年）によると、加賀地方では寛文三（一六六三）年に石川郡と河北郡に出された定書には、「栗之木之儀は、百姓支配に仰せ付けられ候、随分茂らせ百姓助けに仕すべく候」と、栗実の需要の多かった栗は除外されている。

富山県東砺波郡の『城端町史』（城端町史編纂委員会編　国書刊行会　一九八二年）は、寛文三（一六六三）年の法令において「松・杉・桐・槻・樫・唐竹」の六木を金沢藩の御用の外は伐採を禁じている。そしてこの六木以外の栗の木は、百姓支配として繁茂させ、収入の一助とするように定められたのである。

金沢藩領ではないが、栗を植えることを奨励した藩があったので記しておく。群馬県の『中之条町誌』（中之条町誌編纂委員会編　中之条町一九七六年）によると、上野国沼田藩の領主真田伊賀守は、中之条町の地域に、栗・柿・梨・桑の四木を宅地の余裕のある場所や、周囲の山野に植えることを奨めた。これらは、桑を除いて果樹であるが、秋食の補助として植えさせたもので、栗四本、柿二本、梨二本の割合であった。一説に、栗は焚火止めとなったので防火の役を果したともいう。

盛岡藩の栗の分収林

盛岡藩の林政は岩手県矢巾町発行の『矢巾町史 上巻』（矢巾町史編纂委員会編一九八五年）によると、南部藩（盛岡藩は領主の南部氏をもって、こう呼ばれることもある）は元々山国であり、山林資源に恵まれていたところであった。したがって材木の産出も多く、藩政初期は山林の活用はゆるやかなものであった。

南部氏が不来方《こずかた》に築城をはじめると共に、材木の需要は次第に高まり、領内に豊富にあった檜、杉、松、栗、桂、朴、欅、樅、とど松などの用材を他領にも移出するようになった。特に築城には巨材が使われるとともに、城下町として都市建設及び橋梁の架設、北上川船運用の船舶や倉庫の建設に多量の木材が使われた。このため藩では、寛永七（一六三〇）年には、山林原野は一切藩の直轄支配することとなった。

農林省編纂の『日本林制史資料 盛岡藩』（朝陽会一九三一年）によると、盛岡藩は延享二（一七四五）年一一月一九日に「被仰出左之通」という六カ条の布令を出した。その第四条に「蔵入地、知行地に限らず、杉、檜、漆、松、栗、雑木等の植栽及び育成林のうち、藩登録未済でも濫りに伐る事を禁ず」とあり、これら五種類の樹木が御制木とされた。なお蔵入地とは、領主の直轄地でその年貢を領主の蔵に納入した土地のことで、知行地は家臣に恩給された領地のことである。

同書の文化元（一八〇四）年三月九日の「御家被仰出 五」の条には、御用木ならびに願い出た材木や諸普請材木までになるほどの木の種類は、雑木の細割りを仰せつけられた。御制木は伐り出されることはない。しかるところ、御用材木等は松・栗を取り交えて願い出る例も間々あり、御普請にことよせて、松、栗を伐採することは停止するとしている。また百姓の普請は雑木を用いることとされていた。また別の文書には、漁船の船具や櫓材として梓木一五〇本と栗三〇〇本の払い下げを願い出ているが、梓は願通り許可されたが、栗については制木だとして不許可とされている。

さて元禄時代以降になると、盛岡藩の林業政策は積極的になった。延享四（一七四七）年八月二日の「仰出され左之通」により、栗苗を何も差支えないところの野山へ、植えるよう諸代官へ申しつけている。文化二（一八〇五）年二月の「山林雑記 下」では、山守りは林の立て方を心に用い、精を出し下枝等払い、成木となるよう栗林の手入れを申し付けている。また正徳二（一七一二）年一二月には諸木植立を奨励する布令を出した。従来制木として伐採禁止にしていた杉、檜、松、欅、栗も、植立てた樹木が成木となり伐採する際には、植えた者と藩がその収益を分け合うという分収林の制度である。

文化六（一八〇九）年六月の「遣植立証文」によれば、宮古通代官所管内川内村の真木沢御山に御山守の次郎吉が栗一〇〇本を、次郎吉二分（二〇％）・藩八分（八〇％）の割合での分収造林を申し出て許可になり、申し出通り植え付けが終わり、藩から証文が交付されている。

文政一二（一八二九）年六月の御勘定所の「覚」によると、花輪通代官所管内田山村の江振御山に同村の林治・多七・孫之丞が栗七〇〇本を、植立人四分、藩六分の割合での分収造林を申し出て許可になり、当丑年から巳年まで五か年掛りで植え付けている。

栗の分収造林の分収割合は、前の山守次郎吉の場合は特殊であって、通常は田山村の例の通り植付者四分・藩六分であった。そのことは、文政一二年六月の田山村林治が栗同様に江振御山へ杉四〇〇本を植える分収造林願いを行い、四分・六分の割合で許可されていることから、察せられる。

また文政一二年五月には、福岡通代官所管内一戸村伝吉が同村田中御山へ、来る寅年より栗苗を仕立て午年までの五か年間で栗三万本を冥加《みょうが》として植え付けたうえ差し上げたいと願い出て許可されている。なお冥加とは、江戸時代には商・工・漁業その他の営業者が藩主から営業を許され、あるいは特殊な保護をうけたことに対する献金のことであるが、この場合は栗樹を造林することで献金の代わりとしたものであった。

盛岡藩領の御山には栗山がたくさんあったようで、天保九（一八三八）年三月の「雫石通安庭村新立御林書上帳」には、村内の御山名と、その御山には、どんな木があるのか記されているので拾いあげてみる。

栗・雑木立　　矢櫃御山之内清之助林御山、助蔵平御山、九十九澤御山之内木の子澤御山、同御山之内ざる□坊御山、同御山之内瀧澤御山、同御山之内上虎澤御山、同御山之内深澤御山、同御山之内中臺御山、同御山之内春木澤御山、同御山之内平場御山、同御山之内脇ノ澤御山、同御山之内蟹沢御山、同御山之内加茂り倉御山

栗・槻・雑木立　　矢櫃御山之内小豆澤御山、同御山之内かぎ取澤御山、

小松・栗・雑木立　　矢櫃御山之内根掘長根御山、

小松立　　安庭村御山之内水上澤御山、

盛岡藩は、栗、松、杉などの制木も、植林すると伐採の際には、植付者と藩で、その収益を分け合う制度を実施している。

この帳面に記された御山は一七カ所あり、そのうちの一カ所の水上澤御山が小松が生育しているだけで、他の一六カ所の御山には栗が生育していたのであろ。これらの御山の栗が、分収造林で造成されたものかどうかは不詳である。

前に触れた『山林雑記』は、雫石通安庭村のたためきというところに山神宮があり、その境内に三本のしだれ栗があって枝は地面についている。高さは三丈ばかりであると記している。

『諸国産物帳』にみる全国の栗栽培地

江戸時代の中頃で八代将軍吉宗治世の享保・元文（一七一六〜四一）年間に、全国で作成された『諸国産物帳』には諸藩の農産物がみえる。吉宗に仕えた本草学者丹羽正伯の企画で、享保二〇（一七三五）年から数か年かけて、全国の藩・天領や寺社ごとに各領内の農産物（草・木・竹・海藻・茸）、動物（鳥・獣・虫・魚など）と鉱物の種類および品種名などが詳しく調査され、「産物帳」として報告された。

この調査結果はわが国初めての大規模かつ綿密なもので、農業史上極めて重要な資料であるとともに、かけがえのない文化遺産である。当時の日本各地の農作物およびその品種の実態を明らかにするため、各地に残る文書を探し求めた盛永俊太郎と安田健は一六七点（地点数四二点）を見つけ出し、農作物の部分を抜き出し、編著として『江戸時代中期における諸藩の農作物』（日本農業研究所　一九八六年）としてとりまとめた。主な果物としては柿・梨・桃・梅・栗・蜜柑・ぐみ・苺などがあるが、ここでは栗だけを抜粋して左表にて紹介する。なお、陸奥国と出羽国は明治初年に分割されたので、当該国名をカッコ内に記した。

栗が産物とされている国々は、東北地方から九州まで、広がっている。栗の品種とされたものが最大で美濃国の六、加賀・出雲・周防・壱岐国の五であるが、その地方でどんな名称で呼ばれたものなのかは不詳である。いずれにしても、これらの地方の人々は、常食であるかどうかは別にして、かなりの頻度で栗を食べていたことは間違いないだろう。

元禄八（一六九五）年に江戸は染井の植木屋である伊藤三之丞が著した『花壇地錦抄』（京都園芸倶楽部編　八坂書房　一九三三年）巻三夏木冬木の「栗・山椒」の項に、栗の七つの種類を記している。

○栗のるひ　　木　夏初

丹羽《たんば》大栗　料理くり也

三度《みたび》栗　くりちいさし　八月初方七月すへ二色つく

しだれ栗　くりちいさし　木しだれて柳のごとし

しばくり　くり中くらいよし

箱根《はこね》栗　くりちいさし

錐栗《ひよひよくり》　くり丸くして唐蓮肉《れんにく》のごとし

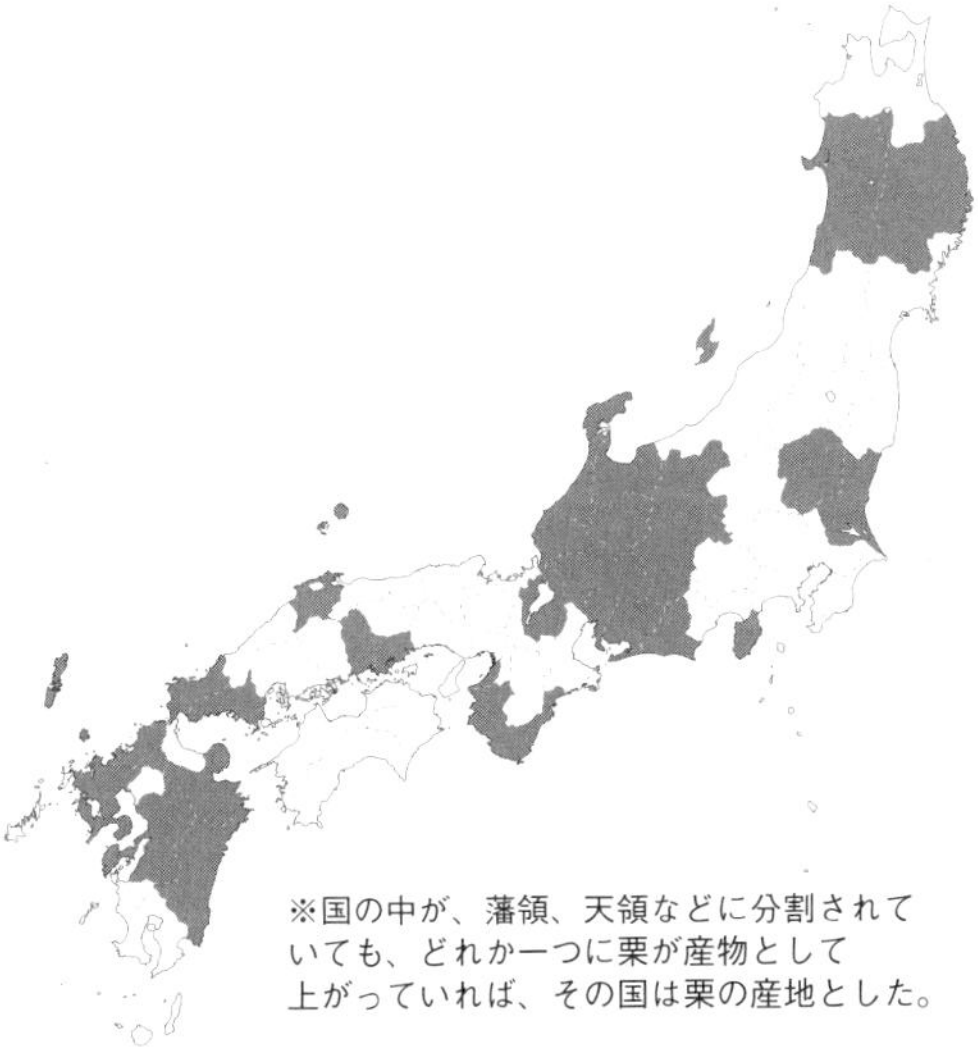

※国の中が、藩領、天領などに分割されていても、どれか一つに栗が産物として上がっていれば、その国は栗の産地とした。

江戸時代中期の『諸国産物帳』にみる栗の産地

陸奥国（陸中）盛岡藩	三
陸奥国（磐城）三春領	三
出羽国（羽前）庄内領	四
出羽国（羽前）米沢領	二
常陸国水戸領	三
下野国芳賀郡（二か村）	二
下野国河内郡（二五か村）	二
佐渡国	二
越中国	三
能登国	三
加賀国	五
越前国福井領	二
信濃国高遠領	二
信濃国筑摩郡（木曽）	二
伊豆国	四
遠江国懸河領	二
三河国加茂郡	一
飛騨国	一
美濃国	六
尾張国	二
近江国高島郡中村町	一
和泉国岸和田領	一
紀伊国	三
隠岐国	一
出雲国	五
備前・備中国岡山領	三
周防国	五
長門国	四
対馬国	二
壱岐国	五
筑前国福岡領	三
肥前国基肄・養父郡	四
豊後国熊本領	四
肥後国熊本領	三
肥後国米良山領	三
日向国諸県郡	二

江戸時代中期に栗を産出する諸国とその品種数
（単位は種）

江戸期の人々が食べた栗

江戸時代になると、奈良時代に中国から伝わった糯米《もちごめ》の粉・小麦の粉・大豆・小豆などで作る、いわゆる唐菓子は、ただ単に菓子と呼ばれるようになった。これに対し、果実は木菓子と呼ばれた。いつのころからか、江戸では果実のことを水菓子といい、上方では果物《くだもの》と言い始めた。その後は、菓子といえば果物は除かれることとなる。

江戸時代の後半には、菓子が著しく発達した。栗の食物としての価値も相対的に低下したが、それなりに確固たる地位を保っていた。前に触れた『日本食物史 下』は、文化七（一八一〇）年一一月の豊明節会《とよのあかり》には、木菓子として大棗《おおなつめ》・干柿・搗栗の三種が盛られたとしている。宮中では、いまだ儀式の時には搗栗は欠かせないもののようである。

一方武家社会では、戦がなくなり、出陣・帰陣のときの祝膳は行われなくなったが、なんらかの形が残っている筈であるが、その辺は不詳である。

庶民の方では、一生の晴舞台となる、婚礼の膳に祝ものとして搗栗が乗っていた。元禄五（一六九二）年に刊行された艸田寸木著『女重宝記』（長友千代治校注『女重宝記・男重宝記―元禄若者心得集』現代教養文庫　社会思想社一九九三年）二之巻・祝言の巻にそのことが記されている。

「祝言座の次第」の項に、次のように記されている。

一　右は草《そう》の祝言、あらましかくのごとし。これより下の祝言は、引渡《ひきわたし》の三方に小角《こかく》三枚のせ、一枚には昆布三つ、三方の右の向こうに一枚は搗栗五つ、三方の左の向こうに一枚は熨斗《のし》三つ、三方の真ん中にいずれも糊にて付べし。

草の祝言とは、簡略な婚儀および下《げ》の結婚式のことである。小角とは、三寸四方の小さな折敷のことで、折敷にはほかに中角・大角がある。簡略な婚儀よりもさらに下の婚礼でも、婚礼では昆布と搗栗と熨斗の三つは用意する必要があった。搗栗は、勝に通じるので婚礼に使われたのである。熨斗とは、のしあわびの略である。アワビの肉を細くはぎ、引き伸ばしたものをいう。もとは儀式用の肴であったが、後には永続の意を寓して祝意をあらわすために進物に添えられるようになった。

そして「祝言の夜膳部食物の次第并に絵図」の項は、饗膳《きょうぜん》の出るような通常の婚礼のものである。「一番に手掛、一番に三方、三番に引渡、その次に腸《わた》入りの吸物、その次に打身、その次に雑煮」等々が出る。同書の饗膳の図の二重には、松盆栽・つぶ・栗・柿・鰯・柑子が盛られている。引渡の図では、三方の向こう右に昆布二つ、向こう左に搗栗五つ、手前に土器《かわらけ》三つが重ねて置かれている。引渡の上のものは、「一献に栗、二献に昆布をくふべしとあれども、今はくはぬなり」とされている。

同書二之巻の「女中万食い様の事」には、女中の様々な食べ物の食べ方の注意点を一四点について記している。その中で「焼栗・焼芋をくへば、息くさくなるなり。此のほか何にても匂ふものくふべからず」と、焼栗や焼芋は息が臭くなるので、召使の心得として女中は食ってはいけないとしている。

江戸時代には菓子が発達した。わが国最初で江戸時代を代表する菓子製造法の専門的文献である享保三（一七一八）年刊行の『古今名物御前菓子秘伝抄』（作者不詳・鈴木晋一訳　教育社新書　一九八八年）には、栗の菓子が二つ載っている栗の粉餅と栗羊羹である。次に紹介する。

栗の粉餅と栗羊羹

栗を焼いて堅い果皮と渋皮をとり、細かに刻んで津振子《つもじ》を張った篩《ふるい》を通し、搗きたてのあたたかな餅にまぶしつける。

同書の訳者である鈴木の解説は、栗粉の餅ともいい、室町時代の半ばころより名がみられるという。皮ごと焼いた栗を津振子の篩《ふるい》を通して粉にするように書かれている。津振子は伊勢国（現在の三重県）津の名産で、蚊帳の材料にもされた目の粗い麻織物である。『雍州府志』では、茹でた栗を同じやりかたで粉にしてまぶすとしている。この方が作りやすかったにちがいない。同書は京の西洞院などで売っているものがうまいとも書いている。

天保八（一八三七）年に筆をおこし三〇年間かけて書き上げた喜田川守貞著『守貞漫稿』は、現在は『近世風俗志全五冊』（宇佐美英機校訂　岩波文庫　一九九六～二〇〇二年）として出版されている。同書の後集巻之一（食類）の「餅」の項で、栗餅について「栗をもって小豆餡のごとく製すものか。近世、東海道駿州の岩淵村にて栗の粉餅といふを売り名物とする。小餅の上に干栗を末（粉）となしたるを掛けて出せり」と記している。栗粉餅は東海道岩淵村の名物の一つでもあったのである。

教育社版『古今名物御前菓子秘伝抄』に収録されている『菓子話船橋』は、江戸千家流の茶人川上渭白《いはく》の著作であり「江戸根元船橋屋織江家製口述の書」の副題で、天保一一（一八四〇）年に刊行されている。栗羊羹の作り方が記されている。

栗羊羹

唐三盆砂糖五〇〇匁（約一・九㎏）・栗粉六〇〇匁（約二・三㎏）・角寒天一本半生栗のある時期ならば、生栗をむき、煮崩して裏漉しにかけ、水で搔き立てて、木綿袋でしぼるという漉粉のつくり方は、さつま芋と同様である。生栗がなくて搗栗を使う場合は、一升五合ほどを一晩水に浸してから渋皮をとり、茹でてよくすりつぶして裏漉しにかけ、水を搔きたてて絞ってから漉粉にする。こうして作った分量の漉粉を砂糖液に入れてまぜ合わせ、さらに寒天液を流しこんで固めるまでの手順は、すべて他の羊羹類と変わらない。これも少々黄色を加えるとよい。

前にふれた『近世風俗志　五』後集巻之一（食類）は、「きんとん」について述べている。

金団　きんとんと字音に云うなり。古制（製）は栗の粉を左図の大きさ（注・図の大きさは直径約九㎜）にまろめ、裡《うち》に砂糖を納る。『酌並記《しゃくへいき》』に云ふ、人の前にてきんとんくふこと、聊爾《りょうじ》に食えば中なるさたう出て顔にかかる物なり。その用心してくふべきなり、云々。また、一書に云ふ、きんとん栗粉なり。黄なる故金団といふ。

守貞は、きんとんとは栗の粉を九㎜ほどの大きさに丸め、中に砂糖を詰めたものだと説明している。

きんとんには、料理のきんとんと、菓子のきんとんがある。きんとんの語は室町時代からみられるが、これは菓子のきんとんの方で、料理のきんとんは江戸時代の文献には見当たらないので、おそらく明治以後のものだろうと、鈴木晋一は前に触れた訳書の解説で述べている。

余談だが、『古今名物御前菓子秘伝抄』には、栗粉ではなく米の粉をつかった菓子のきんとんに、きんとん餅、大徳寺きんとん、紫きんとんがあると記している。

第五章　栗の昔話と生活習慣

『遠野物語』の民話の栗

柳田国男の『遠野物語』（―付・遠野物語拾遺―角川ソフィア文庫一九五五年）には、栗の話がいくつかあるので、意訳しながら紹介する。まず七話には、上郷村の民家の娘が、栗を拾いに山に入ったまま、帰ってこなかった。家の者は死んだと思い、葬式を営んでいた。二、三年のち、五葉山の大岩がかぶさった岩窟で、猟師がこの女に出会った。女は恐ろしい人にさらわれていた事を告げた。

『遠野物語拾遺』（以下、拾遺と略す）七〇話には、遠野町（現遠野市）字蓮華の九頭竜権現の境内には、化け栗、枕栗などとよばれている栗の老樹がある。権現の正体がこの栗の木で、昔は女を人身御供にとった。そのとき、栗の木に頭をのせて女を食ったのが、枕栗であるという。

拾遺一七八話には、遠野の下組町の市平という親爺が、あるとき綾織村字砂子沢《いさご》の山へ栗拾いにいった。一生懸命になって拾っていた。そのうちに、眠くってたまらなくなり、眠気を覚ますため、立ち上がって背伸びをした。ふと栗の木をみると、大きな蛇が、眠ったら食ってやろうとばかりに、市平をにらみ付けていた。市平はたまげて、逃げて帰ったそうだ。

拾遺二八二話には、正月一一日には遠野地方ではヤツカカシ（窓ふさぎ）といって、栗の若木の枝を五寸（一五㎝）ほどの長さに切ったものに、餅、魚、昆布などの小さな切れをはさみ、家の入口や窓などにさして、悪魔除けをする。

拾遺二八五話には、小正月の行事の一つとして、夕顔立といつて栗の木の枝に、胡桃の若枝を削ったものを挿し、それに馬の沓《くつ》等を結んでつるした。それは、その年の夕顔や南瓜が豊作であるように祝うことであった。

前に触れた『遠野物語』第七話に似た話が『日本昔話通観 第2巻』（稲田浩二・小澤俊夫責任編集　同朋社出版 一九八五年）にある。遠野市土淵町山口の話で、娘が山へ栗拾いに行き行方不明になり、娘の親は娘の枕を形代にして葬礼をする。何年かたち、村の猟師が五葉山の山の中でこの娘に出会う。猟師はこの娘に「何すてこんあ山奥にいる」ときくと、「栗拾えすてるうちに、恐ろしい人にさらわれて、こんなところへきた。逃げようと思っても、その男はすきがない」と言う。猟師は「おらど同ず人間だべか」ときくと、「着物なんか同じだが、時たま仲間が集まってきて、何か語り合っている」と言う。その男がもうすぐ帰ってくると聞いた猟師は、驚いて山を下りた。

これから同朋社出版の『日本昔話通観』（以下『同書巻○』のように略す）から、栗に関する昔話を紹介していく。

写真は大阪府箕面公園の野生猿であるが、
昔話の猿はひょうきんな役目を果たしている。

『日本昔話通観』に見る栗の話

《栗と猿と爺さん》

■『同書巻三』の岩手県下閉伊郡岩泉町栗畑の話

爺と婆が稗《ひえ》を収穫するが、猿がきて皆食べてしまう。爺は婆の知恵で、かかしに化けて猿の来るのを見張っている。猿は珍しいものを見つけたと、皆でかかしをかついで猿の家につれて行き、棚の上に座らせ「何が食べたいか」と聞く。爺は空腹だったので「栗を食べたい」と言うと、猿は栗拾いに出てしまう。そのすきに爺は、猿の宝物を持ち帰る。隣の婆が火種を貰いに来て、話を聞き、自分の爺に真似をさせるが、猿はこの前に宝物を取られているので怒って、爺を山から突き転がし、爺は怪我をしてかえった。

■『同書巻三』の岩手県花巻市（旧和賀軍笹間村）の話

爺が栗拾いに行って山神様の前に座っていると、猿が出てきて、「神様にあげる」と栗を置いていく。爺がその栗をもって帰ると、となりの爺が知って栗を拾いにいく。山神様の前に座っていると、猿があらわれ「近くに栗がないので猿の林に行こう」と、爺を連れていく。途中、川を渡るとき「猿は濡れても神様は濡らすな」と言うので、爺がおかしくなって笑うと、「神様ではない」と爺を川に投げ落とした。

■『同書巻四』の宮城県本吉郡津山町（現登米市）柳津小川町の話

若者が栗拾いに行って疲れ、大木に寄りかかって居眠りをしていると、猿たちが来て、地蔵と間違えて入れ替わり立ちかわり、栗を拾ってきて頭や肩や手に供える。

■『同書巻二〇』の広島県比婆郡口和町（現庄原市）永田の話

爺がある秋の日、山へ畑打ちに行くが、あまり眠いので柴の端にすわり、腕を組んで寝てしまう。そこへ猿が出てきて、ここには地蔵はなかったのにと言いながら、仲間を呼んできて、たくさんの栗やあけびや柿を供え、「なむあみだぶつ」と拝んで帰る。爺は目を覚まして、着物を脱いで栗や柿などを包んで帰る。

《笑い話の栗》

■『同書巻三』の岩手県西磐井郡平泉町の話

男手で育てた二人の娘が大きくなったので、男は「問題によい答えを出した者を後継ぎにする」という。男が「栗のいがでご飯を上手に炊け」と問題をだすと、姉はいがを少しずつくべて炊いたので半煮えのご飯になる。妹は、いがを二つに分け、二度に火を継いだのでよいご飯ができ、残り火で汁まで作る。男は妹を後継ぎにした。

■『同書巻四』の宮城県柴田郡川崎町前川の話

父が旅行先から栗を土産にもってかえり、子に渡して早く寝かせる。そのうち父が母に「いいか、いいか」というので、子は「いいのもあるし、悪いんもある」といった。

■『同書巻五』の秋田県由利郡象潟町（現にかほ市）関の話

関の十左門のところへ美女が一夜の宿を求め、そのまま女房になる。十左門は仕事に行くときにも女房を連れていき、そばに置いて働かせない。矢島の山へ栗取りにいくとき女房を籠に入れて背負い、女房に番をさせて栗を取る。矢島の殿様が栗拾いにきて籠をみつけ、家来に女房を連れ出させ、代わりに〝びんぼこ（山羊）〟を入れておく。女房が泣くばかりするので、殿様は喜ばせようと努力するが、うまくいかない。十左門はほうろく売りになって「矢島の下の栗山で若い女を別にした、ホーローカイー」と呼び歩くと、女房は笑う。殿様が女房を喜ばせようと、十左門と着物をとりかえてほうろく売りの真似をすると、外からおかっね係（目付け役）の者が来て、「ほうろく売りのまねをしてふらちなことをする者がいる」という。殿様はどうすることもできず、十左門が殿様になり、殿様はほうろく売りに落とされてしまった。

■『同書巻六』の山形県最上郡真室川町及位《のぞき》の話

托鉢の和尚が化物の出る村にきて、「化物を退治してやる」と行くと、化物が出てくる。問答となり、化物は「饅頭は好きで、栗は嫌いだ」、和尚は「饅頭が嫌いで、栗が好きだ」と言う。「お互いに交換しよう」と、次の日に和尚は栗を持って化物をよび、懐から栗を出して化物に投げつけると、化物は饅頭を投げてよこす。和尚がみな栗を投げつけると、化物の声がなくなる。あとで見ると、大きな茸が倒れていた。

■『同書巻二三』福岡県鞍手郡の話

深山に栗の大樹と柿の大樹があり、栗が「今日はちと寒いじゃないか」と言うと、柿は「寒いとも。しかし、お前は毬を着て皮を着て、その下に渋皮まで着ているが、おれは薄着で我慢できない。一枚貸してくれ」と言う。

継子と実子が栗拾いする昔話のパターンごとの分布図

栗が貸してくれないので、組打ちして争い、下に落ちる。寝ていたマツタケが目を覚まし、「おれを見い、ふんどしもしていない」と言った。

≪継子と実子の栗拾い（山姥援助型）≫

継母が継子にはよい袋を持たせ、実子には穴あき袋を持たせて栗を拾いに行かせる話には、いくつかのパターンがあるので紹介する。

○『同書巻二』の岩手県二戸市（旧二戸郡金田一町）の話

米子と糠子という姉妹があった。糠子の母は死んでしまい、いまの母は継母であった。継母は米子ばかりかわいがった。秋の天気のいい日に、姉妹は栗拾いに行くことになった。継母は米子には新しい籠をもたせ、糠子には底に穴のあいた籠をもたせた。山では栗がたくさん落ちていた。米子はすぐに籠いっぱい拾い糠子を置いて家に帰った。糠子の籠はまだ半分にも満たなかったので、一人残されても一生懸命拾った。そして山姥《やまうば》と出会い、頭の虱《しらみ》をとってくれと頼まれた。糠子は恐ろしかったが、我慢してとってやると、山姥は喜んでお礼に、立派な着物一揃いや帯などをくれた。糠子は喜んで礼を言うと家にもどった。

○『同書巻四』の宮城県本吉郡志津川町（現南三陸町）十日町の話

継母が先妻の子ぬかぶくに穴のあいた袋を、わが子べんざらに新しい袋をもたせて、栗拾いにやる。べんざらの袋の栗はたちまちいっぱいになり、先に家に帰る。ぬかぶくの袋は拾っても、拾っても溜まらず、山の中で道に迷い、一軒家にたどりつく。娘がでてきて、「ここは鬼の家だ。鬼が帰ると食われるから、炉の上の棚に上がってくれ」という。鬼が帰り「人臭いな」と言うが、鬼が寝てしまうと、娘は欲しものが何でも出る延命小槌をぬかぶくにやって逃がす。ぬかぶくは延命小槌を振って栗をいっぱい出して帰る。

○『同書巻一〇』の新潟県小千谷市外の沢の話

後妻が継子のアワには底の切れた袋、本子のコメにはいい袋を持たせて栗拾いにやる。コメは袋が栗でいっぱいになったので先に帰り、日が暮れてアワが明かりを頼りにいくと、婆が火にあたっていたので泊めてもらう。つぎの日、婆が「頭のシラミをとってくれ」と言うので、見るとカナ蛇や蛇で、「恐ろしくてとれない」と言うと、「金火箸を焼いてとれ」という。婆のシラミを取ったのでアワは、婆に打出の小槌とオンベコブクロを貰い、それで栗と袋を出して家に帰る。

○『同書巻一〇』の新潟県栃尾市西中野俣の話

妻が娘の粟福を残して死に、後妻がきて本子の米福ばかりかわいがる。継母が彼岸の中日が近づいたので、粟福には尻のぬけた袋を、米福にはよい袋を渡し「粟福のあとをついていけ」といい、二人を栗拾いにやる。米福は袋に栗がいっぱいになり先に帰る。粟福は少しも溜まらないので帰れず、山の向こう灯をたよって、老婆に泊めてもらう。粟福は老婆の頼みでしらみをとろうとすると、頭にみみずやむかでがいっぱいいるので、これを取る。老婆は延命小袋《おんべこぶくろ》と何でもでる打出の小槌をくれる。粟福はそれで栗を出して帰ると、後妻はすきをみて米福の虫食い栗と替えて粟福を叱る。

≪継子と実子の栗拾い（地蔵と鼠の浄土型）≫

●『同書巻二』の遠野市土渕町柏崎の話

継母が自分の娘にはよい籠を、先妻の娘には穴あき籠をもたせて、山に栗拾いに行かせる。継母娘は栗を拾って帰り、先妻娘だけが拾っていると、日が暮れたので木の穴に泊まる。木のそばのお宮で鬼が集まって銭勘定を始

毬ばかり残っている栗の実拾いのあと。

めたので、先妻娘は鶏の鳴きまねをすると鬼は逃げた。先妻娘が銭をもらって帰ると、それからは継母も先妻娘を大事にするようになった。

●『同書巻一六』兵庫県美方郡温泉町高山の話

継母が姉の継子には破れ袋、妹の本子にはよい袋をもたせて、山へ栗拾いにやる。妹の袋はすぐいっぱいになり、姉に分けてやるがそれでも栗はたまらない。姉は妹を帰し、拾っているうちに、日が暮れる。火がみえたので行くと地蔵様で、鬼が出るというが、唐櫃に入って泊めてもらう。鬼が出てきて人くさいと言って家探しをするが見つからない。継子が地蔵に豆を炒ってもらって家にかえると、妹が豆をほしがる。継母は妹に破れ袋、姉にいい袋をもたせて、また栗拾いにたる。妹が地蔵に泊まり、わらずとに入れて二階に吊るされる。鬼がきて、人臭いといって家探しをすると、妹が「何だ、ヘェー」と言ったので、鬼に見つかり食われる。

●『同書巻六』の山形県東置賜郡高畠町和田の話

継子の糠福と実子の米福が栗拾いに行く。継母が糠福には尻抜け袋を与えたので、米福だけ栗を拾う。糠福は帰るわけにもいかず、泣いていると神様が現れて栗を与えてくれた。

●『同書巻二』の岩手県岩手郡玉山村（現盛岡市）の話

継母が先妻の子にはぼろ着物を、自分の子にはよい着物を着せて、自分の子だけかわいがる。継母が継子には穴のあいた籠を、実子には新しい籠をもたせて山に栗拾いにいかせる。継子が栗を拾うと籠からこぼれて穴の中に入るので、入っていくと鼠が餅つきをしている。継子は猫の鳴きまねをすると鼠が逃げたので、搗いていた米を背負って帰る。それをみた実子がまねて、無理に穴の中に入り、同じように猫の鳴きまねをすると、鼠は「人間だ。だまされるな」とかかってきた。継子は血だらけになって穴から出てきた。

●『同書巻六』の山形県西村山郡西川町大井沢の話

太郎と次郎という子供が栗拾いに行き、見付けた穴に栗を落とすと、「ツンプクリン」という音がする。二人はおもしろがって栗の実を全部入れてしまい、二人で穴に入っていくと、女が現れて礼をいい、立派な家に案内する。若衆や女たちが集まって餅つきをはじめ、「孫、ヒヤ、ヤサエゴ、ズンズリコの果てまでも、ニャンという音聞きだぐねぇ」と歌う。太郎が止めるのに次郎が猫のまねをすると、鼠はみな逃げ真っ暗になった。

《継子と実子の栗拾い（亡母援助型）》

△『同書巻三』の岩手県西磐井郡平泉町の話

後妻が夫の留守に娘を栗拾いに行かせ、継子である姉のぬかんぶくには底の抜けた籠とぬか餅を、本子である妹のべにごだらには新しい籠と餅米をもたせる。姉はいくら拾っても栗は溜まらず、妹は姉の後を行き、すぐいっぱいになる。澤の淵で昼飯にするとき、餅を澤に投げると、姉のは浮いて流れるが、妹のは沈む。妹は先に帰って、姉が泣いていると眠ってしまう。夢の中に本当の母が現れ、「丹波栗をあげるから、屋根を越すように投げよ」と云って消える。姉が目をさますと丹波栗があり、帰って屋根に投げると、屋根から丹波栗が落ちて庭が栗でいっぱいになる。

△『同書巻四』の宮城県登米郡迫町（現登米市）新田の話

先妻の子のぬか福と後妻の子のべんざらという姉妹がいた。ぬか福は毎日後妻にいじめられていた。ある時二人に栗拾いにいって来いと言われた。二人は栗を拾ったが、べんざらの袋はいっぱいになるが、ぬか福の袋にはほとんど溜まらなかった。お昼になったが、べんざらは米の飯、ぬか福はかて飯だった。それでも腹いっぱいになったので、居眠りを始めた。そのうちべんざらは家に帰った。夢に死んだ母が出て「ぬか福、なんぼいじめられても辛抱するんだよ。栗は袋にいっぱいいれたから」といって消えた。はっと目を覚ますと、そばに栗がいっぱいの袋があった。

△『同書巻五』の秋田県由利郡鳥海町（現由利本庄市）猿倉の話

米福という娘は三つか四つかのときに母が死に、父親は後妻をもらう。後妻が糠福という連れ子には穴のない袋、米福には穴のあいた袋をもたせて栗拾いに行かせ、米福を先に歩かせると、糠福は袋にいっぱい拾って先に帰る。暗くなって米福がないていると、墓から死んだ母親が出てきて袋の穴を修理してやり、米福は袋いっぱい栗を拾って帰る。

△『同書巻六』の山形県西置賜郡飯豊町中津川の話

ある所に米福と糠福という二人の娘がいた。糠福は初手のおっかの子、米福はいまのおっかの娘で、隔てをつけて育っていた。ある秋、「栗なっから拾ってこい」と言って、糠福にはボロ袋、米福には新しい袋をあげて、栗拾いに行かせた。姉の方は袋が切れているからなんぼ本気で拾っても栗が溜まらない。妹の方は新しい袋だからすぐ一杯になり「おれぁ、戻んじぜはぁ」と云って帰った。姉が大きな沼のところで泣きながら栗を拾っていると、向こうから蛇がやってきた。恐っかなくて、逃げようとしているうちに、蛇はボロボロ、ボロボロと角を取って、きれいなおっかさんになった。「おれ、お前のおっかだから、逃げることぁない」そして、さまざまな話を聞かせて、「打出の小槌ていうものを呉れっから、欲しいもの、何ぁ出ろポンポン、何ぁ出ろポンポンて言うど、出っから」という。頭などとかしてもらっているうちに、眠ってしまった。目が覚めるとおっか居《い》ねが、打出の小槌があった。それで「袋出ろポンポン、栗入れポンポン」としたれば、美し袋さ、栗いっぱい入ったど。

△『同書巻七』の福島県双葉郡川内村の話

姉の糠袋は先妻の子、妹の紅皿は後妻の子だった。継母は二人に栗拾いを命じ、紅皿には実の入る袋、糠袋には底の抜けた袋を持たせ、紅皿に「姉の後をついていけ」と教える。糠袋はいくら拾っても袋に溜まらず、紅皿はすぐ一杯になり先に帰る。糠袋は日が暮れて婆が一人いる家に泊めてもらうと、婆は袋の底をついでくれ、別れに欲しものが出る袋をくれた。それで栗を出し帰った。

△『同書巻一三』の岐阜県恵那郡明智町（現恵那市）杉平の話

継母が本子にはいい籠を、継子には底に穴のあいた籠を持たせて栗拾いにやる。継子は栗がたまらず、山の奥へ入って日が暮れ泣きそうになっていると、死んだ母親に似た女の人が現れ、籠に朴の葉を敷いて穴を埋め、「お母さんに叱られるだろうから、この栗を持っていけ」と、籠に栗をいっぱい詰めてくれる。

《栗拾いで迷い鬼婆と出会う》

■『同書巻四』の宮城県栗原郡金成町（現栗原市）末野の話

小僧が和尚に「なにか困ったことが起きたら願ってみろ」と四枚のお札を貰って栗拾いに行き、道に迷って婆の家に泊まる。夜中に障子の穴からのぞくと鬼婆が出刃包丁を研いでいる。

■同県登米郡米山町（旧吉田村）（現栗原市）の話

三人の小僧が山へ栗拾いに行くことになる。和尚から一人一枚づつお札をもらう。山で二人が腹痛になり、残りの小僧にお札を渡して先に帰る。残った小僧は夢中になって栗を拾い、晩方になり帰り路がわからなくなる。山奥の灯の付いた家で婆に泊めてもらう。夜中に婆が包丁を研いでいるのを見る。

■『同書巻五』の秋田県北秋田郡阿仁町（現北秋田市）庄内の話

小僧が栗拾いにいくと婆が出てきて「おれの家に来れば栗をいくらでも食わせる」という。小僧は寺に帰り和尚に「寺の栗を拾え」と言われるが、どうしても婆の所へ行きたがるので、和尚は三枚のお札を小僧にもたせる。小僧が山の一軒家の婆の所へ行くと、婆は大釜に栗一粒を入れて煮ているが、煮えたってくると釜いっぱいになり、婆は鬼の面に変わっている。

■『同書巻六』山形県東田川郡余目町（現庄内町）栄の話

昔々あるところに、大きな寺があった。その寺は、和尚と小坊だけであった。小坊が「山さ、栗拾いさ、行きで」

というので、和尚は「一人で、栗拾いさ行くなんば心配ださげ、御守り持たせてやっさげ」とお守りを持たせてくれた。山に行くと、栗が落ちていて、日暮れになるのを忘れて拾っていた。日が暮れ、困っていると、遠くで明かりが見えたので、その家に行き、宿を頼んだ。婆が出てきて、「おらの家でいば、泊までいげ」と言われ、家に上がったら恐ろしい鬼婆の家でした。

■『同書巻八』の栃木県塩谷郡栗山村（現日光市）湯西川の話

太郎が山へ栗拾いに行って道に迷い、日が暮れたので明かりの見える家へ訪ねて行き、その家の婆に頼んで泊めてもらう。太郎はそこで夕食を食べて寝るが、婆が太郎を舐めるので気持ちが悪くなって目をさますと、婆の口が耳まで裂けている。

■『同書巻一〇』の新潟県柏崎市（旧刈羽郡鵜川村）の話

山寺の少し足りない小僧が、穴のあいた袋を持って栗拾いに行く。栗は少しもたまらず、和尚に「お天道さまが頭の上にきたら、にぎり飯を食え」と言われていたが、頭に手をやってもこないので、山奥へ入りこんでしまう。日が暮れて灯のついた家を訪ねると、鬼婆が人の肉を切って流しに骸骨が山のようにある。小僧はやむなく、肉汁をのみ、婆に抱かれて寝る。

《栗から生まれる赤ん坊》

■『同書巻二』青森県八戸市（旧三戸郡館町）の話

爺が山で大きな栗を拾う。夜は婆のふところへころがってくる。七日目にえじこの中で赤児になって泣いている。山の神から授かった栗から生まれたので、栗子たんぽと名をつける。七つになって金のわらじを作ってもらい家を出る。

■『同書巻四』の宮城県多賀城市東田中の話

爺が栗拾いに行くと、小さい柴栗が頭上に落ちてきてふごに入る。家に帰って婆に見せると、ひとりでに割れて可愛い女の子が出てくる。爺と婆は神のお授けと、栗子姫との名付けて大切に育てる。姫は大きくなって、長者の家から嫁に願われる。

■『同書巻五』の秋田県由利郡由利町（現由利本庄市）山本の話

爺と婆が「どんな小さな子でもよいからほしい」と神様に願う。爺は栗拾いに行って、毬の中で泣いている赤ん坊を見つけて連れて帰ると、婆は喜んで栗太郎と名付けて育てる。栗太郎が爺を迎えに馬の耳に入れてもらって、馬をあやつり歌をうたって行くので、二人の旅商人が「驚いた馬だ」とあとをつけ、馬の耳から出る栗太郎を見て、爺に「馬とわらし（子供のこと）を売ってくれ」と頼む。爺は断るが栗太郎は「高く売れ、きっともどってくるから」と言う。爺は高く売り、栗太郎は大きな町へ入る手前で馬をかけださせて逃げる。男たちはあきらめ、栗太郎は爺婆と仲良く暮らした。

■『同書巻二四』の長崎県五島地方の話

爺は山へ柴刈りに婆は川へ洗たくに行く。婆が川で洗たくをしていると、川上から大きな栗が一つ流れてきたので、持って帰って爺に見せようとしまっておいた。爺が帰ってきたので分けて食べようと二つに割ると、中から美しい女の子が現れる。栗から生まれたので、栗と名付けて大切に育てる。六・七歳になると美しく、利口に成長したので、世間の人々は栗姫様とよぶ。あるとき爺が病気になり、ウグイスの卵を飲めば治ると言われて、栗姫は山へ探しにいく。疲れて岩の上で休んでいると、ウグイスが現れて下ばかり見るので、変に思って下を見るとウグイスの卵がある。それを持ち帰って爺に飲ませると爺は生きかえった。

《猿蟹合戦の栗》

■『同書巻五』の秋田県北秋田郡阿仁町（現北秋田市）萱草の話

猿と蟹が柿もぎに行き、猿は木にのぼって赤い柿を食うが、蟹は登れないので「取ってくれ」と頼む。猿は青い実を取って鼻糞や目糞をつけて投げるので、蟹は泣き泣き帰る。途中で、豆打ち具、栗、錘《おもり》、臼、牛の糞に会って話すと、みなは仇をとってくれることになる。暗くなって皆は猿の家へ入って待つ。猿が帰り、いろりを掘る

栗が活躍する猿蟹合戦の発端は、柿の実からである話がよく知られている。

と栗が猿のふところへはね、水槽では蟹に尻をはさまれる。大戸のほうへ行くと豆打ち具に足をはさまれ、窓に顔を出すと錘に引っかかる。土間に下りると牛の糞ですべり、梁から臼が落ちてつぶれた。

■『同書巻六』山形県米沢市簗沢の話

蟹が焼き飯を、猿が柿の種を拾い、猿は焼き飯が食いたいので蟹と取り換える。蟹は柿の種をまき、「早く生えろ、生えなきゃ鋏で切る」「生らなきゃ、鋏で切る」といって育てる。実がなるが蟹はもがれないでいると、猿がわけを聞く。猿が赤いのをみな自分で食べ、青いのをぶっつけたので蟹は死ぬ。子蟹が泣いていると、みなが助けにきて、栗は火所、蜂は水瓶、臼は天井、牛の糞は戸口に隠れる。猿が来ると栗がはじけ、火傷した猿が冷やしに行くと蜂が刺し、逃げようと戸口に行くと牛の糞ですべって転び、臼につぶされた。

■『同書巻七』の福島県大沼郡昭和村（現白河市）の話

猿が持っていた柿の種と、蟹が持っていた握り飯を交換した。蟹は柿の種を大切に植え、「生えなきゃ鋏で切る。実らなきゃ鋏で切る」と育てた。柿の木はたちまち大きくなり、たくさんの実がなった。「熟したから食べよう」と、蟹は木に登りかけ柿の実にもう少しで手のとどくところで、滑って下に落ちる。そこへ猿がやってきた。「柿の実落としてやるから半分くれ」と、猿は柿の木に登り旨いところを食った。蟹に早く落としてくれと催促され、猿はボキボキもいで落とした。蟹は柿の実を叺《かます》に二杯拾い、「猿野郎は欲張りだから」と叺の中に石を入れ、木から降りてみた猿に「どっちでもすきな方をもっていけ」と言った。猿は欲張りだから、石のある重い方を持って帰る。「渋柿だからさわして食おう」と猿は釜に湯をわかし、叺ごと釜に柿を落とし込むと、なかに石があったからシュウボシュボシュボーンと釜の底がぬけた。猿は「蟹の野郎、とんでもない野郎だ。仇をとってやる」と怒って、蟹の家に行き、蟹の甲羅をはいでしまった。蟹が泣いていると、丹波栗、らかん蜂、牛の糞、つぶ針、臼がきて、蟹を助ける相談をする。夜になり真っ暗な蟹の家に猿がきて、部屋を歩き始めるとつぶ針が足を刺す。明かりをつけて刺したところを見ようと囲炉裏を火箸でつつくと、丹波栗がはじけて顔にあたる。「蟹の野郎、夕食の栗を残したな」と流しの方にいくとらかん蜂が刺し、外へ出ると牛の糞で滑り、臼が落ちてきた。猿は弱いものいじめはしないと謝った。

《運の良い猟師と栗》

■『同書巻六』山形県西置賜郡白鷹町貝生の話

ある所に狩人がいた。一つ玉をこめて打越沼へ行ったところ、鴨がずうっと二〇羽も横に並んで沼に浮かんでいた。一つ玉をスポーンと打ったところ、二〇羽の鴨全部を打ち通していた。ところが、それ玉は沼岸にあった大きな栗の木の下で昼寝をしていた熊の腹に当たった。熊は苦し紛れに栗の木を抱えてゆさゆさゆさぶった。栗の実が熟して落ちるばかりになっていたので、栗の実がぼたぼた落ちた。狩人は沼の鴨の二〇羽と大栗三俵ばかり拾った。

■『同書巻七』の福島県いわき市（旧石城郡好間村）の話

運の良かった釣り人の話である。ある山あいの川で、爺さんが釣りをしていた。浮きが動いたので魚がかかったと思い、勢いよく竿を上げたら、勢い余って浮きと針は裏の山に落ちた。その所で何も知らず日なたぼっこをしていたウサギの目に針が刺さったので、ウサギはびっくりして非常にもがいた。ちょうどそのところに山芋があったので、自然にウサギの足が三本の山芋を掘り出した。これをみた爺さんは喜んでウサギを捕らえ芋を取ろうとすると、芋づるがそばの栗の木にからみついていたものだから、引くごとに枝がゆれて栗の実がばらばら落ちてきた。

■『同書巻一三』の静岡県賀茂郡松崎町宮内の話

池代の鉄砲打ちのおじさんはとんまであった。弁当を作って、鉄砲を担いで行った。栗の木の下でおにぎりを食べようとしたとき、草むらが動いたので猪が出たとびっくりして栗の木に登って震えていると、手負いの猪が飛び出してきて、勢いよく栗の木にぶち当たってひっくり返った。こりやぁしめたと、栗の木から降りると、そこらにあった藤蔓で猪の四つ足を縛り、どっこらしょと担ごうとしたら、栗の実がいっぱい落ちていた。栗の実を拾って弁当袋にいれたら三升もあった。猪と栗の実を担いで山を下りかけたが、あまりにも暑いので沢の水たまりで水浴びして、立ち上がるとふんどしに沢えびが三升入っていたので、弁当箱に入れ、村にたどりついた。村では、大きい猪と、栗の実と沢えびもとってくると、村中大騒ぎ。鉄砲打ちのおじさんは、それから毎日、栗の木の下へ行って待ったけど、猪はこなかった。

■『同書巻二〇』の広島県比婆郡高野町（現庄原市）上湯川の話

好太郎という親孝行な子供が木こりに行き、栗がなっていたので木に登り栗を落とす。ちょうど熊が下で石をはぐって蟹を取っていたが、栗が落ちてきたので石を自分の足に落として痛める。そこへ手負いの猪がとんできて、猪と熊のけんかになり、両方が死ぬ。好太郎は熊と猪を担いで帰った。

■『同書巻四』の宮城県登米郡小牛田町（現美里町）青生の話

山で木を伐っていた爺がまさかりで頭のてっぺんに怪我をする。傷口に栗の実が落ち、血止めに手拭いでぎっし り結び、二・三日たって手拭いを取ると、そこに栗の芽が出て、成長する。秋になって頭の栗の実を町に売りに行き、「生え抜きの栗、生え抜きの栗」と触れ歩く。うらやんだ隣の欲張り爺が、寝込んでいる爺の家に火をつけ、村人が総出で水を掛けると、爺の頭が沼になり鯉がわく。爺は「生きのいい鯉」と触れて、町へ売りに行き、どんどんもうける。うらやんだ村人が爺を突き飛ばすと、村が洪水になり、家も小屋も流された。

《かけすの埋め栗》

■『同書巻七』福島県大沼郡三島町西方の話

とっつぁまが、山へ行くと地面にはカボチャがいっぱいなり、上には栗の木が実を鈴なりにつけている。「カボチャは蔓がこんなに細いのに大きな実をつけ、栗の木はこうも大木なのに小さい実しかならず不忠議だ」と思っていると、とっつぁまの頭の上にいがのついた栗の実が落ちる。「こんな小さい栗だから痛くもないが、カボチャだと死んでしまう」と、とっつぁまはいった。

■『同書巻八』の群馬県利根郡新治村（現みなかみ町）の話

かけすは雲を目印に栗の実を埋めるが、雲が動くので、埋めた場所がわからなくなった。

■『同書巻九』の神奈川県津久井郡相模湖町（旧内郷村若柳）の話

かけすのしわざで芝生などに栗が一〇個ほど置き去りにしてあることがある。かけすは物をしまっておくとき、空の雲を目印にするから置き忘れるので、人が物を置き忘れて探すのを「かけすのようだ」という。

■『同書巻一八』の島根県江津市（旧邑智郡長谷村清見）の話

烏が栗を拾い、ゆっくりとあとで食べようと思って、空の雲を目印にして畑に埋める。今度食べようと雲をみると、その雲はなくなっているので、どこに埋めたかわからなくなる。畑の中から栗が出るのは烏の埋めたもので、よく物を忘れることを烏の請け合いという。

■『同書巻六』の山形県新庄市萩野の話

日本と唐と朝鮮の猿が山へ栗拾いに行くと、一間四方の大栗が一つ落ちていた。誰が取るかでけんかになり、一番年寄りの者にすることになる。朝鮮の猿は「生まれたときに台湾の新高山は栗粒くらいしかなかった」といい、唐の猿は「海水が硯の水ぐらいしかなかった」という。日本の猿は「海水が硯の水ぐらいなとき、台湾の新高山が栗粒ぐらいなとき、八十八になるひ孫を亡くして泣いたことがある」といって、自分のものにした。

■『同書巻二〇』の広島県比婆郡高野町（現庄原市）南原の話

山伏と禅宗坊主が大きな峠で出会い、一休みする。山伏が栗を出して食べるのを見て、禅宗坊主が問答をかけて解けなかったら栗をよこせといい、山伏も承知する。禅宗坊主が「九里より一里手前を食べてみい」というと、山伏は虫に食うた栗を選んで食べ、「一里ほど手前だ」と言う。つぎに「いぶしの粉を食べてみい」と言うと、生の栗をゴリゴリ食べる。最後に山伏に「背に負うているものは何だえ」と聞くと、山伏は「法螺の貝いうて、こいつう吹きゃあ三里四方の野原へ」と答える。それで禅宗坊主は法螺貝より自分の尻の方がましだと言い、「わしがこの尻うブウーッと吹いたら四里四方の方になる。一里ほどわしの方がましじゃあないか」と説明したので、山伏は負けて栗を全部さしだした。

《栗の言葉あそび》

■『同書巻一三』の愛知県南設楽郡鳳来町（旧三輪村／現新城市）の話

若者が老父を「人崩し場」に捨てる。そこへ殿様から「九里から九里へ渡る藤をとってこい」といいつけられる。若者が困りはてて父に尋ねにいくと、「栗の木から栗の木へ渡る藤蔓をとればよい」と教えてくれ、そのようにして殿様に褒められる。

■『同書巻一三』の岐阜県高山市の話

小僧が駄賃に栗をもらって留守番をする。縁の下から細い手が出て、「小僧、小僧栗をくれ」というので、ひとつ与えるとまた手が出る。みんなやってしまい、翌朝板を取ってみると、古い杓子に山盛り栗があった。

■『同書巻一七』の兵庫県朝来郡和田山町（現朝来市）朝日の話

十八里という言葉あそびである。栗をたくさん作っているので、「一遍栗を見に来い」というので、「何ほど作っているか」と尋ねる。「十八里の間を作っとる」の返事。十八里ならとても大きな栗山だと思って、一遍見に行った。そうしたら、栗の木が二本あった。栗から栗ひろいのところまで、十八里あったという。

■『同書巻一八』の鳥取県八頭郡佐治村（現鳥取市）の話

昔は寺に入木といって毎年各家が薪をおさめる風習があったが、樹種はほうそう（楢）で、しかも選りごりした最上のものを納めるもとになっていた。佐治のものが薪を背負って町に出て「よりごりのほうそうはいらんか」と、薪を売って歩いた。これを買い求めた町のものが「あいつにだまされた、これは栗の木ではないか」と言って腹をたてていると、「何をいっとる、選りごり（四里五里）は合わせて九里（栗）になるのだ。だました覚えはない」とやりこめて終わった。

■『同書巻一九』の岡山県阿哲郡神郷町（現新見市）三室の話

和尚と小僧が彼岸つとめに行く途中で、和尚が栗を拾う。小僧はその栗が欲しいので、「栗を下されば、それを食ううちに十八里歩きます」と言う。一つ食っても知らん顔をしているので、和尚が「十八里歩くといったのはいつのことか」と尋ねると、「九里、九里で十八里になりました」といった。

栗の花と田植えのことわざ

《栗の花は田植えの目安》

■『同書巻二四』の熊本県玉名郡菊水町（現和水町）皆行原の話

月田源九郎が江栗へ油しぼりに行き、退屈なので上の婆に「栗の毬をくれ、肥やしにしたい」とからかう。婆は欲張りなので、自分の家の田に栗の毬を入れるが、田植えのとき毬で田に入れず困る。次に源九郎に会ったとき文句を言うと、「燃やして灰にして入れるのだ」と言った。

灰はカリ分があるので、農家では栗に限らず、外での焚火に限らず、家の中でもやすかまどの灰も、立派な肥料として用いられていたのである。

■『同書巻一九』の岡山県御津郡建部町（現岡山市）福渡の話

よその家が田植えを始めている。「あんたのほうのも田植えぞな。田植えをする時期だから、もう苗も大きくなっとるから、田植えをしなさいよ」と、近所の人が言った。「いいや、昔から田植えはあのう川に川上から、栗の花が流れてくるのを見たら、田植えをせえと、お母さんに教えてもらっている。苗代の苗も大きくなったから、栗の花が流れてこないかと、わしは毎日川岸で気を付けてみているが、いまだに栗の花が流れてこないから、田植えはうちはまだ出来ん」と言うて、毎日川岸で栗の花の流れてくるのを、その阿呆《あほう》は待っていた。その年は栗が不作で、栗の花が少なかった。とうとうその人は、栗の花が流れてこないからと言って、田植えをしなかった。秋になっても苗代に苗が残ったまま。困ったことである。こんな阿呆がたくさん、いたそうである。

《栗の花と田植え》

栗の花は、六・七月に咲く。栗の花と田植え、つまり水田を潤してくれる梅雨との関わりのある里人のことわざが各地にある。鈴木棠三《とうぞう》著『日本俗信辞典』（角川書店一九八二年）や北村孝一編『故事俗信ことわざ大辞典 第二版』（小学館二〇一二年）を覗いてみる。

栗の花と稲作の農作業を結びつけたことわざとして、広島県では「田植え半ばに栗花」といい、岡山県真庭郡勝山町（現真庭市）では「栗の花盛りは田植えの最中」といい、同じように鳥取県東伯郡でも「栗の花の最中は田植えの最中」といい、栗の花が盛りになると稲作農村の一年で最も忙しい時期であった。

栗の花と気象を結びつけたものに福井県武生市では、栗の花が咲くと梅雨入りで、ねむの花が咲くと梅雨明けだという。秋田県では栗の花が盛りにならなければ梅雨が盛りにならないとも、栗の花は梅雨さかりという。福島県会津地方では栗の花盛りは雨天が続くといい、長野県では栗の花盛りには雨が降ると言う。熊本県阿蘇地方では、栗の花の咲くころの長雨を「栗の花霖雨《りんう》」という。またどの地方かは不明だが、栗の花盛りには雨天が続くという。また梅雨の雨はじとじととして、田んぼばかりでなく、そこら一面湿気《しっけ》てくる。そのことを山形県では、栗の花盛りにはジョウバ石（わら打ち石）まで湿気るという。

稲は別に水稲《すいとう》とよばれるくらいで、苗を育てる苗代から、本田に苗を移植する田植えまで、田んぼは沼地のように水がたっぷりなければいけない。水田が広々と広がっているけれども、それらの水田が必要とするだけの水を供給できる水源地は限られている。限られた水源から早くわが田に水を引く「我田引水《がでんいんすい》」は、農村ではよく行われていた。田植え時から、稲が育つ間、田に水を切らすことは、秋の収穫に大きく影響していた。全国的にみても、農村では水争いが絶えなかったのである。特に田植え時は、水田に水をはるためにも、雨が欲しかった。梅雨の長雨は、ちょうど田植えとかさなり、農家の人々にとってはまさに慈雨となっていた。それだから、梅雨の雨と栗の花のように、自然現象を結びつけて、ことわざとして、伝えていたのである。

せっかく稲を植えても、比較的高温多湿の年には稲熱病《いもちびょう》が多く発生する。わが国の稲作で最も大きな被害をおよぼす病気で、暗色の病斑を現わして稲が枯れる。その稲熱病対策のまじないの一つとして、栗を用いるところがある。

滋賀県高島郡（現高島市）では、田んぼに稲熱病がでると、山から栗の木を切ってきて、「奥山の栗の木男がしのび出て、いもうち女が寝ずに待つ」と唱えながら、その葉をさしておくといい、という。京都府北桑田郡では、栗と萩の枝を水口にさして、「奥山に霧や霞はかかるとも、いもちの母はござるまい」と、唱えるという。大阪府下でも、土用の入りに栗と萩を田に挿して、稲熱病のまじないとする。京都府下では、栗、漆、萩、榊、妙見杉等を田の水口に挿すという。近畿地方ばかりではなく、北陸の新潟県三島郡でも、水口に栗の青葉を立てて稲熱病の予防にするという。京都府北桑田郡では、夏の土用の丑の日に水田の水口に、栗と萩の枝を立てると稲熱病にかからないという。

梅雨の雨が時として、洪水を引き起こすことがある。群馬県では山栗の花が多く咲く年は洪水があるといい、山形県では栗の花が白花のときは水が出るという。別に同県最上郡真室川町では、栗の花が白くなると梅雨の湿気が取れ、梅雨明けの印となるともいう。広島県のある地方では、栗の花盛りには晴が続くともいう。

気象と栗の関係では、福井県武生市では栗のなる年は雨が多い、宮城県では栗の渋が厚いと雪が多いといい、同県栗原郡では栗の木にいるクマコムシが根元の方にいる年の雪はあまり多くないが、上にいる年は雪が多いという。

栗に関することわざには、同じ時期に収穫期を迎える柿と組み合わせて、和歌山県では「雨クリ・日和カキ」といい、大阪府では「雨クリ日照り柿」という。栗の開花時期の日和が雨勝ちだと栗の実はよく実り、反対に柿は開花時期には晴天続きでないとよく実らない。栗の花は雨による損害を受けないからで、反対に柿の花は釣鐘状の花壺なので雨続きだと花壺が腐るから結実が少なくなるのである。秋の収穫期には、広島県では栗がたくさんなれば柿がないという。二つの秋の味覚の収穫量が二つとも同じ年には豊作にならないことをいうのである。

栗の収穫量と稲の収穫量の関係では、広島県や宮城県では「栗の豊年稲豊年」といい、栗も稲も豊年だという。また長野県上水内郡では、栗がたくさん取れる年は天候が良いので、農作物の作柄が良いという。しかし、同郡でも栗の花が土用になっても咲いている年は、農作物の作柄が悪いという。これとは逆に、茨城県久慈郡では栗の当たり年は一般作物は不作だという。

栗の伝説

『近江名所図会 巻の一』(柳原書店一九七四年)は、『今昔物語』を引用して栗太郡の郡名のなりたちを説明しているので、わかりやすく紹介する。栗太郡《くりもとのこおり》は瀬田川より東を言い、昔、この地に栗の大木があったので郡名にしたとされている。

昔、近江国(現滋賀県)栗太郡に、大きな柞《ははそ》の木があった。幹は抱え五〇〇尋《ひろ》もあり、枝のはびこるさまは思いやること。その影は、朝は丹波国を覆い、夕方には伊勢国を覆った。雷にも大風でも動くことはなかった。この国の志賀・栗本・甲賀三郡の百姓たちはこの木の影が多くて耕すことができなかつた。このため百姓たちは、この旨を朝廷に申し上げると、掃部宿祢《かもんのすくね》等をつかわし、この木を伐り倒したので、その後は豊饒が得られた。そのときの百姓子孫は、今もその郡にいる。

この物語では、栗太郡とはいいながら、柞の木だという。しかしながら大木によって郡名が名付けられている。思うに栗の葉と柞の葉が似ていることは、間違えるほどである。古には栗もまた柞といったのであろう。

上原敬二は『樹木大図説』で『淡海《あうみ》温故録 巻二』を引用し、栗の大木を伐採するときのことを次のように記している。

近江の栗太郡にむかし栗の大木があった。枝葉九里四方を覆っていた。景行天皇は志賀宮にいるとき甚だしく御悩された。一覚という占者に占わせたところ、栗の大木の禍《わざわい》であるというので、その栗の木を伐採することになったが、毎日伐口が元にもどり伐採できない。再び一覚に占いさせると、吾は栗の大木に恨みのある葛《くず》である、栗は諸木の王で諸木を集め下知するが葛は木ではないといって我を除外した、そのため陛下に伐採方法を教えるのだといって、毎日伐った木屑を焼けばいい、と教え消え失せた。その通りにすると、七〇余日で伐採できた。そのときの木屑を焼いたのが山となり、今日でも焼屑が地中から出る。これが灰塚山の由来である。

栗の花は農作業の目安とされたり、その年の豊作の占いとされた。

前に触れた上原敬二の『樹木大図説』によれば『残月台本荒萩 巻二』には、仙台市榴岡町釈迦堂の馬場に一本の栗の木があり、妊娠栗という。これに向かって「子をもたぬ女にくはせ陸奥のつつじが岡の子婦生の栗」という歌を月経後五、六日目に三度唱えて栗の実を食べ、心願すれば子が授かるという。

越後国（現新潟県）の三度栗は親鸞聖人の七不思議の一つで、上人が法力で焼栗から繁茂させたもので、一年に三度実ると言い伝えられている。「祖師聖人御旧跡三度栗略絵図」という焼栗山孝順寺から出していた一枚刷には、「年毎に三たび御法《みのり》をかよはせて心安田にのこすやきぐり」という上人の詠歌が添えてある。その因縁は『越後名寄』に、「三度栗。蒲原郡安田村。丘にして二十町ばかりの栗林なり。その中の福井といへる所に親鸞聖人焼栗を植えられしが栄えたりとて一年に三度花実を見る故の名なり。碑を立ててその所を標したり。且つ栗の葉の先別れて岐をなす。俗に矢筈栗と称す」とある。

山口県阿武郡福賀村（現萩市）の三度栗は、弘法大師が巡錫《じゅんしゃく》の折に、農家で茶とゆで栗を馳走されたので、その返礼に一年に三度稔るようにと与えられたものと伝えている。美作国（現岡山県）苫田郡一宮村（現津山市）姥ケ沢の栗は三度結実すると言い、昔、弘法大師が来ったとき子供に栗をもらった返礼にこのようにしたという。

静岡県磐田郡三川村（現磐田市）の三度栗は、徳川家康が戦場でもちいた栗の枝の箸を地にさして植え、予が天下を平定せば三度熟せよといったのがこれであるという。

栗の俗信や植栽タブー

栗には、屋敷内には植えないなどのタブーがある。秋田県平鹿郡や秋田市では、屋敷内に栗を植えると破産すると言い、長野県北安曇郡では屋敷内に栗があると栄えないと言い、新潟県南魚沼郡では栗を植えると家運を悪くすると言う。反対に、栃木県では屋敷の四隅に栗を植え、四方に樫を植えると長者になると言う。

岐阜県揖斐郡では栗の箸は使わないといい、大分県日田郡では栗箸を一年間使うと長者になると言う。
栗の夢を見たときも、その地方によって吉凶がある。

○栗の夢や栗拾いの夢は悪い	秋田・岩手・群馬・埼玉・愛知・福井・滋賀県
○栗の夢は不吉	愛知県
○栗拾いの夢を見ると死ぬ	秋田県
○栗拾いの夢を見ると人が死ぬ	群馬県多野郡・長野県北安曇郡・広島県比婆郡
○栗を拾った夢を見るとどこかで葬式がある	岐阜県郡上郡
○栗を拾った夢を見るとお産がある（子供が生まれる）	秋田・群馬・長野・岡山・広島県
○栗を拾った夢を見ると身内に子供ができる	秋田県
○栗を拾った夢か、栗の夢を見ると妊娠する	青森・秋田・岩手・宮城・長野・広島県
○栗を拾った夢か、栗の夢を見ると、親戚に妊娠する者がある	秋田県
○二つ栗（双子栗）を一人で食べると双生児を産む	青森・秋田・岩手・宮城・福島・群馬・栃木・茨城・群馬・東京・神奈川・長野・新潟・富山・石川・福井・愛知・三重・滋賀・奈良・大阪・兵庫・岡山・広島・島根・鳥取・徳島・宮崎県
○産婦は栗・梨などを食べてはいけない	秋田県由利郡

また、次のような話がある。

東京都日野市上田の東光寺の薬師堂は「安産薬師」といわれ、ここからお札とロウソクをうけ、神棚に祭って安産を祈る。これは、いつの時代か不詳だが、東光寺村の妊婦の夢枕に本尊の薬師如来から、「枝栗を供えよ。しからば、出産は安からん」とのお告げがあったので、さっそく枝栗をお供えしたところ、果たしてその通り安産だった。それ以来、無事出産がすめば、栗の実が三つ入っている栗の毬を持ってお礼に行く。

長野県では、栗の毬と蒜《ヒル》、ネズミサシを一つに括って、家の入口に吊るすと悪病除けになるという。岩手県遠野地方では、小正月の行事の一つとして、ヤツカカシというものがあり、栗の若木で長さ五寸ばかりのものに、餅、魚、昆布などの小さな切れをはさみ、これを家の入口や窓にさして悪魔除けにする。

凶
栗や栗拾いの夢は悪い
栗の夢は不吉
栗拾いの夢を見ると死ぬ
栗拾いの夢を見ると人が死ぬ
栗拾いの夢を見ると葬式がある
吉
栗を拾った夢を見ると身内の子供
栗を拾った夢を見ると妊娠する
吉
二つの栗を食べる夢を見ると双子を産む

栗または栗拾いの夢を見た時の吉凶判断の分布図
吉にも凶にも判断される府県が割合に多い。

富山県氷見市では栗の皮を火に入れると火の神様が喜ぶといい、秋田県雄勝郡では栗の皮を焚くと福がくるという。新潟県西頚城郡では、炉の荒神様は栗が好物で、トコロは嫌いだという。トコロとは、ヤマノイモ科の蔓性多年草で、根茎は苦みを抜いて食用とした。また荒神様とは、三宝荒神の略で竈《かまど》の神様である。昔は、ほとんどの家が台所の竈のうえに荒神棚を吊って、荒神松を供え荒神様を祭った。

長崎県壱岐地方では、元日用の箸は栗でつくり、クリヘー箸という。佐賀県東松浦郡では、くり回しがよくなるようにと、正月中栗の箸を使うものだという。また、クリアイが良くなるようにといって、栗の新芽を切って真ん中の皮を残し、両側の皮をむいて栗幣箸《くりへいばし》をつくり、正月中はこれで食事をする。大分県日田郡では、栗箸を一年間使うと長者になるという。反対に、岐阜県揖斐郡では、栗の箸は使わないという。

石上堅著『日本民俗語大辞典』（桜楓社一九八三年）は、福岡県で正月に栗の木の箸を使うのは年頭に新しい漆器を使うのでその毒を消すためと伝えられている。これは民間療法として、漆かぶれを治療するのに栗の皮や生葉を煎じて用いることからきているのであろう。

また同書は、長崎県壱岐地方では正月の諸儀式用として栗の小枝の皮を取り去り、削り掛けをつけた箸（クリヘイバシという）

を使うとする。徳島県三好郡でも、栗または樫で、長さ二〇cmほどで上の方を少し削りかけた「オリバシ」という正月の箸をつくる。正月一五日の早朝に神棚からおろし、粥の鉢をこれできまぜ「暮れにはどうぞ早くおいでなされませ」と三度唱え、歳徳神の棚をはじめ大黒柱や隅々の柱を叩きまわり、終わって戸の口から外へ出す。これを、歳徳様を送り申すという。

また岩手県では、小正月の早朝に「クリノキムカエ」といって、主人が自ら山へ栗の木を伐りに行く風がある。栗の木を葉のない時期の正月に伐って用いるのは、栗の木がよく実るからである。栗の枝は、田植えの日または苗代ごしらえの水口祭の時に水口にさす。

栗のさまざまな食べ方

栗は分布範囲の広い樹木であり、ほとんど全国各地で食べられている。栗の食べ方としては、あまり地方ごとに変化はないと考えられるが、それぞれの地方でどんな食べ方をしているのか、のぞいてみるのも文化史の一つの役目であろうと考えてみた。昭和初期の日本各地の食事を、農山漁村文化協会が長年月を費やして調査し『日本食生活全集』として取りまとめ刊行している。一冊が一つの都道府県分として『聞書き ○○の食事』とのタイトルでまとまっている。○○の部分が都道府県名となっている。このシリーズから、栗の食べ方を抜き出し紹介するが、関係する都府県があまりにも多く煩瑣なので、引用文献名は勝手ながら省略させていただく。都府県名を記しているので、『聞書き ○○の食事』の、○○に当たると理解してください。

なおこの調査は、昭和二〇（一九四五）年以前の食生活で、日本人が古くから伝承してきたものである。平成の現在では、世界各地からあらゆる食品や食事方法が輸入されているが、栗は昔からの食品として、食べられてきた。

《宮城・秋田の栗の食べ方》

■宮城県登米郡東和町（現登米市）米谷《まいや》相川

岩手県から続く北上丘陵の南麓で、沢に沿って家々が点在する山の里である。米は自給がやっとである。どこの家でも、屋敷回りには栗の木がある。栗の実が熟して落ちる頃になると、子供たちは栗拾いが楽しみになる。近くの雑木林には野生の栗もあるので、かなりの量がまとまる。茹で栗にしてそのまま食べたり、糸でつないで干し栗にしたりするが、栗飯にして食べる量も多い。栗飯をつくるとき、手間のかかるのが皮むきである。斉藤家では、固い外皮をとったものを〝からけ（すり鉢）〟に入れ、手で押しつけながらかきまわして渋皮をとっている。少し渋皮は残るが仕上がりは早い。

■同県加美郡小野田村（現加美町）下野目

宮城県西部の船形山の麓の里で、常に山の香りを感じながら農耕や山仕事にいそしんでいる。どこの屋敷も実のなる木が植えられている。木の実としては、栗、胡桃、梅が植えられており、胡桃は胡桃餅、胡桃和えのたれなどにつかう。栗は茹でたり、御飯に入れたりする。梅は、梅干しにする。

■同県伊具郡丸森町大内佐野

阿武隈山地の北端の地で、阿武隈川の支流沿いに開けた盆地となっている。ここでは裏山で栗を沢山拾うと、栗飯を作る。殆どは小粒の柴栗である。鬼皮をとり、渋皮はすり鉢に入れてすりながらとる。大きい栗の渋皮は包丁でこすりあげてとる。その皮剝きがやっかいな仕事で、子供たちにもよく手伝わせる。米と一緒に釜に入れ、薄い塩味にして炊き上げる。

■秋田県仙北郡中仙町（現大仙市）

秋田県東部の雄物川・玉川の流域に開けた横手盆地の一角にあたる。ここでは、栗ごはんの作り方が記されている。栗ごはんを作るには、栗の鬼皮（外皮）を剝くために熱湯に三分間位つけて休めておく。それから包丁で剝くと、やわらかく、たやすくとれる。さらに煮崩れしないように煮る。ほどよく煮えたころ、火から下してざあ水をかけて冷ます。この煮栗を、研いだ米のなかにまぜて、火加減を調節しながら栗飯を炊き上げ、よく蒸らす。食べるときは、ごま塩をふりかける。茶わん一杯に中栗が四つ五つも入り、節米にもなり、おいしいご馳走にもなる。もう一つの方法は、皮を剥いた栗に、干し椎茸、ごぼう、にんじん、油揚げなどを細かくし、醤油で味付けしておく。その汁に水を加え、あらかじめ研いでおいた米を加えて飯を炊き、出来上がった栗や野菜を入れ、よくかき混ぜて、弱い火でゆっくり蒸らす。

■同県鹿角市花輪黒沢

秋田県の北東部で奥羽山脈の中にある。ここでは〝色まま〟という焚きこみごはんを、栗や胡桃、ゆり根の出るころ作る。作る気配を察した子供たちは、夕方そのにおいに鼻をひくひくさせて待ちわびる。そして、言いつけられた仕事も一段とはかどる。栗まま（栗飯）は、栗の鬼皮や渋皮をむき、少しの間水につけ、ざっと煮ておく。米は、たまり（味噌桶の上澄み液）で味付けして炊き、半煮えのころ、栗を上にのせて炊く。炊き上がったら、栗が全体に入るよう鍋の中で栗飯を混ぜほぐし、それぞれの茶わんにもりわけ、炒りごまをふりかけて食べる。

《山形の栗の食べ方》

■山形県東田川郡朝日町（現鶴岡市）栗木沢

最上川が水量を増してくる中流の村山地方の山間の大谷盆地にある。栗の時期には、虫くいの栗や未熟の栗を使って栗ままを炊く。実りのよい栗は、虫が付かないように水栗（水につけたもの）や砂栗（砂にうめたもの）にして貯蔵し、冬の藁仕事の一服に茹で栗にして食べる。栗飯《まま》は、うるち米一升にもち米二合、生栗三合を用意する。生栗の鬼殻や虫くいの部分を包丁で取り、渋皮はすり鉢でこすりとる。洗った米に手ずもりした水を入れ、栗を加えて火を入れる。ぷ～っと煮立ったころ、茶わん一杯の醤油を加えて炊き上げ、蒸らす。最初から醤油を入れないので、栗の色がきれいである。

■同県最上郡真室川町木ノ下

山形県北部の奥羽山脈と出羽丘陵にかこまれた山あいの地域である。この地域でのおやつは、ふだんは子供たちが川原で遊びながら、野いちご、ぐみ、すぐり、くわ苺、山ぶどう、栗などを取って食べる。手間をかけたおやつはつねづね作らず、行事のときに作るくらいである。女の子の節句のひな祭りに供える小豆羊羹、栗蒸し羊羹などは、多めに作り、大人のお茶おきや子供のおやつにする。

栗蒸し羊羹の作り方は、こしあん三〇〇匁、赤ざらめ三五〇匁、小麦粉二、三合をよくかきまぜあわせ、さらに水六合くらいを少しずつ加える。杓子ですくって、たらっと垂れる程度になったら、片栗粉、塩を少々加えていく混ぜ合わせ、たねをなじませるため、そのまま半日か一晩おく。次の日、さらに固さに注意しながら練る。流し型に布を敷き、それに流し入れ、あらかじめ固めに煮ておいた栗を適当に入れ、よく蒸気の上がったふかし釜で、約一時間蒸す。強火で一気に蒸すこと。自然に冷まし、好みの形に切る。近所同士で「おらえ(わが家)の味、お前の味」と出来栄えを語りあいながら、お茶おきとして食べる。子供の貴重なおやつの一つである。

■同県長井市成田

山形県の南部最上川の上流に広がる置賜盆地にある。この地方は、屋敷が広いことと果物がよく育つことから、屋敷内にさまざまな果樹が植えられている。自家用にそのまま食べたり、漬けたり、親類や知人に分けたりするのも楽しみの一つである。春の桜桃から、梅、あんず、すもも、ぐみ、柿、栗、胡桃と、次から次へと実る。そのうち、好んで食べられるのは柿と栗である。栗は熟すと落ち、早朝子供や年寄りが喜んで拾う。拾った栗は二、三日箕《み》やむしろに広げて干す。干すと甘みが強くなり、栗茹でや焼栗にしたり、また家内中に分けてやると子供たちは惜しみながら楽しんで食べる。

山形県の山野は、春から秋にかけて山のもの(山で採れる木の果実や山菜)が豊富である。というよりも、ここに住む人々は山野草の食べ方が上手で、たいていのものを山のものとして利用している。また秋にかけて、栗や胡桃、栃等の木の実やきのこ類が豊富となる。山をかかえている地域では平年であっても、こうした木の実を拾い、米の補いにあてる。冷害、凶作の年ともなれば、それが救荒食にもなり、文字どおり生命の糧ともなるので、豊作の年から備蓄している。

《栃木・群馬の栗の食べ方》

■栃木県塩谷郡栗山村（現日光市）川俣

栃木県北西部の鬼怒川最上流域で、標高一〇〇〇m超えるを高冷地の集落である。現在は川俣湖の湖底に沈んでいる。冬の夜のおいはん（夕食）には、勝栗を煮てつぶし、これにこうせん（炒った大麦の粉）を混ぜたこうせんもち、勝栗の煮汁の中に小麦粉の団子を落とした栗団子等が作られる。

栗の利用は、川俣ではもっぱら山栗を使う。秋の彼岸を過ぎると、栗拾いの時期になる。山栗は、とりたてのものを食べる場合と、保存用に加工して利用する場合とがある。そして、栗は渋皮をたくみにはがして使う。とりたての場合、堅い皮を剝いた栗の実を鍋に入れ、一晩水にひたす。やがて渋皮がふやけるので、これをすり鉢に入れてもみ、渋皮をはがす。川へ持っていき、底に沈めたザルの中にあけると、軽い渋皮は流れ去り、中身だけが残るのでこれを使う。一方，保存用に加工する場合は、勝栗にする。かたい皮つきのまま、ひえ蒸し用の大きな籠に入れ、天日で十分乾燥し、虫殺しをする。いろりにかけたほうろくで炒って皮を焦がし、臼の中に入れて軽く搗き、皮を割る。これを箕でふるい、さらに川で洗うと堅皮、渋皮ともよくとれる。堅皮、渋皮のとれた栗を再度天日でよく干して保存する。

栗団子のつくり方は、鍋に水を入れて勝栗を煮、この中に水でかいた小麦粉を落とす。煮汁に塩を少し入れると、甘みが出ておいしくなる。茶わんに盛って食事がわりや間食として食べる。

栗じゃがのつくり方は、勝栗と皮をむいた丸じゃがいもを鍋で水気がなくなるまで煮る。やわらかくなった栗とじゃがいもを臼に入れて搗き、丸くにぎって食べる。食事としても、間食としても食べる。こうせんもちの作り方は、勝栗を鍋で煮る。やわらかくなった栗と、こうせんを臼の中で混ぜ入れて搗く。これを丸く握って食べる。食事がわりにも間食にもなる。栗じゃがもこうせんもちも、何もつけないで食べるが、けっこうおいしい。

■同県那須郡西那須野町（現那須塩原市）三島

那須おろしの寒風が吹きすさぶ那須野が原の開拓地である。ここでは、ぷっくりとふくれたお尻の色の薄い栗を、茹でてから木綿糸にいくつも通し、軒先につり下げて干し上げ、勝栗にする。むしろに広げて干すこともある。

■同県小山市生良《きら》

栃木県南部の思川、巴並《うずま》川、与良《よら》川の三つの河川に囲まれ、まわりを高い堤防にかこまれた輪中の里である。ここの屋敷回りには、甘柿、栗、梅、桃などが植えてある。栗や桃なども、甘柿と同じようにおやつとして食べる。

■群馬県利根郡新治村（現みなかみまち）東峰須川

越後から峠を越える三国街道沿いにあり、北に仙ノ倉山などがせまる山里である。ここでは、栗は毬栗を拾って来て利用する。風の吹いた翌朝は、懐中電灯を持って暗いうちに山に行く。大きな栗の木の下には、毬や、よくできた茶色の栗がばたばたと落ちている。道柴で編んだ背負うことのできる「たす」という袋にいっぱい、重くなるほど拾ってくる。一秋で五斗くらいは拾う。採ってきた栗は、皮をむいてすり鉢などで渋をとる。大変な仕事だが、塩少々入れて米と合わせて炊いた栗飯はおいしい。残りは皮ごとほして勝栗にし、子供のおやつにする。

■同県高崎市上豊岡

群馬県南部の高崎市の近郊農村である。ここで作られる栗だんごは、小豆を柔らかく煮たところに、五合くらいのお湯を入れて汁を作る。この中に砂糖を入れて甘みをつける。皮をむいて茹でておいた二〇個くらいの栗を入れて、栗しるこにする。

■同県多野郡中里村（現神流町）大字平原字持倉

群馬県の中で最も南に位置し、奥多野とよばれる山合いにあり、米はほとんど取れない里である。栗は官林で拾う。風が吹いた翌日がうんと拾える。山栗で小粒だが、味はいい。拾った栗は、〝ゆぅぱか（夜なべ）〟に歯で鬼皮をむき、〝しらじ（すり鉢）〟でこすって渋皮をとり、次の日おまんまに焚きこんで栗飯にする。味付けに少し塩を入れるのもいい。栗飯は何度か炊く。山栗は、小粒で皮を剥くのがやっかいだが、植えてある栗より味がいい。また、煮て餡子にしておく。翌朝、栗餡を入れた茶菓子をこしらえ、これをお弁当に持って、また栗拾いに行く。拾える人は一石も二石も拾って勝栗にしてとっておき、穀《こく》の足しにする。

ここでの勝栗の作り方と利用法は、拾った栗は少し干してから、熱湯に一〇分くらい入れて虫を殺す。これを「湯がき」という。これを干して勝栗にする。粒の大きいものは木綿糸を通して、つなげて干す。正月棚になくてはならないものである。勝栗は、勝つにかけて縁起がいいとされる。食べるときは、立ち臼か水車で挽いて鬼皮と渋皮をとる。箕であおってごみをとり去り、一晩水に浸して煮る。小豆と一緒に煮て、餡子やしるこにしたり、また栗だけ煮てお茶菓子に食べたりする。勝栗は、夏に虫がわくので、夏前に食べる。

《関東の栗の食べ方》

■埼玉県秩父郡吉田町（現秩父市）赤柴

群馬県に近い秩父山地の山沿いの、山に生き、山を生かす人々の里である。九月末から一〇月にかけて、山では栗がとれる。山栗は味がよいので、朝暗いうちから弁当をもってとりに行き、小さい腰籠いっぱいとる。みんながとりにいくので、早くでかける。よい粒は糸でつないで、正月の勝栗にする。干した栗は、木槌でたたくと簡単に皮がとれる。湯で煮てから、醤油少々と砂糖を入れて食べる。小豆の餡子に入れて饅頭にも使うし、栗飯にもする。

■千葉県長生郡長南町佐坪字熊野《ゆや》

房総丘陵の北東部にあり、山がちであるが、谷は奥まで谷津田《やつだ》がひらかれている。屋敷回りには、新宅でないかぎり実のなる木が植えてある。多いのは柿、梅である。栗のある家はその実を食べるが、土の中に埋めて取っておくこともある。勝栗といって、正月に食べる。茹で栗にしたり、時にはきんとんにしたりする。

■東京都多摩地域の村々

多摩丘陵の中にあり、耕地は川に沿って開けており、背後は雑木林になっている。屋敷には必ず、柿、梅などが植えられている。栗も自家用にはこと欠かない。子供たちは、学校から帰るとかばんを放りだして、野や山にある自然のなりものをみつけにいく。山栗は生で食べるなと親にいわれていても、小粒で甘いので、かじってしまう。親のくれる茹で栗よりも、はるかにおいしく感じられる。

栗も大粒のものは、茹でて間食にするが、小粒のものは夜なべに手すきのものが皮むきを手伝って、少し茹でてから塩を少々加え、白米ご飯に焚きこむ。腹もちがよい。

■同都の奥多摩地方

東京西端で関東山地の山間部となっている。九月から一〇月にかけて、姑や子供たちは栗拾いに夢中になる。なり年には、六貫目袋の二つもとれることがある。山栗の大きいものは飯に焚きこむか塩茹でに、小さいものは勝栗にして保存する。栗飯も、かて飯としてよく食べる。秋の間食は、山栗や庭先の柿をそのまま食べる。

■山梨県甲府市上町

米どころの甲府盆地のなかにある。屋敷回りには、柿、桃、梅、杏、ぐみ、ざくろ、なつめ、栗、胡桃等の季節の果物や木の実が豊かに稔る。

■同県南都留郡足和田村（現富士河口湖町）西湖南

富士五湖の一つ西湖のほとりにあり、急峻な山々に囲まれ、水田にする土地はなく、湖岸周辺の傾斜地に作った畑を耕している里である。秋の山の幸は、あけび、がまずみ、やまぶどう、栗等多い。台風のあとは栗拾いに背負い篭を背負っていく。風で落ちた実を拾い。また毬のまま篭に入れて帰り、ゆっくりと実を出す。夜なべしごとにこの栗の皮を剥いて水につけ、渋皮をとって栗飯や栗赤飯を作ったり、じゃがいもと煮つけたりする。

《北陸・信州の栗の食べ方》

■新潟県蒲原地方

信濃川と阿賀野川が作り出した広大な水田と潟である。ここの福島潟の新鼻では、秋になって柴栗がとれるようになるとおばあさんが拾いに行く。柴栗は二、三時間水につけて皮をやわらかくしておき、鬼皮と渋皮を剝く。渋皮の剝けたものを、さらに一晩水につけて灰汁抜きをする。これを釜の下に敷いてから米を入れ、水加減をして醤油を少し加え、炊き上げる。栗ご飯の時は白米だけしか入れないので、まずいわけがない。その上、きのこ汁もこしらえて、味覚の秋を存分に楽しむ。

■同県の佐渡島

古くから独立した一国と認められていた。国仲平野の栗野江では、秋の稲刈りになると、明るくなると農作業をはじめる。秋は稲刈りのほかにも忙しく、時には暗いうちから、近くの山へ栗拾いに行く。栗の木の下で夜明けを待って拾いはじめる。ぎょうさんある時には、五升ぐらいも拾える。栗飯を炊いたり、ほうろくで炒ってから糸でつないでつるしておき、冬から春のおやつにする。

■富山県氷見市阿尾

富山県の北西部で富山湾に面している。秋になると、山へ柴栗をとりに行く。毬をのこぎり鎌と棒きれで剝いて、皮や渋皮も剝き、生のままその場でよく食べる。拾ってきた栗は、包丁で皮を剝いてすり鉢で渋皮をとり、一煮立ちさせて塩味をつける。水につけておいたもち米をせいろに入れ。上に栗をのせて米が透明になるまで蒸す。もち米をちょっとつまんで、やわらかさ加減をみる。ごま塩を少々ふって食べる。これが栗おこわである。一方、栗飯はただ米と渋皮をとった栗を釜に入れて炊く。食べる時、塩を少々ふる。

勝栗の作り方は、栗を塩水に一晩つけて、むしろの上で干す。これを炒りなべで炒って、糸でつないで輪にし、天井からつるして再び干す。干した栗は正月に鏡もちと一緒に供える。毎日のこまぐちによく食べる。

■石川県松任市坊丸町

加賀白山から流れ出た手取川の扇状地に開けた加賀平野の一角にある。家の周りには、甘柿、渋柿、桃、いちじく、栗、梅などが植えてある。すべて自家用で、特別の手入れはしないが、季節がくるとよく実ってくれる。

■同県石川郡白峰村（現白山市）河内谷大空

白山麓の出作りの地域である。夏だけ奥山に入り、焼き畑耕作を行い、冬は里の家で過ごす生活である。秋のごちそうである木の実や果実には、栃の実、胡桃、栗、ぐみ、あけび、山ぶどうがある。栗は生で食べたり、皮と渋をとり、一度ゆでこぼしてから塩煮にし、栗煮こぼしとして食べる。また干し栗にしてとっておく。天気のよい日に生で二、三日干し、それを茹でてまた干す。はじめに生で天日に干しておくと、渋皮がとれやすくなる。報恩講の煮しめの一つとして、栗とぜんまいの煮しめをつくる。栗は皮と渋皮をとったものを醤油、赤砂糖で煮る。ぜんまいは長いまま一にぎりほどの束に縛り、醤油、赤砂糖で味付けし、盛り付けるときに、おわんに合わせて適当な長さに切る。

■同県輪島市町野町徳成

能登半島の中央部丘陵地にあるが、珍しく水田にめぐまれた里である。秋には栗、胡桃、あけび取りも子供たちの楽しみで、取っておやつにする。

■長野県飯山市富倉

長野県の北端で、新潟県との県境の山深い里である。秋には山で、柴栗、鬼胡桃、かやの実、はしばみ等を拾ってきて、よく乾かして保存する。柴栗は茹でて糸を通して干しておく。固い干し栗は味があるので、子供らがよろこぶ。生駒勘七著『木曽の庶民生活　風土と民俗』（国書刊行会一九七五年）の中で、「木曽の柴栗」を記しているので要約して紹介する。

生駒は小さいとき「明山《あきやま》の栗なら拾っても叱られん」といって、よく村の共有林へ朝暗いうちから出かけた。田圃の刈敷や馬の飼料にする草を刈った共有の柴山や草山には、栗の木がたくさんあって、木から木へとたどっていくと、真っ赤になって栗が落ちていた。腰に着けたビク（篭）がいっぱいになると、布の袋に入れて背負い、一斗近くも拾い喜び勇んで帰ったこともある。江戸時代は飢饉に備えて、どの村でもこういった共有山へ栗の木をたくさん植えていたものである。拾ってきた栗は、栗飯にしたり、手桶の水の中で虫殺しをしてから、糸で一つ一つ数珠つなぎに通し、軒下などにつるして干し、正月になって蒸して食べたりした。数珠栗とよんでいた。木曽福島近くの農家では、たくさん拾った栗を干し栗にしたり、勝栗にして町の仲買人に売った。木曽福島の町には、何軒かの仲買をする店屋があった。

生駒が楢川村川入の菅ケ平の古畑ふみ（明治一〇年生まれ）から聞いた話である。

古畑ふみは娘のころ福島の土井倉（今の本町）の中屋から、干した栗を一升八銭で仕入れ（一升は山盛り一杯にしてはかる）、一《ひと》背負いを二斗にして、麻袋に入れ背負い縄で背負って、権兵衛峠を越え、伊那の余地・中条・平沢・小沢あたりへ行って、米や粟と交換してきた。銭でも売った。「今日は栗を背負ってきたで買ってくれ」といって、一升一二銭で売った。木曽の栗は甘いといって、伊那では評判がよかった。暗いうちに家を出て神谷峠でも夜道で越し、福島へ行って栗を仕入れ、とって返し夕方暗くなって菅ケ平へ着き、翌朝まだ暗いうちに起きて伊那へ出かけたものだ、と話してくれた。

《静岡の栗の食べ方》

野本寛一は『焼畑民俗文化論』（雄山閣出版一九八四年）の中で、静岡県磐田郡水窪町（現浜松市天竜区水窪町）草木の、焼畑と栗の関わりを述べているので要約して紹介する。この地は長野県南信濃村（現飯田市）にほど近い、峻厳な山々にかこまれた小さな集落である。ここの焼畑はおおよそ四年の輪作であったが、土地のよい所は七年も作ることができた。四年、七年の焼畑の作付がおわり、畑を山にかえすとき、この地では栗の苗を植えこむ習慣があった。桃栗三年柿八年といわれるとおり、栗は早々と食糧源となったし、栗の木は傾斜の急な焼畑の土止め柵に使われた。栗の木はもっとも長持ちのする材だといわれ、丸太よりも割ったほうが丈夫だといわれる。岐阜県本巣郡根尾村（現本巣市）越波や静岡県引佐郡引佐《いなさ》町（現浜松市北区）寺野などでは、猪除けの柵として栗の木が使われていたという。栗と焼畑も深い関わりをもっていたのである。

水窪町の奥地では、いまでも小正月にアワンボー（粟穂）という飾り物をつくる。アワンボーの材料は栗の木で、径七cm、長さ四〇cmほどのもの四本を一セットとして二対使う。アワンボーとして飾られる栗の木は、こんどは急傾斜地の焼畑の土止め用の杭として使われ、年中行事の祭具がそのまま実用の土止めの杭となるのである。アワンボーは門口だけでなく、蔵の入口にも立てられるので、二〇本を越す家もある。小正月に焼畑作物の豊作を祈って祭ったアワンボーが畑の用に用いられることは、すなわち焼畑作物の豊作祈願呪術にもなっているのである。

奈良県吉野郡大塔村（現五條市）篠原は焼畑の村であったが、副業として杓子作りが盛んであった。杓子の材料は栗が最良とされていたので、この地では焼畑利用がおわり、山にかえした地の栗の木を大切にする風習があった。一部では栗の移植が行われていたと考えられている。

野本寛一編著『食の民俗事典』（柊風社二〇一一年）は、水窪町では朝飯前にひと働きするが、働くまえに朝茶《あさちゃ》とよぶ軽食をたべる習慣があったという。同地の大正八年生まれの水元な於ゑさんは、秋の九月一〇日から一〇月二〇日までと、春は四月から六月までは朝茶に栗煮を食べたという。秋は生栗を煮たもので、春は干し栗を煮たものであった。

生栗の固い皮は、夕食後、家族全員が歯をつかって剝いた。一晩で五升になった。翌日はその渋皮を除くため、水を入れた桶に剝いた栗を入れ、板でこじるように剝いた。渋皮がとれた栗は塩を加えて栗煮した。干し栗は、踏み臼で搗いて皮をはいだ。そのとき、栗の実が割れてしまうのをふせぐため、杵《きね》のうえの重石《おもし》をはずして搗いた。搗きあがった栗の実は、箕でふるって皮やごみをのぞいた。

宮崎県東臼杵郡椎葉村大河内竹の枝尾の明治二四年生まれの椎葉ハルさんは、生栗や埋め栗の渋皮を除くときは、石舟に水を張って栗の実を入れ、灰と塩を加えてからこじたという。福島県奥会津地方や長野県伊那地方の大鹿村には、干し栗を臼と杵で、あるいは水車で搗いて粉にしてしまうという方法も伝えられている。大鹿村では、粉にした栗は飯に混ぜられた。前に触れた『日本民俗語大辞典』は、長野県上伊那地方では栗の茹でたものを潰し、少し塩を加えて砂糖を入れ、餡をつくる。これをクリコといい、搗きたての餅にこれを付けてものを栗粉餅といって食べる。渋のとれた生栗を鍋でよく煮て、そこへ小麦粉を入れてよく混ぜ、これを小さい握飯大に握って食べる。これをクリノヒッカキ餅という。

岩手県気仙郡住田町では栗の粉を「栗香煎」と称して舐めて食べた。

栗の食べ方について、野本は同書のなかで、ケの日つまり普段の日々の食べ方は、多々あるという。普段の日の食べ方として、岩手県九戸郡九戸村では稗《ひえ》二升に栗一升としており、宮崎県椎葉村では稗七に栗三、または栗七に栗三、あるいは麦七に栗三という比率で混ぜて炊いたといい、このほかうるち米と一緒に炊いた栗の飯も食べられた。

栗の実は、現在のように秋に味覚として味わうような食べ方ではなく、不足しがちな米の飯の代用と栗煮を食べていたのである。長野県飯田市などの南信濃では、栗と小豆またはササゲを塩味で煮て椀に盛り、飯のかわりとした。九州の日向山地では、栗だけの煮つけ、栗と小豆とトウモロコシの煮つけ、里芋と栗の煮つけ、さつま芋と栗の煮つけ等という食べ方がされていた。

年中行事と栗

兵庫県、鳥取県、岡山県などに年桶（歳桶）を祭る風習があり、その年桶の中に米、餅、干し柿とともに栗を入れる例がみられる。静岡県浜松市天竜区水窪町向市場では、正月には年神棚に、米、干し柿、大豆とともに栗を供え「マメでクリクリカキトリニ」と唱えた。兵庫県の歳桶について、『兵庫探検　民俗編』（兵庫新聞社学芸部探検民俗編取材班著　兵庫新聞総合出版センター　一九九六年）によると、「トシオケは、径一尺ばかりのオケだが、これに一年中の実りを納めて正月の神、年神さんにささげるという意味で、豊作と密接な関係をもつ」という。年神の年は「稔《とし》」であり、古語では米や穀物の神と考えられている。正月に年桶を祭るのは、前年に実りをもたらせてくれたお礼と、今年の豊作を願う予祝の意味がこめられているのだろう。

同書は年桶が祭られる地域は、兵庫県西部の宍粟郡（現宍粟市）、佐用郡から、この両郡に接する岡山県北部と鳥取県にかけてであるとしている。年桶に入れるものは、米を平年なら一升二合、旧暦で閏年は一三か月あるから一升三合、鏡餅、小餅もやはり月の数に合わせて一二個、一三個、お金、昆布、串柿、栗、黒豆、榧の実、橙などである。

筆者の生家も年桶を祭る地域であり、近年は祭っているかは確かめていないが、子供のころ年末に年桶を出して、南側奥座敷の床の間に祭った。桶の中には、米、小餅、つるし柿、その年に発行された硬貨一式、栗は炒ったものであったように記憶している。栗は秋拾ってきても全部食べずに、庭の片隅に穴を掘り、埋めていた。私の生家周辺にはあまり栗の木は生えていなかったので、年桶に入れる栗はせいぜい一合くらいであつた。年桶の両側に三段の枝をもつ赤松と黒松をたてていた。

歳桶を祭る風習の起源についての岡山県英田郡西粟倉村の言い伝えである。昔ある村に欲深男と親切男がいた。ある年の大晦日の夕方、大きく重そうな桶を背負った白髪の老人がその村へきた。老人ははじめ欲深男に出会い、「急に大切な用事ができたので、桶をしばらく預かってもらえまいか」と丁重に頼んだ。欲深男はもうすぐ正月がくるのに、何が入っているのかわからない桶を預かることはできないと思い、「そんなものはよう預からん。忙しくて困っている時なので、さっさと去《い》ね」とけんもほろろに断った。

老人は次に親切男に深々と頭を下げて頼んだ。親切男は、こんな年の瀬に桶を背負って用事をするのは大変だと思い、「預かってあげましょう。なにも遠慮することはありませんよ」と笑顔で答えて、桶を預かった。老人は大喜びで、「もし正月三日までに私が桶を取りに来なかったら、思いのままに処分してください」と言い残して、急ぎ足で村からでていった。

親切男は老人から預かった桶を納戸の奥までもちこみ、大切に保管した。正月三日が過ぎても桶を取りに来ないので、とうとう正月一一日の早朝思い切って桶の蓋をあけてみた。ところがなんと驚いたことに、桶の中には大判、小判がどっさり入っていた。親切男はいっぺんに大金持ちになり、それ以来幸せいっぱいの暮らしをした。そこで幸運をよぶという「年桶」がはじまったと言い伝えられている。正月に栗の箸を使う地方があることは、前に触れた。

秋には空が澄み渡って月がきれいに見えるので、旧暦八月一五日の満月は中秋の名月としてもてはやされ、月見の行事などが行われる。中秋の名月から約一か月後の旧暦九月一三日の十三夜（月齢一三日）の月を「栗名月」といって、月に栗を供え、栗を茹でて食べる習慣をもつところがある。中秋の名月は芋名月といわれるのに対し、こちらは栗名月・豆名月といわれる。これは、この時期に栗や豆のとれるシーズンであるところからきている。また別には、十三夜には栗や枝豆を供えるからといわれる。八月十五夜とあわせて、「片月見をするものではない」と伝えられている。

九月九日は「重陽の節句」であるが、この日を「栗の節句」といって和歌山県日高郡・有田郡では栗飯を炊いて、神棚に供えたり人も食べる。この地方では、この日に栗を食べないと栗虫になるといわれる。野本寛一は『食の民俗事典』の中で、「栗名月や栗節句の基層には、栗の採取祝の匂いがある」という。

山口県下関市綾羅木に鎮座する中山神社は、七卿落ちで名高い中山忠光を祀った神社で、忠光卿がこの地方に潜伏中、里人が卿のわび住まいを慰めるため、ある時栗をさしあげたところ、大変喜ばれたというので、この日の祭典には栗飯を神前に供える。また同社の土産品も博多焼の栗の実鈴というものに定められている。

第六章　暮らしの中の栗

京都府相楽郡の神と神饌の栗

私たちの日々の生活の中には、周辺のいろんな物とともに、精神にかかわるものが多分に含まれている。というよりも、精神の働きによるものが大きな比重を占めている。喜怒哀楽は精神の働きそのものである。神を崇める、詩歌を作り出す、むかしからの風習を守りそれを後世に伝えていくことも、精神面によることが大きい。ここでは、神祭りと栗との関わり、文芸に現れた栗、また生活していくのに必要な身体の健康を維持していくための栗、またごく近年まで栗を主食にしてきた地区等について探っていく。

春日四社明神の神饌の一つ、石榴。

まず、日々の暮らしのなかでそれぞれの願望成就を祈ってきた神に、神饌としてお供えする栗をみることにする。そうはいっても、全国の神々のそれを調べるにはとうてい手が回らない。筆者の住む大阪府北東部からほど近い、京都府の南部である山城地方のそれをみることにする。山城地方とは広義には、旧山城国の範囲であるが、現在の京都府政における地域は旧山城国から京都市域を除いた地域としている。ここでは旧山城国の範囲とする。

大正（一九一二〜二六年）から昭和（一九二六〜一九八九年）初期の、神と人とが相和する山城地方の様子を、井上頼壽《よりとし》が十数年かけて調査し『京都古習志 宮座と講』（地人書館一九三三年）として刊行しているので、そこから紹介していく。なおこれから紹介する神社は、いずれも京都府内のものなので所在地を記す際の京都府は省略する。

相楽《そうらく》郡加茂町（現木津川市）銭司《でず》の氏神の春日四社明神にお供えする栗である。この神社は淀川の支流である木津川沿いの右岸側の地に鎮座されている。一〇月一五日（昭和初期の今は一七日）が秋祭りである。一二日はこしらえ、一四日は　御供搗、一五日が祭礼となっている。一四日は当屋《とうや》の庭で、木津川で洗った一石（一八〇ℓ）の米で餅を搗く。御供搗には、半搗米の餅をつくり、へぎ板製の輪型でたくさん押しぬくのが古例である。本御供は「もッそ」を作り、これを対角線に折った半紙を巻く。その上にさらに穂のついた「藁すべ」二つを、根元をくくりあわせて結ぶ。穂は参拝者の方へ向くよう供えるのである。ほかに三角の飯七個と、御菜《ごさい》をこしらえる。

○御菜

地のもの…山芋、輪切り蓮根《はすね》、牛蒡《ごぼう》、大根、人参、以上は皮を剥き刻む。

山のもの…梨、柿、栗、棗《なつめ》、柘榴

御汁………茄子の花剝（茄子の肩を下から五片刻みを入れ花弁の形にする）

いずれも「とり粉」をふり、縁付きのへぎ板にのせる。

以上七膳に柳箸七膳を添えるのである。

相楽郡木津町（現木津川市）木津の御霊神社は、町はずれの御霊神社の森とよばれるところに鎮座され、木津郷の産土神《うぶすな》として祭られてきた。この神社では秋祭の際、一〇月二〇日に祭礼の責任者である本当《ほんあて》の家では、午前零時にでかけ御霊神社に一老奉献の供物を捧げる。神社では中央に能舞台、両脇に仮屋があり、一老の献饌は能舞台の案《あん》（物をのせる台のこと）の上におく。

一老の献上物は、

餅三包…長い白餅五個を白紙でつつみ中央をくくった物三包

幣一本…竹軸で、鏡紙二枚を上には四垂の四手《よつで》をつける。上部には白紙につつんだ白米をくくる。

注連《しめ》一連…注連（右縄）を一つ回してくくったもの。

とよかの柿…土器にのせる。一個または二個。

百味飲食《ひゃくみのおんじき》…蜜柑、柿、柘榴、棗、胡桃、栗を細かく切り長方形の紙包みにいれ水引をかけたもの一封。座によっては胡桃、梨、柘榴、榧、栗、棗を一包にし、これに豊岡《とよか》の柿を添えて「七味」または七種《なないろ》といっている。

神饌には、「何座一老誰々」と氏名を記した紙をつける。一老の献上物三組を一つあての案にのせる風習がある。午後早々に御霊神社の座の建物へ一七組の宮座の年寄五名あてが烏帽子《えぼし》、素襖《そう》（白衣のこと）姿で参集し、座豆腐その他の食物を肴に御神酒をいただくのである。

一方、木津の町では各町内から午前中に布団太鼓九台を出し、町中を練るのである。

相楽郡相楽村（現木津川市）吐師《はぜ》の西方、小山のふもとに大宮神社と若宮神社がある。大宮神社では神職は別にあるが、主として氏神に奉仕するのは「神主」である。大宮神社で栗が神饌としてお供えされるのは、正月のときである。神主が保管している年中行事の記録から、掲げられている。

神主は一二月一三日の「事始」（正月はじめ）から自分の家の井戸で五日間の水行《みずぎょう》をし、奈良の春日大社若宮の「おん祭」（一七日）に「上りの行」といって奈良市の川上に行く。川上は佐保川の上流である。川上の蛭子《えびす》神社で水浴し、三粒の川石を持ち帰り、これを自分の家の井戸と神社の井戸へ投げ入れる。川上での水浴が終わると、ついでに正月の神饌や用具を求めてくる。

正月の入用品のうち神饌とされるものは、昆布、青海苔、しる、野老《ところ》、ゆつこう（生姜風の物）、勝栗、橘、柑子、柿、榧、御飯、橙二つ、串柿二つである。食具のなかに栗で作った杓子一本が入っている。

元旦には神主が神饌を上げる。神饌の数は、宮年寄り一〇名、宮惣代三名分で、費用は神主持ちである。神饌は土器《かわらけ》に四角な紙を敷き、その上にていねいに載せ、一々箸を添える。昼ごろおろして分配する。

相楽郡川西村（現精華町）下狛小字僧坊に鎮座する鞍岡神社は、江戸時代に北野天満宮から勧請し建立された。明治一六（一八八三）年に天満宮から、現在の神社名に改名された。ここには僧坊座と里座という二つの宮座がある。宮座には外来者は入れないが、分家は入れる。鞍岡神社には世襲の神職があるが、両座の太夫のうちを交代に禰宜が当たる。禰宜は冠をいただき、模様のある装束をつけ、毎月八回あて朝の間に神饌を献上をする。神楽がおこなわれ、太鼓と調子《しらべ》を打ち、巫女《いちんど》が白衣に緋袴で神鈴《しんれい》を振るのである。座の人たち全体の寄合いは、正月一〇日の「正月座」と八月一日の「八朔座」の二回で、当屋で座を営むのである。

正月一〇日に行われる里座の行事の献立に栗が使われている。

里座の正月一〇日の献立

一　神酒　色箸・重膳・重土器

一　酢和え（土器に大豆、大根、人参、生姜、とさか、栗、魚）

一　汁（吸口柚、すまし揚げ豆腐七つ）
一　肴
一　御飯　（文献の記述はここで略）。

栗は和え物の一品として使われている。和え物なので、生栗であった可能性は高い。砂か土の中に埋め栗として保存されていたものなのであろう。

八月座の献立も、酢和え物（けんほうずき、瓜、栗、生姜、とさか、かつお、鱧《はも》）が一品として使われている。

相楽郡川西村（現精華町）菱田の春日神社の本殿は、奈良の春日大社の若宮社殿を移したと伝えられる。ここには四組の宮座があり、大夫が都合三六名いた。大夫は「十人衆」とも言い終身制で、欠員ができると次があがる。祭礼は九月一五日で、このとき神様に百味のお供えをする。

前日に四座から一名ずつ神饌その他を奈良へ買いに行く。そのとき、奈良の川上村の蛭子《えびす》神にまず参詣することになっていた。伝説によると奈良から氏神が勧請されるときに、川上村の蛭子神が世話をされたという。

百味の買い物は、平柿一〇、梨一〇、柘榴一〇、栗一〇、柚一〇、みかん一〇、松茸一〇本、榧一〇、椎茸一〇、饅頭一〇、大かわらけ四〇枚、柳はし一〇膳であつた。一〇尽くしの買い物である。なにか謂れがあるのだろうが、そのことについてはなにも記されていない。

相楽郡笠置町栗栖に鎮座する栗栖神社は、平安時代の承平元（九三一）年に筒井喜久治が筑紫より贈られた菅公（菅原道真）自作の御像を栗栖山に奉祀し、子孫森本氏が一家の神として仕えきて、明治六（一八七三）年九月に村社になったと伝えられている。栗との関わりのありそうな地名と神社名であるが、栗のことは何も触れられていない。

京都府綴喜郡の神と神饌の栗

綴喜《つづき》郡三山木村（現京田辺市）宮ノ口に白山《しらやま》神社がある。宮座は一組がある。元は宮組または宮守と称し、年長から八名をとる。最年長を「神主」と呼び装束を保管している。他の七名は浄衣《じょうえ》をつけ、祭りのときには神楽を奏する。境内一四社に御鏡餅をあげる。一年間で最も重大なものは元日と二月一日の引次祭と祭（一〇月一七日）である。神主は大晦日から正月三日まで、社前の建物にこもり、大火を焚き、村人たちはこの火にあたるのを常としていた。秋祭の献立は酒、塩、鏡餅、鯛と鯉、昆布、菓子、海の物（海苔、鱈《たら》、数の子）、山の物（栗、柿、蜜柑、松茸、柘榴）、野の物（牛蒡、大根、人参、蕪、唐芋）等である。

綴喜郡八幡町（現八幡市）川口の天満宮の当家《とうや》の務めは、秋祭が中心である。一〇月六日は「米洗い」で、前の当家と現当家が木津川へ行って清水で新米を清める。八日は新穀を二斗桶に容れ「一番蒸し」をする。そのあと水をあわせいったん上げて冷まし、再び「二番蒸し」をする。今度は湯をあわせ和らげる。そして神饌の「清《きよー》」といって宝珠形の蒸米を作る。九日が祭日で早暁三当家から一対あての「清」を奉献する。別に七種神饌といって「ひげこ」という籠に五〇串を挿し、七種《なないろ》という五〇種の「野の物」（蜜柑、柿、栗、豆、茄子、茗荷等）をつけた物を進める。甘酒もそなえた。

久世郡富野荘村（現城陽市）の荒見神社は、木津川の洪水から守る水神である。ここには、江戸時代には種々の座があって、祭礼の能楽を各組が幕舎をかまえて観覧したという。三つの宮座は後世も残って祭礼に関係している。祭礼は一〇月五日で、森西座から切飯二個と栗榧《くりかや》の神饌一対を献じる。茗荷の茎の長さ五寸くらいのものを切って集め、径一寸五分くらいに束ねて縄で二カ所をくくる。それを台とし上部へ二尺五寸くらいの二つ割竹を三本挿し、それへ栗と榧と縦に四つ割りにした柿とを、所々へ千鳥にしてつける。その他長さ五、六寸の竹串の先に栗と榧とを一個あてつけたものを挿す。これを「千本串」と総称している。茗荷の基部には割竹を三本挿して足とする習慣である。

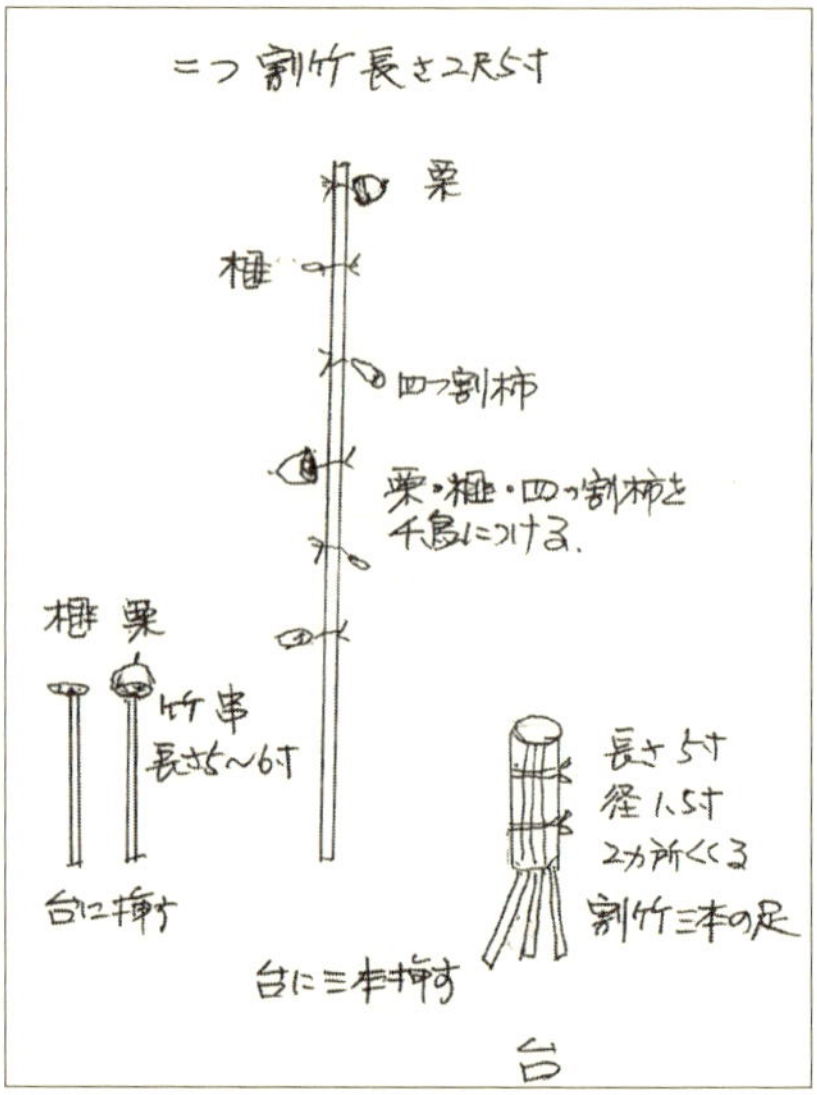

城陽市荒見神社の栗榧の神饌概念図

栗・榧の神饌一対ができあがると、鏡餅一重とともに社務所の床の間の神号軸の前に供えておき、当日神輿の前に献ずるのである。伝説によると、昔、春日の神がこの地に来られた時、食物が欠乏したので村人が栗や榧を献上したところ、殊のほか喜ばれたことから始まったとされる。宵宮にはその縁で、なるべく新鮮な青物を多く献上する習いである。

この神饌の行事は近年では困難になっている。というのは、昔から栗は自然生えの小粒なものをつかうので、長池の演習場に取りにいっていたが、今はそれがなくなったので大粒の市販の栗で代用するしかない。また近くで榧の実がとれなくなった。以前は京都市まで探しに行き、やっと見つけるという始末であった。そのため余った榧の実は、翌年まで大事に保存して使っていたが現在ではほとんど手に入らなくなった。このような状態で、古式を守って祭礼を行うことが難しくなってきているのが現状である。

久世郡寺田村（現城陽市）寺田の水渡《みと》神社は、式内社で『山城風土記』にも記載されたり、『三代実録』にも神階が授けられたことがみえる。明治以前は天神宮と称していた。水登神社の祭礼では、四神旗が中東町から出て、御膳櫃が大南町から出る。大南町に「御膳講」があって、御旅所へ神輿が納まると神饌を上げるのである。昔は御出と還幸の時「栗榧座」から「胴」を神輿に供えたが、近年では還幸のときは省略している。栗榧座の家が少なくなり、一年ごとに当家がまわり、神饌を作成する。当家は門口に注連を張り、「オハケさん」を奉祭する。当家は正月ごろから榧を求めて保存し、神饌の用意をしておく。

水度神社の祭礼の日程は、九月二四日ごろ神輿祓、二七日神職が栗榧座へ行き、幣をつくり、「オハケさん」を拝する。二八日御供揃、二九日太刀講、三〇日御出、一〇月一日宵宮、二日還幸、三日後宴となっている。栗榧座は普通に読めば「クリカヤザ」であるが、土地の人たちは「クリヤカザ」といっているのは、「栗や榧座」をさしているとの意味で、山の幸をさしているとの座の人たちは説明している。

栗榧座では九月二四日、祭礼についての初寄合いを胴結《どうゆい》と称し、胴へ竹串を挿す。胴とは丁寧に袴をとった小麦稈《こむぎわら》を束ねて締めたもので、五カ所を縄でくくる。胴の中央には芯として葭《よし》を三本高く挿す。葭は袴のままであるが、袴の先を節から上へ五寸くらいのところで水平に切り取る習わしである。当家は芯に使うため、必ず庭の池中に葭を栽培する。

葭の芯の周囲には青竹の串を一二段挿し、その串は淡竹《はちく》に限ることになっている。串は長さに定めがあり、栗を献ずる方は一寸（一番）よりはじめ、一尺七寸（七番）に及び、再び狭くなり九寸（一一番）となる。榧の方は、一寸（一番）から五尺二寸（一一番）に及ぶ。

両方とも全部で四二四本の串を使用する。竹串の先へは栗一升、榧五合を、一個あてつけるのである。竹の長さがそれぞれ異なるから、全部胴に挿すと榧の実の格好になり、栗を先につけた竹を挿すと丁度栗の形になる。戦後は、外にかざらず内にかざり、それもほんのすこし形だけの本数をさすだけである。

九月三〇日の御出の式、神輿が御旅所へ夕方お着きになると栗榧座から、米包を添えた幣を献じ、次に胴と御神酒、鏡餅および麦稈《むぎわら》の束を三所くくったものを四本上げる。

次に二つの胴を神輿の方に向けて倒すと、待ち構えていた群衆は争って奪い合いを演じ、ものすごい混乱となる。

芯の「しのぶ」を獲れば大吉であると慶び、栗・榧を挿した竹を得ると方除《ほうよけ》となると信じられており、持ち帰って門口に挿す。胴を取って首尾よく逃げ出した者には、祝酒一升を贈る風習である。栗・榧を挿した先の尖った生竹を奪い合うことなので、すこぶる危険なのだが、「往古から傷をした者がない」のは、ご神事の不思議だと言われている。

久世郡御牧村（現久御山町）野村の常盤神社の宮座は七軒で、年々「おとう」がまわる。「おとう」は神様の世話をする家の意味で、祭りには持ち回りの三方に御神体の御幣を立て、床の間の神社全景を描かれた軸の前に祭る。一〇月一五日祭典、神饌は鯛、海苔、昆布、長芋、葉付生姜、洗い米、松茸、栗である。式の後、有力者と宮座の座員に昼食を出す。一六日の午前中には御飾といって翌日献上の神饌を作る。このときの神饌は「御飾御膳」といって、切った大形の頭芋《かしらいも》五個を基とし、藁で台をこしらえ、四〇〇本の竹串に栗一升と柿と柚三六個あてをつけて、放射状に挿す。ほかに白蒸に薄一本を立てたものがあり、盛飯に美しい縄を鉢巻させたものがある。一七日の還幸祭のときには、年番の家では、栗、柿、柚、小判餅、蒸米、酒、大根、生姜等を用意する。

京都市周辺の神と神饌の栗

愛宕《おたぎ》郡岩倉村（現京都市左京区）長谷の八幡神社は、東部の山麓にあり、南向きの流造で白木の三間三面の社殿である。扉に一対の榊枝がつけられているが、これは祈願祭に代える。九月九日の重陽祭の宴は、蔭山座の一和尚の執行で、なかなか大層な献饌であった。豆腐、揚豆腐、蒟蒻、むかご等を入れた「七色の御汁」を作り、栗の実の入った赤飯を大鍋で多く炊き、これに白豆腐一丁とぶりの切り身一切れをそえたものであった。

愛宕郡静市野村（現京都市左京区）静原には、本社（静原神社）と御旅所（天王神社）の二社がある。九月九日は秋祭で御旅所の方の祭である。夕刻に上の社（静原神社）で献饌がある。上の社の儀が終わると、下の社へと神主たち神職は旅に出で、そこで献饌する。天王神社で注意すべき点は、内陣に神主が入って献饌する場合、直接床を踏まず、必ず青海苔を敷き、その上に足をかける風習がある。神饌は一組を一対献上するのである。松茸は三本立てて細い紙で括る。里芋、人参、牛蒡、大根も三個あてである。昆布の上には煮豆と栗を置く。ここの祭は、ほとんど自給自足でよそから購入するものは、昆布、鯛、するめ、くわい、菓子くらいなものである。

京都市中京区壬生《みぶ》の壬生寺で春の狂言が始まると、平素は農業をしている壬生村も、にわかに御祭気分となり、見物人が集まってくる。よそへ養子に行っている人も、市内にいれば狂言中のみは親元の名を名乗って帰村する。正月一〇日御火焚があり、当家で次の献立で夕食をする。

三方引渡し口祝　のし、昆布、大勝栗　御酒　盃はかわらけ
膾　なまこ、大根、芹、栗、摘み野菜
汁　すまし　塩鱈、刻み昆布、胡椒
香の物　煮物　ねりみそ、赤貝、牛蒡、山芋、くわい焼物　鰤　酒三献　肴　いいたこ、ぬた、人参　菓子

京都市左京区上高野の崇道《すどう》神社の正月元旦には、宮座の先役が社で祝詞を奏上し、末社に至るまでことごとく献饌する。大神宮と伊太多《いただ》神社には、麩《ふ》、湯葉、焼物、野菜、昆布を供え、他の社へは御鏡餅に蜜柑、勝栗、ころ柿を添えてあげる。

本社は高野と八瀬の間、高野川の右岸西明寺山の麓に位置している。山の中腹には、小野毛人の塚があり、傍らに碑が立っている。里堂（植ノ町）は川の左岸の丘上にあり、人家と野山の間にある。

この神社の正月飾りは大晦日におこない、昆布、榧、橘、柿、本俵、勝栗、海老、橙等を組み合わせて掛ける。里の堂へも注連《しめ》を張る。

京都府山城地方南部の栗の神饌がお供えされる神社の分布図

山神を祭る習俗も各地で行われている。そのなかで、栗がお供えにされているところを拾ってみよう。

綴喜郡宇治田原村（現宇治田原町）大道寺では、正月三日に各自の床の間へ男子三名が重餅《かさねもち》を三方にのせて供え、翌四日の早朝に注連をとり、朝食後その餅の一部を欠き、これに蜜柑、ころ柿、栗を添えて、幣といっしょに山神へ供える。幣は正月三日間床間に奉祭したもので、軸は篠竹をもちいその家の男子の数だけ作る。幣は神前に挿し、直会《なおらい》を下げて、皆が頂戴する。山神を拝むときには、「山神《さんじん》の尊《みこと》」と唱える風習がある。

葛野郡小野郷（現京都市）真弓では、正月の初山入のとき（日不定）に山神の樹に、雑木のカギ状の枝をみつけて掛け、山中で転ばないようにと祈る。山神は山々の谷にあって、栗や樫の木立をいった。小祠のある所もあったが、今は八幡宮に合祀されている。

信州伊那谷の栗拾い

長野県伊那地方の人々の生活を向山雅重が、『民俗研究六十年―向山雅重著作集―山国の生活誌第五巻』（新葉社一九八八年）として調査したものを取りまとめている。そのなかから、栗に関する部分を抜き出して要約しながら紹介する。

長野県上伊那地方では、毬（地元ではエガという）に入ったままの栗を〝イガックリ〟といい、これは足の爪先で押さえて、堅い棒の先などで剝く。栗拾いには厚鎌《あつがま》（厚みのある刃のついた鎌）を持っていくので、これで剥くと具合がいい。口が開いているのは、鎌の先でえぐり出す。毬の中に三つ並んでいるのが三つ栗で、真ん中に入っている粒は堅くてうまくなく、両側にある粒は柔らかく味もいい。

毬の中に一つ入っているのが一つ栗、これは玉栗ともいい、粒粒としていて好ましい。この玉栗の両側にあるぺしゃんこになったものが杓子である。若い毬を剝いてみて、まだ栗の皮の青白いものは白栗、これは渋がとれやすく、やわらかく、みずみずしい甘さがある。

毬がはぜて栗の粒が落ちているのを粒栗《つぶくり》という。栗拾いの楽しみはこれで、誰もまたこなかった所に思いがけず行き当たった時などは、実にうれしい。

毬の中にあるうちに虫が入ったものが虫栗で、虫穴から虫糞が出ているなどいまいましい。日がよく当たる日向山《ひなたやま》には虫栗が多く。日隠山にはいい栗が多い。毬のまま落ちて水漬け等になって蒸れたのが酒栗で、軟らかくちょっと酒臭くて食べられない。日焼栗というものは、日照りの乾き過ぎの害をうけたもので、味はずっと落ちる。

野鼠が栗を集めて木の根っこ、つつじや、やぶの下、岩の間などに貯えているものがあるが、これは一カ所に一五から二五粒ほども集まっている。そんなものを見つけたときは嬉しい。

栗拾いには〝腰ビク（篭）〟をつけて、厚鎌をもち、一斗五升（二七ℓ）位ははいる袋を用意して行く。袋は木綿袋が普通であるが、多く拾う人は丈夫な麻袋を用意する。雨が降ると毬の口が開いて、栗の落ちるのが多いから、一晩降ったあくる朝など、夜中起きして暗いうちに山に行き、夜がしらじらと明けるのを待って拾う。草の間につぶつぶのしたのが落ちているのが嬉しい。

多くは村の申し合わせで、木に登って揺さぶり落としたりすることは禁止されているが、ひとりでに落ちてくるのが、小枝に当たってパチンとはねたりするのが快い。立木の幹を足で蹴るのもいい。胴衝《どうつ》きといって大きな石を、幹へ打ち付けるのは木を痛めるのでよくない。

栗拾いは焦るといけない。見る角度が違えば拾えるもので、人が拾った後でも少しくらいは拾える。一つの斜面を上っていき、また下りてくるという拾い方がいい。栗が拾えると嬉しいので、疲れは少しも感じない。一本だけ離れた飛っ木の下には、割合落ちているものである。

腰ビクが重くなると袋にいれる。袋の底の両隅に栗を一粒ずつ入れ、紐の両端でそこを縛り、紐の中央を輪にして袋の口をしばって背負う。この袋が行くだんだんふくれてきて、一杯になると、この紐を解いて口元を固くしばり、横ざまに背負う。つまり〝縦しょい〟にしているより、〝横ざま〟に背負っている人の方がたくさん拾ったことがわかる。これでもまだいくらでも落ちているので、履いているカルサンを脱ぎ、その裾をしばり、この両脚のところへ拾ったのを一杯いれて、担いでくるなどといったこともある。

山栗は一年おきに生るが、本当にいい生り年は六年に一回くらいである。そんな年は不思議と虫栗無しで、いい粒栗ばかりである。嫁に行った人も、実家へ栗拾いの手伝いにいく。山で専門に拾っているところへ、家から馬を曳いて荷物をとりに行く。一日に四斗（七二ℓ）拾った人、稀に六斗拾ったなどという人もあるくらいである。

共有山の栗拾い制限

上伊那地方の旧高遠町にある入野谷・藤沢ボラ（谷）は山栗が多い。以前は高遠（現伊那市高遠町）近在の人たちがこれを集めて、諏訪盆地へ売りに行ったもので、諏訪の人は高遠栗といって喜んだ。これは明治二〇（一八九七）年ころから大正初（一九一二）年、養蚕景気が出るころまでが最も盛んであった。女の人が拾い、集荷する男の人が馬につけて、杖突峠を越えて栗を売りに行く。上諏訪、場合によっては下諏訪までも行って日帰りする。

この時は必ず莚《むしろ》一枚と一升桝《ます》を持っていき、たとえ一升でも莚の上へ栗をあけておいて、桝へ山盛りに計ってやる。

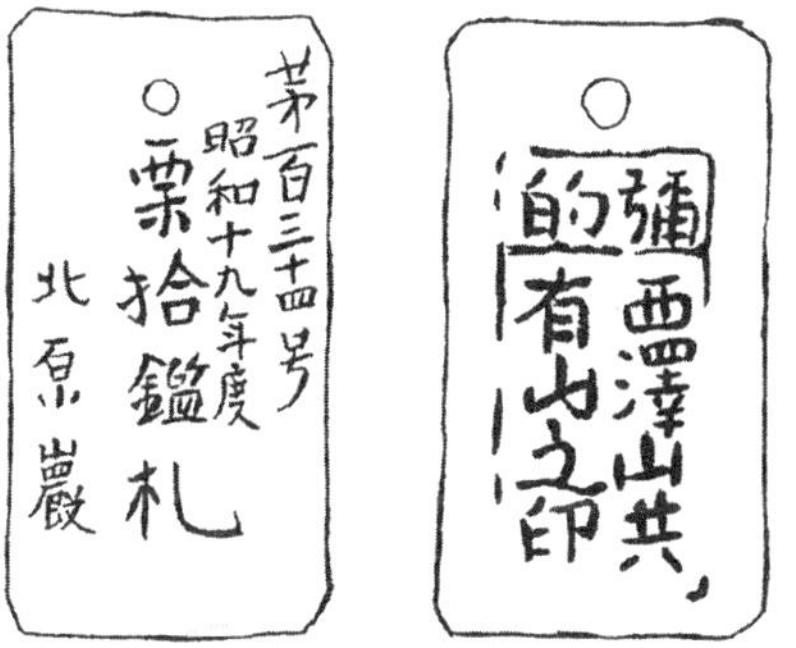

昭和 19 年に長野県上伊那郡長藤村（現伊那市高遠町長藤）が弥勒と的場という二つの集落に発行した西澤共有山での栗拾いの鑑札。
出典：向山政重著作集『山国の生活誌』新葉社 1988 年

この桝取りにはいろいろごまかしの手があって、計ったものを手をあててあげ、それを逆さまにしたまま、次の栗を計るために手前の方へ升をかえす。桝の底に少し残ったままで次の栗を計るから、山盛りに計ったようにみえても実際は少ないのである。栗の値段は米の値段に近かったらしく、帰りに荷に米を買ってきたり、栗一斗（一八ℓ）と籾《もみ》一斗と交換してきたりした。

上伊那地方では天竜川の東つまり川東の方が栗の適地らしく、川西は木が堅くねじれているのが多い。川東の栗は素性《すじょう》つまり樹高の伸びがよく、赤石構造谷の遠山谷、大河原、鹿塩、藤沢谷は、みな栗の産地である。一般に、北へ傾いた山の方がよく、南向きの斜面は木がよくない。

多くは入会山の栗を禁伐木《トメギ》にしてあって、伐ることはできなかった。必要があって伐る場合は、村役人立ち合いのうえで木を選んで行った。板葺石置き屋根の多い伊那地方では、栗は屋根板材として保ちがよく、最もよいものとされている。集落によっては、入会山の栗を伐ってこの屋根板材を各戸に配るようにしているところもある。

栗拾いもトメ山（入山禁止）にしておいて、日を定めて一斉に拾わせる。これを「栗山の口明け」といった。集落によっては、入会権所有者に入山証を発行し、その木札をビクにつけておかなければならないようにしている。

向山雅重著『信濃民俗記　考古民俗叢書』（慶友社一九九〇年）は、上伊那郡長藤村（現伊那市高遠町長藤）弥勒的場の共有山の管理についての規約を載せている。その中に栗の採取に関わる部分として、二カ条の規定があるので紹介する。

第二十七条　共有山栗ノ実拾ヒハ鑑札ヲ携帯シテ入山スベシ　此ノ鑑札料ハ其ノ委員ニ於テ決定スルモノトスル

第二十八条　栗拾イ鑑札下付ハ戸籍ノ出入リニ係ラズ事実ノ婚姻成立ト認メタル者及ビ年期奉公人ニ下付スルモノトスル

この二ヶ条である。第二十七条は共有山へ栗拾いに行く時は、定められた鑑札を携帯することとされている。鑑札は、戸籍への入籍がすんでいない足入れ婚の嫁も公認された。また昔は農作業の忙しい四月から一〇月までの「八月奉公《やつき》」といわれる奉公人が多くいたので、この人たちも木札に名前を記して焼き印をおした「栗拾い鑑札」を受けることができたのである。

栗の保存と剝き栗の渋取り

拾って帰った栗は、蒸れないように土間へ薄く広げたままで干しあげると味はいいが、酒栗になりやすいので、栗は莚に広げ、日向でよく乾燥させるのである。このようにして生のまま乾しあげたものを貯えることもできるが、これは虫がつきやすい。蒸かして、さらに乾かして貯えておき、食べる時もう一度蒸かすのがよい。これは時々出して乾かさないとカビ易い。

炒栗《いりくり》の作り方は、取ってきた栗を少し乾かして、まだ生乾きのものを炒ってよく乾かす。これは長くおいても味がいいが、乾かしが足りないとやはり青カビが入る。

乾栗《ほしぐり》は、生のままよく乾かしたものを蒸篭《せいろ》でよく蒸かしたのち乾燥したもので、いつとりだしてもすぐに食べられる。一日に二蒸かし位の時間をかけてよく蒸かすと甘みが出る。

一日に三回蒸篭を蒸かすのは大忙しである。それで、「拾うに手間、食べるに手間、栗ほど不経済なものはない」などという。蒸かしの足りないものは後に硬くなる。よく蒸かしたものはいつまでも軟らかく甘い。また乾かしの足りないものは、甘いが渋がとれにくくて具合が悪く、貯えておくうちにカビ易く、青カビなどが吹いてきて、まずくなる。

生でよく乾かしたものを、餅つきの臼、またはバッタリや水車《クルマヤ》などで搗いて皮と実を分離させ、割れた皮を箕や唐箕などであおったりして、きれいな実だけにしたものが搗栗で、伊那地方ではカヂックリとよぶ。これは虫が食わず貯えがきき、翌春まで貯えて置いて食べる。小豆と一緒に煮ると、甘みが出てうまい。

白栗の渋皮は爪で具合よくとれるが、地元で〝カネックリ〟と言われる皮が赤く色づいた栗の渋皮はなかなか取れにくい。白栗は十分に熟していないので、果皮が白いのである。それで沢山の栗の渋皮をとるためには、いろいろな工夫をしている。

栗の皮は人が歯で剝くのが普通であるが、この剝いたものをすり鉢に入れ、水を加え、米を洗うようにかき混ぜる。この方法は爪がすり減り、指先の皮膚が薄くなって痛い。ザルに入れ、水のなかでざわざわとこする。桶へ水を入れて、そこへ尖った小さな石を混ぜ、水を加えて棒でこじる。また唐臼《からうす》などに使った石臼へ入れ、手へ草履をはめてこする、などの工夫がおこなわれている。

近年はこの苦労を省くため、川べりに子供の遊びのような小さな水車を仕掛け、これへ小さな穴をあけたブリキ缶、

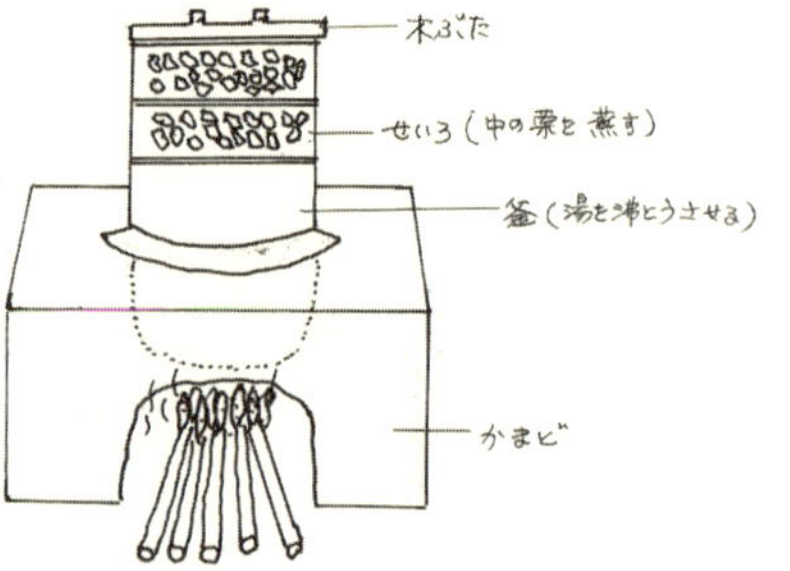

せいろで栗を蒸かす模式図
栗はせいろで、よく蒸した後に乾燥して保存する。

割竹を打ち付けて、水の出入りできるようにした胴などをつけ、これに栗と小石を入れておくと、手を煩わさないで渋がとれるという工夫もなされている。栗の皮を剝き渋をとることを「栗こしらえ」というが、この栗こしらえが大仕事なので、女の人たちには苦しい仕事として喜ばれない。

栗の引掻餅《ひっかきもち》の作り方は、渋の取れた生栗を鍋に入れてよく煮て、煮えたったところへ小麦粉を入れてかき回してよく練り、これを小さい握飯大に握ったものである。火にあぶって食べるとおいしく、栗飯とともにカテモノ（飯の不足分を補うもの）として栗を食べるときの主な食べ方である。

栗飯には塩をいれない。少し塩をいれると一、二度はいいが、じきに飽きてしまって長続きしない。

塩栗は、渋をとったものを茹でて、塩をうち、よく水を切り、さらに二、三分蒸す。これは茹で方の硬軟を計算することと、栗の渋を完全にとるのがコツである。

栗粉《くりこ》は、栗の茹でたものをつぶして少しの塩を加え、砂糖を入れて餡のように作るものである。これを搗きたての餅をちぎったものへまぶしつけたものが栗粉餅である。牡丹餅（〝おはぎ〟ともいう）へつけると、栗粉牡丹餅となる。

栗を入れた赤飯が栗強飯《くりこわめし》である。

山で拾った生栗は、すぐ皮を剝いて食べる。この生栗は一種特有の香ばしさがあってうまい。食べ過ぎるとデキモノが出やすくなるので、秋になると子供たちの手や顔にデキモノを見かけることが多くなる。

茹栗《ゆでぐり》は火を強めにして茹で、よく湯を切る。切り方が足りないと水っぽくなる。

埋栗《いけぐり》は土栗《つちぐり》ともよばれるが、虫のつかないよい粒を選んで、軒下の雨だれの落ちるところ、縁側の下の乾いた土などに埋めて貯えておく生栗のことであるが、春の彼岸ごろまで貯蔵できる。

昭和初期の村の生活と栗

昭和初期の村の生活を小学生が調べ、先生がそれを整理したものが竹内利美「小学生が調べたる上伊那川島村郷土誌」（日本常民文化研究所編『日本常民生活資料叢書 第十三巻』三一書房一九七二年）である。そのなから、栗に関する部分を抜き出して紹介していく。長野県上伊那郡川島村は、現在の同郡辰野町大字上島・横川の地域である。川島村は、渡戸、下飯沼沢、飯沼沢、一ノ瀬、門前、木曽沢、伊良沢、日向、中谷、入谷という一〇の集落で構成されていた。この村の、土蔵その他の屋根は省き、本屋の屋根だけの、屋根葺き材料の種類ごとの数を昭和一〇（一九三五）年一月に調べたものでは、板屋三〇〇（七六％）、茅屋五九（一五％）、こけら屋二七（七％）、トタン屋八（二％）であり、板葺の屋根がもっとも多くを占めている。

屋根板のふき替えは何年目くらいからするかについては、一年おきから四年おきまであり、屋根板を栗にした場合四〇年くらいは保つとされている。

屋根板のことについて、調べられている。

○屋根板は家で剥いだか買ったか。

家では栗の木がないので買った。あれば剥《は》いでもらう。（渡戸三）

買った家　三軒

家で剥いだ家　一五軒

（　）内の渡戸とは集落名で、その後ろの数字は小学生が調べたものをとりまとめた竹内利美先生が、調べてきた生徒名の覚えのために記した記号のようである。以下、同じ方法である。

○屋根板を剥いだ人はだれか。

家の父さんが剥いだ。（門前四一）（一ノ瀬二九）

板剥ぎに頼んで剥いだ。　一三軒

諏訪のおじい。（門前三七）

門前の一剥ぎ。（飯沼沢二三）（一ノ瀬二八）

よけにいる板剥ぎのおじい。（一ノ瀬三〇）

○栗の木はどこのものを使ったか。

家の栗の木。（入谷五三）（門前四四・四二・三七）（飯沼沢二五・二三）

村山の栗林の木。くじで決めた。（一ノ瀬三〇・三二）

村山の木と家の栗の木。（一ノ瀬三六）

一ノ瀬には、板屋仲間だけの栗林が村山の中にある。それを仲間が順に「くじ」で決めては伐り、屋根板にしている。茅屋仲間の茅山に対して作ったもので、茅屋仲間の分家は、板屋でも仲間に入れないことになっているという。

栗拾いする場所や、栗拾いの決まり等についても調べられている。

○栗拾いをする場所

渡　戸――清水窪、石あらし、中の沢、ごーぶら、なべくら、狐穴、明神様

下飯沼沢―しらはり、本こば、向山、青山、祝殿様の林、自分の家の山

飯沼沢――こがや、上の山、蚊増沢《かまつざわ》、山こせ、こべえし、笹見平《ささみでえら》、栗平《くりでえら》、向山

一ノ瀬――わかた山、なぎの下、のた、岩のくぼ、よいちくぼ、権現様

門　前――上平、なしのつぼ、大うまつぼ、少うまつぼ、こがはら、うえでん様の林
木曽沢――上の山、大うまつぼ、向山、赤坂、みなん畑、ひかげ林、べえし《べえし》、じょうけん
伊良沢――向山
日　向――ひかげ林、しみず、大栗、沢口
このように子供（大人も）たちが栗拾いをする場所は、たくさんあったのである。

○栗拾いの決まり

因みに「えぶる」とは、揺するの方言で、栗の実を落とすため木に登って枝を揺することをいう。

1　人の家の木を「えぶって」はいけない。　渡戸、下飯沼沢、飯沼沢、一ノ瀬、門前、木曽沢、日向
2　鎌で木を削ってはいけない。　一ノ瀬、渡戸
3　木の幹を石で叩いたり、枝を折ったりしてはいけない。　一ノ瀬、渡戸、門前、木曽沢
4　村の栗の木を伐ってはいけない。　下飯沼沢
5　何処で栗拾いをしてもよい。　飯沼沢、日向
6　人の家の山に入ってはいけない。　渡戸
7　他所の村の人が来てはいけないので番をする。　飯沼沢

○栗のなる年、ならぬ年の呼び方

なる年――なりどし
ならぬ年――ならねどし、きやうねんどし

○栗拾いの始まりの日と終わりの日（昭和八年）

九月一一日から一〇月七日（渡戸八）、九月一二日から一〇月八日（渡戸一二）、九月一八日から一〇月一七日（下

飯沼沢一七）、九月一九日から一〇月一六日（飯沼沢二二）、九月一二日から一〇月九日（一ノ瀬三二）、九月二〇日から一〇月九日（門前三七）、九月二日から一〇月一五日（門前四四）、九月一五日から一〇月一四日（木曽沢四五）、九月に八日から一〇月一〇日（伊良沢四九）、九月二八日から一〇月二七日（日向五一）以上のように、栗拾いが始まる日から終わりの日の取り決めは、一〇通りの期間があった。最も早い栗拾いの開始日は九月二日であり、最も遅い開始日は九月二八日と、ほぼ一カ月の開きがあった。栗拾いの最終日で最も早いのは一〇月七日で、最も遅いのは一〇月二七日であった。

○この村では、栗の木は栗拾いのためもあるが、主に屋根板の材料として村では、なかなか大切なものとされている。

飛騨南部地域の板葺屋根

板葺屋根の材料としての価値を『新版 日本建築』（学芸出版社一九五四年）は、「木端板葺《こっぱ》の材料は、栗が最上で、檜、杉なども用いられる」としている。なお木端板葺とは、屋根板として厚い板をもちいたもので、薄い板の場合は木賊板葺《とくさ》とよばれる。栗材が屋根板に使われるのは、材が比較的強靭で、木理が通直であるため割りやすく、比較的均質で工作がしやすく、水湿に耐える力が大きいからである。

前に触れた『栗』はまた、飛騨の南部に位置する旧益田郡《ました》（現在のほぼ下呂市の地域）の屋根葺きの状況を、大正初期の『岐阜県益田郡誌』から引用している。

本郡内住家の多くは低き二階建てなり。屋根は板葺きにて石を以て之を圧する。（中略）屋根は一般板葺にして茅葺きをみず。板は「屋グレ」と称して栗の木を長二尺二、三寸に切り、厚さ二、三分の板にへぎたるものなり。

一坪を葺くにおよそ三〇〇枚を用ゆ。隔年「板カヘシ」と称して新板を補い葺き替えるなり。板を圧するに横木を以てし、これを「石持ち」と名付け、その上に石を載せ圧す。この石を「屋オモ」という。

同書からすると栗材の榑板《くれいた》の大きさは、長さ六七～七〇cm、幅一五～一八cm、厚さ六～九mmということになる。屋根葺きに用いる栗榑板は、一坪つまり一・八m四方（三・二四㎡）に三〇〇枚が必要であった。同書では、「一般家屋は質素にして堅固、ただし概して大なり」とされている。新築後でも、翌年から補修用に添え榑板を用意しておく必要があったのである。

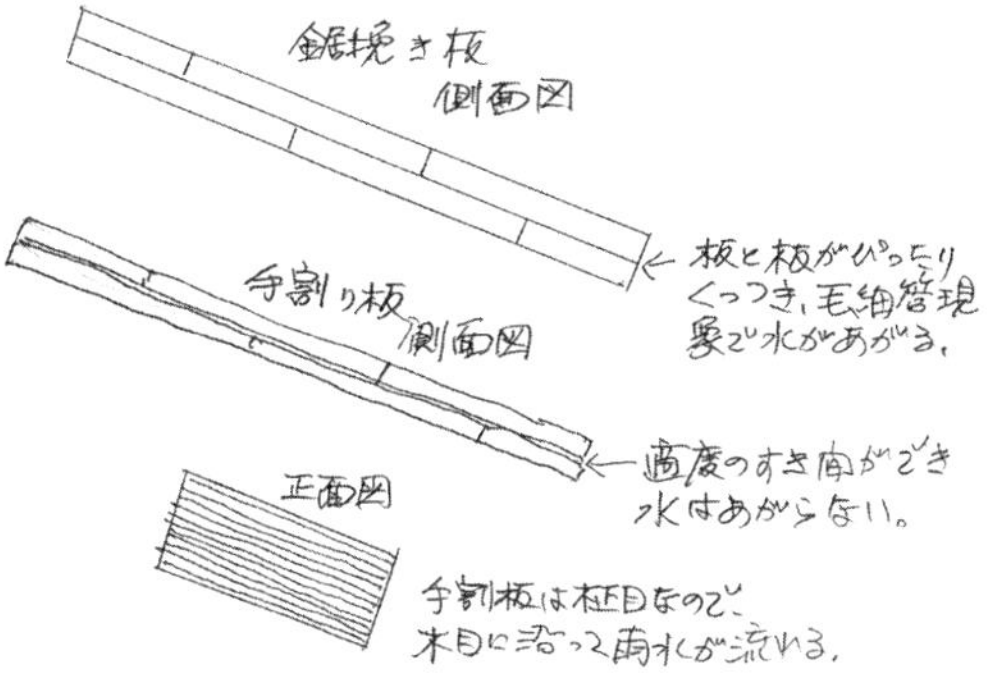

鋸引き板と手割り板の違いの模式図

　旧益田郡下呂町（現下呂市）の条では、板葺屋根の勾配について、屋根の勾配を緩くすることは屋根に置いた石が転げ落ちにくくするためのほか、なるべく平面に近くするほど面積が減少して経済的だと記されている。屋根の勾配は『飛騨の民家』によると、榑葺きの屋根は長さ一尺に対して高さ二寸五分で一四度という緩い屋根である。これに対して瓦屋根は長さ一尺に対して高さ五寸の勾配で二六・五度となる。また茅葺き屋根はほぼ六〇度という急勾配である。

　屋根は隔年ごとに新板を補って、葺き替える。この作業を「板替えし」といって、農閑期の晴天を選んで、近隣・親戚の手間替えで行い、一日で終わるのを通例とされていた。「板替えし」は、屋根の榑を全部おこし、腐ったものは下に捨て、腐りがなく使えるものに新しい榑板を補充して葺き直すものである。榑板を起こしたときに、屋根裏の掃除もされた。隔年ごとの「板替えし」作業の手間替えはこの地域では煩わしいものとされていた。

下呂町では、昭和二（一九二七）年に中心街の大火災があってから板葺が許可されなくなり、新築の家はセメント瓦やトタン葺きとなった。屋根の榑板の栗材が鉄道枕木としておびただしく伐採されるようになり、栗材の入手が困難になった。このような原因で、板葺の民家は急激に減少していった。

前に触れた『栗』は、旧萩原町四美在住の今井達郎（昭和元年生まれ）から、自家用の屋根板用の栗林の管理について取材している。

ここらでは、瓦に替るまでは板葺で、栗の榑《くれ》を使った。昔から屋根には栗ということに決まっており、各家々では自分の山の栗の木を大切にし、屋根用の栗として大切に管理した。そして葺き替えの時に使えるよう準備した。「栗は大事、屋根に大事」といわれてきた。

私の家の二町歩ほどの山のことでいえば、「ここは来年」「ここは翌翌年」として屋根の葺き替えに使う栗を決めて管理していた。榑板作りに使える栗は、直径三〇から四〇㎝のもので、七〇年から八〇年くらいの木である。葺き替えの年には、このような木を七から八本伐った。栗の木は下の方から太い枝が出やすく、節のない幹の部分は意外と少ないので、結構本数がいることになる。なお、この山では、小さい時にはよく栗拾いをしたものである。

瓦に替りはじめたのは資産家の家からで、昭和五、六（一九三〇、三一）年のころで、一般の家もそれに続いていくことになると、板葺き屋根が瓦葺き屋根に変わり始めた時期を述べている。

栗を用いた民間療法

栗もまた薬用樹木とみられ民間では、漆かぶれや出来物の治療に用いられてきた。鈴木棠三著『日本俗信辞典 動・

植物編』（角川書店一九八二年）からまず紹介する。

・漆かぶれには、栗の木の甘皮を煎じた液に浸けるとよい（岩手、山梨、佐渡、愛知、長野、広島）。栗の皮の煎汁も用いる（岐阜、富山、山口）。櫨《はぜ》負けも同じ（愛媛、高知）。

・漆負けに、生栗の煎汁を塗る（岩手）。栗の葉の揉み汁を塗る（富山、埼玉）。栗の葉の風呂に入る（富山）。栗のいがを煮だした汁をつける（埼玉）。

・魚に中毒したときは、生栗を渋皮のまま食べる（山口）。椎、栗、食用茸を湯でふりだして飲む（岩手）。

・汗疹《あせも》には、栗の葉を煎じてつければよい（愛知）。

・火傷《やけど》には、栗を粉にして種油で練ってつける（飛騨）。熊本では、栗のいがを黒焼きにして種油にまぜる。

・できものや面疔《めんちょう》には、栗の葉を焼いて飯と練り合わせ、紙に塗布して貼る（富山）。吸出しにも同様にする（富山）。

・負傷などにより成歯が脱落したとき、青壮年の人であるならば、時日のたたぬうちに栗のいがを黒焼きにし、その黒焼き灰を麦飯で練り混ぜてつけると、再び歯が生えてくる（奈良）。

・眼病には、栗を目に押し付けて、その栗を川に流す（宮城）。

・風邪の咳の薬に、栗の皮の煎じ汁を飲む（奈良）。

・疳《かん》の虫には、栗（または椚）の木の中にいる白い虫（カミキリムシの幼虫）を焼いて食べさせる（福島）。

・栗の葉を夏の土用中に採取して陰干しにしておき、これを煎じ服用すると、発汗解熱の効がある。

近世の民間薬書を収集調査した『富士川游著作集　五　民間薬』（思文閣出版一九八一年）から、栗の薬用を紹介する。

・白禿（白禿風、頭部黄癬）は、栗のいが（ただし、これがないときは栗の木の皮でもよい）とヒトモシ、この二味を等分で、水にて煎じ、塩を入れてよくよく下にたでて、その上に右の薬を付けよし。またクジラの油にてとき、つけるべし。（和方一万方）

・漆瘡《うるしかぶれ》は、栗の皮を取り、よく煎じて、度々洗ってよし。（懐中妙薬集）
・するめ毒に中《あた》ったときは、生栗を五つ食わすべし。（諸国古伝秘方）
・火傷（湯溌傷も含む）は、飯、栗、右二味を黒焼きにし、細沫にしてひねりかける。痛めばゴマの油でつけるべし（懐中妙薬集）。栗（黒焼き）をゴマの油でときつける（懐中妙薬集）。栗の木の皮（黒焼き）、オシロイ（少加）、右二味、紺屋のゴスミ水でしるしるとき、鳥の羽でつけるべし（懐中妙薬集）。
・とげ刺（竹本刺、針刺）（トゲが立ったとき）は、生栗、松茸の茎、サメの皮、右三味は等分、□《不明》の腸で練り、疵の口にあまるほど入れ、そのうえに蛙の皮で蓋をする。蛇の皮でもよい（和方一万方）。
・腫物《はれもの》とは、諸種の小腫物のすべてをいい、この中には瘍《よう》、疔《ちょう》、癤《せつ》、その他諸種の膿腫をも含んでいる。勝栗の粉を梅酢にて粘らせ、そくい（飯粒を練ったもの）をすこしいれてもよい。これをつける。（奇方録）
・熊の咬み傷は、生栗を噛んでつけるべし（奇方録）。
・馬の咬み傷は、生栗を噛んでつけるべし（経験千方）。スベリヒユをつき煎じて服用し、咬まれた疵には栗の実を砕いてつけてよし（夜光碧）。

『大同類従方』の栗の処方

栗は奈良時代から平安時代初期にかけて、薬用に用いられていた。平安時代初期には、わが国では二つの医書が日本人によって著されている。その一つは、『日本後紀』巻第一七の大同三（八〇八）年の条に献上されたことが記されている『大同類従方』である。この書物は、一〇〇巻あり、日本各地の名家などが拠出する薬物や調薬の仕方をもとめたものである。もう一つは永観二（九八四）年に丹波康頼の撰で、朝廷に献上された『医心方』である。こちらは三〇巻から成っている。

『大同類従方』は槇佐知子によって詳しく解読され、『全訳精解 大同類従方 上・下』（平凡社一九八五年）として刊行されている。上巻は用薬部で、下巻が処方部となっている。用薬とは、薬とする材料のことである。栗は、巻之四の二二番目に「久奈利美《クナリミ》」として載っている。槇佐知子は、「クナリミ、味は甘く、香りはない、九月に実を採り、日に数日間乾かす」と訳している。そして「久奈利美、和名クリ、栗の実、生薬名栗子《りっし》」と解説している。

栗の処方は、次の四つの巻に記されている。

■巻之十四の疫病《えやみ》に関する処方の部分

時の気の冷まし薬　従五位上吉宜《きぎ》の処方で、出雲木好に授けた処方である。栗皮、山塩、甘草《かんぞう》の三種類を粉末にして、白湯《さゆ》に米酢をすこし入れて与えること。

時の気とは、間歇熱の症状をあらわす疫病のことである。吉宜は、百済国の医術家で典薬頭吉田古麻呂の父である。吉田連の姓を、神亀元（七二四）年に賜っている。

三木薬　出雲国の国造《くにのみやつこ》、出雲臣国成の家伝の薬である。疫病《えやみ》で多くの人が苦しむ場合のもの。栗皮、桃皮、梅皮の三種類を水で煮て（以下不詳）

■巻之四十五は、肩突き病・肩凝りに対する処方

伴野薬《ともの》　信濃国伊那郡の伴野郷の家（土地の豪族であろう）の処方で、元は少彦名命《すくなひこなのみこと》の神方である。男女を問わず肩突きで苦しむ者に与える薬である。栗の虫、一種類を焼いて粉末にし、白湯で与えると霊妙なききめがある。

栗虫とは、ゾウムシ科の昆虫クリムシギゾウムシの幼虫で、実に穴をあけて食い荒らす。

■巻之九十八は、諸瘡の初期治療薬の処方

甘楽薬《かんら》　上野国甘楽郡の首《おびと》の処方である。腫物ができて、腫れて痛む者に用いる。栗のいが、南天竹子、ハルクマネの三種類を黒焼きにし、クマミの油で溶かしてつける。ハルクマネとは、春のクマザサあるいはコグマザサ

の根のことであろう。クマミは、熊の肉の油か、クルミの油の誤写か不明である。

■巻之一百は、諸病に対する処方

牛に咬まれて苦しむ者には、栗の実、一種類を生のまま噛んでドロドロにしたものを付けること。

岩下薬　長門国阿武郡の渋田興房の処方で、タコやスルメを大食したため腹が張って痛み苦しむものに用いる処方である。栗の実、一種類を生のまま食べること。

『大同類従方』の処方には、これまでみてきたように、民間薬や民俗療法として栗が使われる処方が見られるのである。

中薬で薬に用いられる栗

中薬《ちゅうやく》とは、日本でいう漢方薬のことで、中国の伝統医学を「中医学」と称することが多くなったように、この言葉も近年になって使われだした。なお中国では、言い伝えで用いられる民間薬を「草薬」と称し、両方をあわせて「中草薬」という言い方もする。

膨大な中薬の原料をとりまとめた書物の『中薬大辞典』（上海科学技術出版社・小学館編　小学館刊一九八五年）第四巻に収められている栗の生薬名と、その薬効などについて簡明に記していくことにする。なお中薬で栗というのは、和名をシナクリと呼ぶもので、日本産の栗とはほとんど同じである。そして用いられている部分は、花、外果皮、果実、樹根、樹皮、毬、葉であり、栗の木全体が薬用にされていることがわかる。

花は生薬名を栗花《りっか》という。花にはアルギニンという成分が含まれている。激しい下痢、便血、瘰癧《るいれき》を治す。一～二銭を煎じて服用する。また粉末にして服用する。瘰癧の長いあいだ治らないものの治療は、栗花を採取し、貝母《ばいも》ともに粉末にする。一日一銭を酒で服用する。

栗の外果皮は生薬名を栗殻《りっかく》という。反胃（慢性嘔吐）、鼻出血、血便を治す。煎じるか、粉末にして服用する。また丸薬にして服用する。鼻出血に種々の方法を試みたが止まらない場合の治療では、栗殻五両を焼いて灰にし、粉末にする。一回二銭を粥で調えて服用する。

栗の実の生薬名は栗子《りっし》という。果実はタンパク質五・七％、脂肪二・〇％、炭水化物六二％、無機成分一・三％、デンプン二五％およびビタミンB、リパーゼを含む。薬効は、胃を養い脾を健やかにする、腎を補い筋を強める、血を活かし止血する、効能がある。反胃（慢性嘔吐）、水様性下痢、腰脚の弱くなったもの、吐き気、鼻出血、血便、刀槍傷や骨折の腫れや痛み、瘰癧を治す。新鮮なものや煮たものを食すか、または薬性を残す程度に炒り粉末にしたものを服用する。小児で脚力が弱く、三から四歳になっても歩行できないものの治療には、新鮮な栗を食べさせるとよい。

栗の根の生薬名は栗樹根《りつじゅこん》いう。用法は内服で、二から三銭を煎じて服用する。また酒に浸して服用する。歯痛で赤く腫れるものの治療は、板栗根、棕樹根の煎じた液で蛋《たん》（卵のこと）を煮て食べる。

栗の幹
中薬では口中の瘡や漆かぶれの治療に用いる。

栗の樹皮の生薬名は栗樹皮《りつじゅひ》という。樹皮にはクエルセチン、尿素、色素およびタンニンが含まれる。丹毒、癩病《らいびょう》、口の中の瘡、漆かぶれ、打ち傷を治す。用法は外用で、煎じた汁で洗うか、または焼いて灰にし塗布する。漆かぶれの治療には、栗樹皮あるいは根樹皮半斤から一斤を煎じ、鉄銹《てつさび》一から二両を注いだもので、一日に二、三回患部を洗う。

栗の内果皮の生薬名は栗荴《りっぷ》という。瘰癧、魚の骨が喉に刺さったのを治す。栗子頚の治療には、栗の毬の内側の薄い皮を剥ぎとり、ついて塗布する。魚の骨の刺さったものの治療は、栗の薄い皮を薬性が残るくらいに焼き、粉末にして喉に吹き入れる。

栗の毬（総苞《そうほう》）の生薬名は栗毛球《りつもうきゅう》という。瘰癧の痰核、百日咳を治す。焼いて灰にした栗毛球を鼻に吹き込み、中風による言語障害を治す。用法は内服で、〇・三から一両を煎じて服用する。外用では、煎じ汁で洗う。または粉末にし、調えて塗布する。小児の百日咳の治療には、風栗殻三銭に糖冬瓜五銭を加えて煎じて服用する。栗の葉の生薬名は栗葉《りつよう》という。外用として漆かぶれに塗布する。喉疔火毒を治すには二から三銭を煎じて服用する。

栗だけで生き延びた奥三面

赤羽正春は『採取 ブナ林の恵み』（ものと人間の文化史一〇三法政大学出版局二〇〇一年）のなかで、「東北地方から北海道の南部にかけては、稲作、畑作に対する比重が極端に少ない地方がある。山や海から採れる莫大な食物が稲作や畑作以上の量をもっていた地方である」という。そして、それらの地方の中には栗だけで生き延びてきた伝承をもつ集落があるとして、新潟県岩船郡朝日村（現村上市）奥三面、山形県西置賜郡小国町金目、福島県南会津郡只見町長浜、秋田県北秋田市阿仁打当等の集落を上げており、現在でも里山として栗を集落のまわりに備えている事例を報告しているので、いくぶん説明を加えながら紹介する。

食物の三大栄養素の脂肪、たんぱく質、炭水化物（所謂、澱粉《でんぷん》）のうちでは、エネルギー源となる炭水化物はもっとも多量に摂取しなければならない。東北から北海道南部にかけてのブナ林地帯での炭水化物摂取に利用されてきた植物を次のように掲げている。

木の実 ―― 山毛欅《ぶな》、栗、栃、どんぐり

根　茎 ―― 蕨《わらび》、葛
球　根 ―― 大姥百合《おおうばゆり》、百合

赤羽はこれら炭水化物摂取のために利用する植物の中で、主食に近い食べ方をしてきたものが栗であり、栗を含む炭水化物の食物つまり澱粉質の食物を採取する山のことを、澱粉山と名付けている。

そして赤羽は、新潟県北部の岩船郡朝日村（現村上市）奥三面《おくみおもて》の澱粉山である栗林は、昭和の終わりから平成の始めの時期には、集落のまわりに一〇町歩もあったと前に触れた『採集』のなかで記している。奥三面集落は、冬は越後側との交通が断たれ、物資の供給は山を越えた山形県西置賜郡小国側に依存することが多かった。明治三（一八七〇）年の戸数三一戸、人数一三七人で、マタギの村として知られていた。

奥三面集落は、新潟県北部の村上市に河口をもつ三面川の中流で、いまは県営の三面ダムに水没している。現在のダムが築かれている鷲ケ巣山と宇連萩山という屹立した岩山に挟まれた峻険なV字谷の奥に、河岸段丘の広い土地にあった。現在でも容易に行くことができない朝日山系の谷奥には、新潟県営ダム建設がはじまる前の昭和六〇（一九八五）年までは、戸数四二戸、人口一五〇人程の集落があった。そのうえ三面集落のあった場所や、その上下流域の斜面や河岸段丘から、今から二万五〇〇〇年前の旧石器時代の遺跡にはじまり、縄文草創期から後期、晩期から中近世、現代にいたる時代の連続した遺跡群が見つかっているが、これまでは誰もこの山奥にそんな古い遺跡があるとは想像もしていなかった。『採取』の著者赤羽は、この奥三面の遺跡調査にも関わっている。そしてダムに沈む寸前の奥三面集落の人々が、現代においても食料として栗を大切にしてきたことを記録にとどめたのである。

奥三面の人たちが、主食に近い食べ方をしてきたのは栗であった。そのことを同集落の小池善茂談として、「食料としては、ヤマノモノ（栗や山菜）に対する依存度は三分の一である。カノ（焼畑の雑穀）で三分の一、米で三分の一といった」ことを記している。

奥三面では戦後まで米が極めて貴重であったので、ふだんから「鍋に湯を沸かし、ここに一つまみの米を入れて沸騰させる。薄い粥になったところへ皮を剝いた栗を入れて一緒に煮た」栗飯を食べていた。ほぼ栗の塊で、栗だけでは喉を通らないので、このようにして食べていた。

その栗を採取する栗山は、集落のまわりに一〇町歩あり、集落は二九軒を基本としていた。栗山は、西の前山から南のアチャ平、北の下ソリ、東のウレハギ山と見渡す限り栗の林であった。ここの栗は、集落の人間であれば誰が拾ってもよかった。口開けの日に一斉に拾いはじめるが、出かけた人にはすべて平等に分配された。澱粉山の栗の木は保護されて育てられたもので、栗の木以外は伐られていた。つまり栗の半栽培である。

朝日山地南部の金目集落の栗

赤羽は前に触れた『採集』のなかで、仮に米がなくても山からの食料自給が可能な集落を自給集落と名付けている。東北の奥羽山脈を水源とする各河川の、最も奥部にある集落は、後背地に広大な山を抱え、食料を山から採れるものに依存していた。

山形県西置賜郡小国町金目《かなめ》は、山形県と新潟県の県境にそびえる朝日岳（大朝日岳一八七〇m）を主峰とする朝日山地のただ中で、南に流れる金目川の最上流部にある戸数一三戸という小さな集落である。金目集落は八三〇町歩という山林を保持しており、その中に一〇町歩という広さの栗林を集落周辺にもっている。田は一三戸で三町歩足らずであり、そのほかカノバタとよばれる焼畑があった。この集落は、カモシカ、クマの毛皮などを重要な収入源とするマタギ集落である。

金目での食料は、カノバタで採れる蕎麦、粟などの雑穀と、ヤマノモノに半分以上依存してきており、そのなかで主たる炭水化物は栗であった。金目集落の周辺は、今も残る見事な栗林となっており、現在杉が植えられている場所もかつては栗林であった。栗林一〇町歩は、集落の上手にできた平らな扇状地の上にあった。栗拾いに当たっては、山の口開けという決まったものはなく、山での生《な》り物採取の基準となっている二百十日の少し前から始められ、金目の人間であれば誰がどこを拾ってもよかった。栗拾いは女性の仕事であった。

栗は小粒の柴栗であったが、比較的若い木ほど大きな栗の実をつけた。このため栗の木を伐っては、若い木に更新することを昔から行ってきており、栗の木を伐ることについての集落での取り決めはなく、むしろ栗を切って新しい若木の変えることが大切だとされていた。

拾ってきた栗は、庭の一画に並べ、その上に川から採ってきた乾いた砂をかける。つぎの栗もその上に同じように乗せていき、直径一m、高さ三〇cmほどの塊にしておく。そんな饅頭型の塊が庭いっぱいに並ぶ頃になると、みぞれが降り始める。雪の降る前の小春日和の晴れた日に、莚を出して、砂を被った栗を掘り出して洗って干す。三～四日も干せばからからになり、俵に入れられるようになる。一軒の家では最低でも二俵を越す栗が、保存食として縁側に積まれた。ここでは、囲炉裏の梁にぶら下げて、保存するという言い伝えはなかった。

新潟県村上市の奥三面の集落の周囲にある主食用の栗林。
出典：赤羽正春著『採取　ブナ林の恵み』ものと人間の文化史 103 法政大学出版局 2001 年

栗を食べるときは囲炉裏にかけた鍋に湯をわかし、ここで乾燥した栗をガラガラ煮る。皮剝きは金物をつかい、皮が軟らかくなったところで剝く。冬に食べるご飯の多くはこの栗飯で、ご飯粒よりも栗が多く、がらがらしたものであったという。「いい栗の木は五貫目（一八・七五kg）」の栗を落とす」と東北地方ではいわれている。

朝日山地北部の大井沢集落の栗

山形県西村山郡西川町大字大井沢は、広大な山地を形成している朝日山地の北部に当たる地域である。主峰大朝日岳を源流として北に流れ下る根子川はやがてとなりの谷から北流する寒河江川と合流する。寒河江川は北からの大越川と合流するとほぼ直角に東へと方角を変え、本流の最上川へと流れていく。源流からほぼ北へと流れ下る部分に山形県西村山郡西川村大字大井沢がある。大字大井沢の集落は上流谷底平野に、南北に長く、北から檜原、黒渕、原、中村、萱野、中上、清水原という七つの集落があり、大井沢七ケ村と称していた。

大井沢の栗林は標高四三〇〜六〇〇ｍの範囲にあり、それ以上はブナ林となっている。自然植生として、栗林はこの範囲内であった。

大井沢の栗林は広大であったから、山の口開けのような決まりごとはなく、二百十日少し前から拾いはじめる。栗林は村山であり、原則的にはどこで拾ってもよかったが、拾いたい栗の木の下草を刈ると、その人の拾う場所となったので、各家の近くの栗の木の下草を刈ることが多かった。栗の木の下草が刈られていなければ、そこでは誰が拾ってもよかった。

栗を拾ってくると虫のついたものは撥《は》ね、虫のつかないいい栗を二〇日も水につけた。これを日陰で干す。保存には、木の葉詰めと、砂詰めという二つの方法があった。

木の葉詰めは、石油箱（一八ℓ入りの四角い缶が二つ詰められた木箱）の底に杉の葉を敷き、栗を入れ、また杉の葉を敷く。これを繰り返して箱いっぱいになると、上を杉の葉で覆い、しっかりと蓋をする。砂詰めは、石油箱の底に木の葉を敷き、栗を入れて砂をかぶせる。何段もこの状態で栗を詰め、一杯になったらしっかりと蓋をする。

栗は何十俵拾ったか覚えていないという。栗だけで食べていける量は拾っていた。ここでは三、四年ごとに、栗が生らない年があるので、これも計算に入れて集められるだけ集めた。各家は一〇俵をくだらない量を保存した。栗の入った石油箱は、家の中の土間にうず高く積まれていたという。栗は一年間食料として、最も大切にされていた。

ここでの栗の食べ方は、保存した栗は冬から食べ始める。堅い栗の皮の剥き方は、囲炉裏で大鍋に湯をわかし、この湯がぼこぼこ沸騰しない温度に保ち、このなかに栗を入れ茹でる。茹でる途中で、蕨のホダ（秋に枯れたワラビの茎葉）を鍋のなかに放りこむ。しばらくしてあげると、栗の実の頭頂部が割れていくと言う。不思議なようだが、蕨のホダが作用して、堅い栗の実の頭を割るというのだ。この方法では、湯を沸騰させると割れないといい、沸騰寸前がポイントである。この方法であれば、手で剥けるし、ここから金物を入れて剥くことができる。

飯豊山麓の小玉川集落では、水に浸けた栗を陰干しにするときに蕨のホダをかけている。こうすると虫が食わないといい、干したものを炭俵に入れて梁につるした。

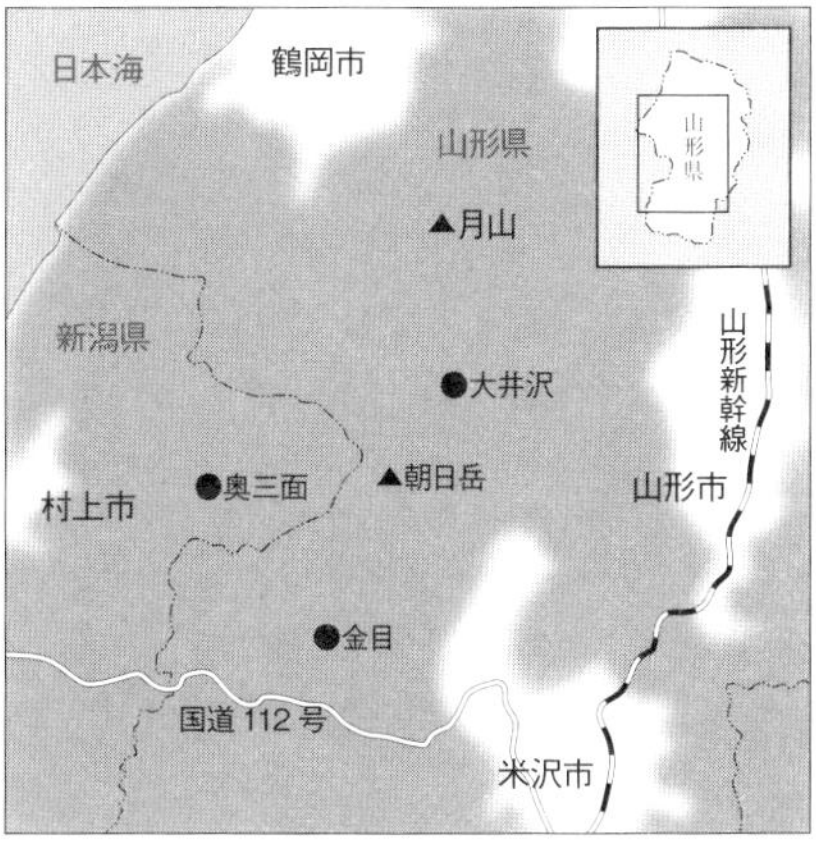

集落の周囲に主食用栗林を持つ朝日山地の村々

集落の周囲に主食用栗林をもつ集落位置図
下記を参照により有岡図化。なお、奥三面はダム化により現存しない。
出典：赤羽正春著『採取　ブナ林の恵み』ものと人間の文化史 103 法政大学出版局 2001 年

奥会津と北秋田の集落の栗

福島県南会津郡只見町長浜は、福島県北西部で新潟県へと流下する阿賀野川の上流である只見川のさらに上流の伊南川の流域に当たる小集落で、現在の戸数は四八軒である。はじめは二八軒であったが、江戸時代に三八軒となり、その後、現在の戸数に落ち着いたという。長浜ではタッカラという村の入会山があり、三〇町歩に二〇〇本の栗の木があった。タッカラの先には国有林があり、栗林はここまで続いており、村人であれば誰でも栗を拾うことのできる場所であった。木は絶対に伐らせないことになっていた。

集落の家の周りもみな栗林で、背戸《セド》の栗山とよばれた。長浜では、背戸の栗山を含めて一軒に一町歩の栗林があった。栗には生る年と生らない年と交互にくるが、これだけの栗林があれば一定量は確保でき、栗だけで食料は何とかしのぐことができたという。「栗の穀倉といわれていた」とのこと。

栗の木は伐採されることがなかったので、何百年たったのかわからないような大木であった。

各家では二百十日を待ち、栗の口開けと同時に山に入って栗拾いに精をだした。胡桃、栃、栗と拾う木の実は変わるが、最も拾う力が入るのが栗であった。一軒が何石も拾い、栗だけで冬を越した年もある。

栗は拾ってくると一、二日間、水を張った桶に入れて虫を殺し、そのご直射日光にあてないよう陰干しで乾燥させる。保存は囲栗《カコイクリ》という方法で、乾いた桶の底に栗の葉を敷き詰め、乾いた栗の実を入れ、その上に栗の葉をかける。それを繰り返し、桶がいっぱいになったら、最後に栗の葉をかけて蓋をする。栗の葉の代わりに砂を用いると、砂栗といった保存方法になる。このような方法での保存は大粒の栗で、粒の小さな柴栗は別の方法で保存した。

日陰干しした柴栗（マメックリという）の食べ方は、①皮をサイヅチでたたいて割り、中身をだす、②中身を囲炉裏の鍋で煮るか蒸かすかして、渋皮をとる。この方法だと渋皮がとれやすい、③渋皮のない中身を干しておく、④炒りなべで炒る、⑤臼でついて粉にする、⑥篩《ふるい》で粉を均一にする、⑦粉は餅の間に入れたりして食べる、これをクリッコモチという。

囲栗《かこいぐり》・砂栗は、囲炉裏の鍋の湯の中に入れ、茹であがる前の皮が軟らかくなるころ取り出し、歯で皮を剝く。水車に入れ渋皮をとる。渋皮のとれた栗は、わずかなご飯粒を栗に混ぜ一緒に煮る。これが栗ご飯で、米粒はほとんどない状態である。

旧暦の九月一〇日は、栗祭りとか十日祭りといい、オコワに栗を入れて食べた。

秋田県北秋田市阿仁打当《うっとう》は、秋田県の中ほどを南から北へ流れる阿仁川の最上流にある集落で、戸数は三三戸である。森吉山（一四五四m）の北の山麓にあたる。打当集落の周囲はすべて栗山で広さは一〇町歩あるが、栗の木は一本ずつ所有者が決まっていた。集落戸数三三戸のうち、自分の栗山をもっている人は金作、クジャム、タデスケ、オヤカタ、マンヤマ、ハンスケなど一三軒で、ヤマモチとよばれた。ヤマモチでない人は、人の栗山で栗を拾うことはできなかった。

栗の木は大事にされてきたのでみな大きく、ある人が自宅を新築したとき栗山の栗の木を伐採し、挽いて大黒柱にしたが三尺（九〇㎝）角になったという。青森市の三内丸山遺跡の六本柱の八〇㎝よりは、はるかに巨木である。

赤羽の『採集』に基づいて、栗を主食にしている地域を、朝日山地の三カ所（奥三面、金目、大井沢）、奥会津の長浜、北秋田の打当という五カ所を拾い上げた。同書の「クリを主食にしてきた村」図には、七カ所の所在地が記されているが、他の二カ所については本文には、どこにある村のことなのか触れられていない。

第七章　近現代の栗

鉄道枕木の栗

旧幕藩体制がおわり、文明開化の明治の世になって以降、栗の生育環境に大きな影響を及ぼしたものが一つある。大きな影響というのは、栗という樹木の生育本数を大きく減少させるものであった。それには人間の行為によるものと、自然現象によるものという、原因の違う影響があった。

鉄道の枕木は、主として栗材が用いられ、鉄道の延伸によって、各地の栗林が消滅していった。

まず人間の行為によるものをみると、鉄道業の創設と発展があった。新しい交通手段として汽車という乗物が走るための道としての線路を敷設しなければならなかった。汽車は等間隔に並べられた二本のレールの上を走るのだが、レールを敷くにあたって基礎部分を支える枕木として、湿っぽい土の上でもなかなか腐朽しない栗材が大量に使用されることになったからである。

枕木とは、等間隔で並ぶ二本のレールの下にレールとは直角に敷設して、レールを支える役目の木材の角材である。旧国鉄が使用した枕木の規格は、明治四三年一二月一日付け農商務省山林局編集の『山林広報　第一二号号外』の「鉄道枕木」によれば、長さ七尺（約二・一m）、幅六寸七分（約二二cm）、厚さ四寸六分（約一五cm）、材積〇・二一五石《こく》（約〇・〇六〇㎥）という角材であった。枕木の呼び方の単位は、一本、二本ではなく一挺《ちょう》、二挺とよんだ。

一km当たりの枕木消費量（挺）は、鉄道の敷設時期、場所が平地か、橋梁か、急湾曲線か、急勾配地かによって、また鉄道各社によっても異なっていた。山口明日香は『戦前期日本における枕木市場の取引構造』（慶応大学ディスカッションペーパー二〇〇九年）で、一km当たりの枕木の建設消費量および改良・補修用枕木の消費量を時期ごとに推定している。

一八七二（明治五）～一八八〇（明治一三）年	一二五〇挺と一三〇挺
一八八一（明治一四）～一九一〇（明治四三）年	一三八〇挺と一四〇挺
一九一一（明治四四）～一九四五（昭和二〇）年	一五〇〇挺と一七〇挺

この資料から発足当時の枕木の並ぶ間隔はやや疎であったが、時代の経過にしたがって間隔が狭くなつていくことがわかる。木材はエネルギー、資材、あるいは原料として、さまざまな産業に利用されている。戦前期の日本国内における木材の需要量は、鉄道業、炭鉱業、製紙業などの産業の発達とともに変化し、資材・原料として利用された木材（用材）の消費量は、明治一三（一八八〇）年代の約二〇〇〇万石（約五五六万㎥）から、第一次大戦によって六〇〇〇万石（約一六六八万㎥）に増加し、昭和五（一九三〇）年代後半以降には一億石（約二七八〇万㎥）を凌駕したのである。山口明日香の前出の資料によれば全国枕木消費量は、明治三三（一九〇〇）年前後に用材消費量の一％を占めるようになり、その後は戦前期をとおして一から二％で推移しているという。

鉄道枕木に使用する樹種について前に触れた『山林広報 第二二号号外』は、「枕木用樹種の選択は鉄道経済上重要なる問題にして保存力の長短、材質の軽軟、強弱、弾力等の工芸的性質並びに枕木の価格等は樹種により著しく異なれり」といい、国内に産する枕木用樹種として次の樹種を掲げている。

■本邦に産する枕木用樹種（筆者が整理して掲げる）

栗、ひば、檜、金松《こうやまき》、槙（イヌマキのこと）、塩地、松、落葉松、黄檗《きはだ》、ねずこ、槲《かしわ》、楡、刺桐《はりぎり》、楢、榧、桂、桜、樫、楠、杉、椎、その他雑木。

※これらのうち、内地において使用するものと、外国に輸出するものとは、その樹種を異にする。内地使用樹種の主なるものは、栗、ひば、松、檜等である。

明治四二年度の調査によるに、鉄道院において購入した並枕木総数量二二五万四五五四挺中、栗五一％、防腐松六・六％、椎〇・六％、二種材（塩地、落葉松、ねずこ、刺桐、楢、槲、黄檗、楡）二五・九％となる。

鉄道院にては、樹種を左のように規定している。

枕木は角材にして左の樹種とす。ただし、挽材《ひきざい》・杣材《そまざい》混入するも差支えなし、並枕木（通常の場所の枕木をさす）

第一種	檜、ひば、栗、槙、金松、榧に限る
第二種	塩地、落葉松、ねずこ、刺桐、楢、かしわ、黄檗、楡
橋梁枕木	檜、ひばに限る。ただし、北海道線納のときは塩地、楡を加える。

転轍機轍叉用枕木（分岐枕木のこと）　檜、ひば、栗に限る。ただし、北海道線納のときは塩地、楡を加える。

もっとも多量に使用する並枕木（通常の場所の枕木）の第一種は、檜、ひば、栗など耐久力のある六種類の樹種に限定されていた。そのなかで栗の枕木は、明治四二年度に鉄道院が購入した枕木の五一％を占めていた。鉄道発足から終戦までの全期間を通して栗材の枕木が、このように高い率を占めていたかは不詳であるが、どの年においても相当な購入率を栗材の枕木が占めていたことは確実である。

日本の鉄道は明治五（一八七二）年の新橋～横浜間の開通にはじまった。明治二二（一八八九）年には東海道線（新橋

～神戸間）が全通し、国設鉄道の営業km数は、八八六kmに延長された。明治三〇年代の始めごろには、全国的な幹線鉄道網はほぼ完成し、明治三八（一九〇五）年の全国営業km数は八三七一kmに達した。同年の全国枕木消費量は約一七〇万挺（約三八万石＝約一〇・六万m³）であった。うち国設鉄道の枕木消費量は約六六万挺（四〇％）であった。明治初期の枕木の調達は、各府県の官林（国有林）から直接、あるいはいったん商人に払い下げられてから調達された。

近世から明治初期にかけては、全国的に森林が成立している林地は少なく、鉄道の延伸に必要な枕木を供給することは、すぐに困難になってきた。大正九（一九二〇）年代になると、枕木用の適材が不足しはじめ、とくに一九三〇年代後半には、枕木不足が顕著になったのである。

『長野県百科大事典』（信濃毎日新聞社編・発行一九七四年）は、栗の項で「赤石山脈と伊那山地とに挟まれた赤石谷はかつては山栗が多く自生し、収集され大量に移出されていたが、鉄道枕木用材として伐採され、またクリタマバチの被害で、その多くは消滅してしまった」と記している。

クリタマバチによる栗の木の被害

わが国の栗の木の生育本数を大きく減少させた害虫被害に、クリタマバチの被害がある。昭和一六（一九四一）年ごろ、岡山県でこの被害カ所が発見され、年々被害地を拡大しながら昭和三〇年には津軽海峡をわたって北海道に侵入した。この害虫は全国に蔓延し、栽培栗のみならず野生栗にも著しい被害を与えたのである。

クリタマバチはタマバチ科のハチで、雌だけで繁殖（単為生殖）することができる。新梢に産卵し、翌春になって幼虫が発育をはじめると、その芽は肥大して虫こぶ（ゴール）となる。虫こぶとなった芽は、葉を展開することができなくなるので、その木に多数寄生されると、栗の木の生育が阻害されるばかりでなく、栗の果実生産にも影響し、

クリマタバチが侵入した栗の枝
新芽はコブ状となり、新葉は働きを失う。幼虫はコブ状の組織内にいるので、殺虫剤は効かず、殆どの栗が枯れていった。

甚だしい場合はその木全体が枯死することになる。虫こぶの中で生息している幼虫には、当時あたらしく登場し万能殺虫剤とされたDDTも効果はなかった。クリタマバチは、わが国に古来から生息していた昆虫ではなく、今日では中国から侵入した害虫ということが定説となっている。

クリタマバチ被害の蔓延状況について、本書第六章でふれた今井敬潤著『栗』（ものと人間の文化史一六六法政大学出版局二〇一四年）や上原敬二著の『樹木大図説』（有明書房一九六一年）から紹介する。栗には従来著しい病虫害がないとされてきたが、昭和二五（一九五〇）年以降、クリタマバチによる被害が著しくなり、東京では小金井町を中心とする区域では常の年の収穫量反当五〇貫が一〇％の五貫に、茨城県では石岡市や新治郡千代田村などの栗栽培地では常の年反当四〇貫が半減以下という極度の減収となった。蔓延過程のなかで、クリタマバチに対する抵抗性のある栗の品種がみつかっていくのである。

昭和一六年に岡山県で発見され、東京には昭和二五年ごろ侵入してきた。同一六、一七年には京都府乙訓郡大江村では栗園が全滅する。クリタマバチは七月ごろ栗の新芽に産卵し、越冬して春の発芽のとき幼虫の刺激により、芽はコブ状になり，新葉の機能は衰えるのである。殺虫剤の効果がないので、枝ごと切って焼却するしか当時は方法がなかった。

昭和二〇年ごろから、しだいに東に向かって被害を及ぼしていくようになる。昭和二四年には兵庫県の栗園の被害甚大、同二五年には愛媛県に侵入し二、三年で全県下に拡大する。同二六年には、神奈川県と熊本県に被害が発生、岐阜県では柴栗・栽培栗がほとんど全滅するほどの被害が発生した。

昭和二七年には、福岡県下の栗園で大発生、昭和二八、二九年の報告では熊本県下の栽培栗の大部分が昭和二六年に壊滅的被害をうけていた。昭和二九年には、栃木県下で被害が発生している。この県の栗は、クリタマバチに対する抵抗性のある品種を植えていたため、近くの県よりも被害発生が遅かった。

昭和二九年には茨城県で発生し、翌三〇年には県下の栗栽培主産地に発生し、主要品種である大正早生、中生丹波は全滅した。

昭和二八、二九年に熊本県で、三〇年には愛媛県で山野の柴栗は、ほぼ全滅した。同年の栃木県でも、自生する柴栗の多くが枯れたのである。

農林水産技術情報協会編・発行の『昭和農業技術発達史 第七巻』（一九九八年）は、「昭和三〇年頃までにクリタマバチの被害は全国に広がり、被害は甚大である」と記している。

クリタマバチ被害の年別面積がわかるものに昭和三二年の岐阜県林業試験場編・発行の『岐阜県林業試験場報告第一号』（一九五七年）がある。

「本県におけるクリタマバチの被害面積は、昭和二六年一八八四町歩、同二七年一五七九四町歩、同二八年一二五六三町歩、同二九年一七〇〇二町歩に達し、従来耐虫性優良品種として奨励栽培されていた品種も次々とこの被害を被り、ついにクリ栽培は再出発を余儀なくされるに至った」。

岐阜県のこの報告の被害面積は、もっぱら栗だけを栽培している栗園とともに、林業経営の対象となる栗が混交している山林の被害面積を掲げたものであろう。栗材という樹木生産を目的としながら、副産物として栗の実も得られる林地の被害の広がりがみられる。初期の昭和二六年の被害が、翌二七年には八・四倍もの被害面積となっており、クリタマバチ被害が急激に進行拡大していく様子がうかがえる。山林の栗は、いわゆる柴栗とよばれる小粒の実のなるものであったが、山村ではこれまで見てきたように重要な食料であり、その幹も重要な林産物であった。前にふれた今井敬潤は『栗』で宮崎県林務部の資料から、九州山地のただ中にある村々のクリタマバチ被害の進行とその対策を拾い上げている。

昭和二八年、(宮崎県)西臼杵郡三カ所村(現五ヶ瀬町)でクリタマバチの侵入を確認。西臼杵郡の被害は一万四四七一町、三五万九三二五本に達した。当年直ちに地域住民ぐるみの駆除体制をしき、町村長を先頭に老若男女のみならず学童まで動員し、延べ二万九九人に及ぶ人々で一万七九七九貫の虫癭《ちゅうえい》を採取焼却し、二〇万二〇〇〇本を伐採した。その後、昭和三六年まで被害樹の伐倒を続け、その数八一万九〇〇〇本に達したが、クリタマバチの猛威には逆らうべくもなく、本県の栗は壊滅的被害を受けた。

宮崎県では、一つの郡で九年間に八一万九〇〇〇本という驚くべき数の栗の木を伐採しているのである。山林の柴栗が対象となるものであったが、これはひとり宮崎県ばかりでなく、全国的規模のものであった。これにより、わが国の野生の栗林のほとんどが失われることとなったのである。宮崎県の山林にこれほどの栗の木があったのは、九州山地では焼畑農業が行われ、焼畑から山林に戻す時「焼畑跡地の一部にヤマグリを植える習慣があった」からである。

クリタマバチ被害が蔓延していく過程で、従来から栽培されている品種のなかより、クリタマバチに対して抵抗性のある品種として、豊多摩早生《とよたまわせ》、乙宗《おとむね》、銀寄《ぎんよせ》、岸根《がんね》などが、見つけ出されたのである。

栗栽培の歴史

栗栽培のもっとも古い地域は、京都府、大阪府、兵庫県という三つの府県が境界を接する摂丹《せったん》地方（摂津国と丹波国の接した地方のこと）である。この地域で栽培される栗は産地名をつけられて「丹波栗」と総称され、大果であることが知られている。その中にはわが国で最も古い品種といわれる長興寺（長光寺）をはじめ、多くの品種が含まれており、大果の栗として著名な品種群である。

これらの地域は、古くから寺領地や天領が多く、しかも山間地であったため、領主によって傾斜地を利用した栗栽培が奨励され、年貢も米の代替えに栗で納められた。当時の年貢は容量単位であったので、栽培者は嵩高《かさだか》となる大果の栗を選抜して増殖したため、丹波地方で大果の栗の品種群が発達したものと考えられている。このような大果の栗は、江戸時代に参勤交代の武士やお伊勢参りなどの人によって、果実や苗木が購入されて、それぞれの地方に植えつけられ、各地に産地が作られるようになった。

江戸時代後半になると各地の栽培栗にも、品種名がつけられた。現在の主要品種の一つである大阪府豊能郡能勢町原産の「銀寄」は、天明・寛政（一七八一〜一八〇二）年間のころからの著名品種である。このようなことから、わが国の栗栽培は丹波地方からはじまったと考えられている。

果樹研究所が平成二六（二〇一四）年に発表した「ニホングリ在来品種の丹波地域から地方への伝播の分子遺伝学的検証」（農研機構ネット）によると、栗の在来品種は丹波地域とそれ以外の地域のグループに分類される。在来品種の親子解析の結果、一部の地方品種の親が丹波地域の代表品種の「銀寄《ぎんよせ》」であったことから、丹波地域から地方へ在来品種の伝播が推定されるとしている。

六〇もの在来品種間の親子解析により、両親が推定された九組合せ、片親のみの親子関係が推定された八組合せが存在する。これらの中で丹波地域の最も著名な品種である「銀寄」は五つの地方品種を含む六つの在来品種の親と推定された。また、京都の伝統的な品種である「鹿ノ爪」と秋田の在来品種である「伝五郎」においても親子関係が推定される。これらのことから、丹波地域の品種が地方へ伝播し、地方品種の成立において重要な役割を担っていたことが推定される。

わが国の栽培栗は以上のような栽培の歴史をもつが、全国的に栽培が盛んになったのは大正時代から昭和初期に京都府農事試験場（一九一三年）や農林省園芸試験場（一九三五年）で優良品種が選抜され、それらが普及に移されてからである。また昭和初期に栗樹の枯損原因の一つである凍害の防止対策として高接ぎ苗が開発され、普及していったことも栽培を盛んにしていった一つの因子であろう。

過去における栗栽培の盛衰は、社会経済の好況や不況と関連している。不況時には農村振興策の一つとして、栗栽培が奨励され、多くの苗木が植えつけられた。しかし好況時となると農村から都会へと労働力が流出し、栗林の栽培管理が粗放となり、生産が衰退した。この繰り返しであった。

大正初期から第二次大戦直前の昭和一五（一九四〇）年までは、栗栽培の面積は不詳であるが、果樹発達史編集員会編『果樹農業発達史』（農林統計協会 一九七二年）に生産量が示されている。この統計は容積の石《こく》で示されているので換算した。

この間の最高生産量は大正初期の六万七三〇〇ｔであり、以後は生産が減少している。

第二次大戦終了前における栗生産は昭和一七年が最高といわれ、栽培面積は約八〇〇〇ha、生産量は約二万三〇〇〇ｔであった。その後は戦争の影響をうけて、生産は減退したが、昭和二三年に二万三〇〇〇ｔの生産量となり、ほぼ戦前並になった。

しかし、昭和一六年ごろから岡山県下で発生したクリタマバチは、その後全国的に蔓延し、栗生産は著しい打撃をうけて生産は減少した。

この被害は昭和三〇年代の初期ごろから、民間育種家や園芸試験場などで育成された抵抗性品種の普及によって防除された。その後、栽培面積は昭和三五年ごろから急激に増加し、それにつれて生産量も増大した。これは栗果実の高価格と、当時の社会経済の好況による農村労力の不足から、少ない労力でも栽培することが可能な栗栽培が奨励されたこと。また、各地で農業構造改善事業や開拓パイロット事業などによる大規模な園地造成が行われて、栗が植えつけられたことによるものである。

現在は価格の低迷とともに新植面積も以前ほどなく、栽培面積はほとんど増加せず、平成二五年には約二万六〇〇〇haで、その生産量も二万一〇〇〇tとなっており、この数値ではほぼ横ばい状態である。

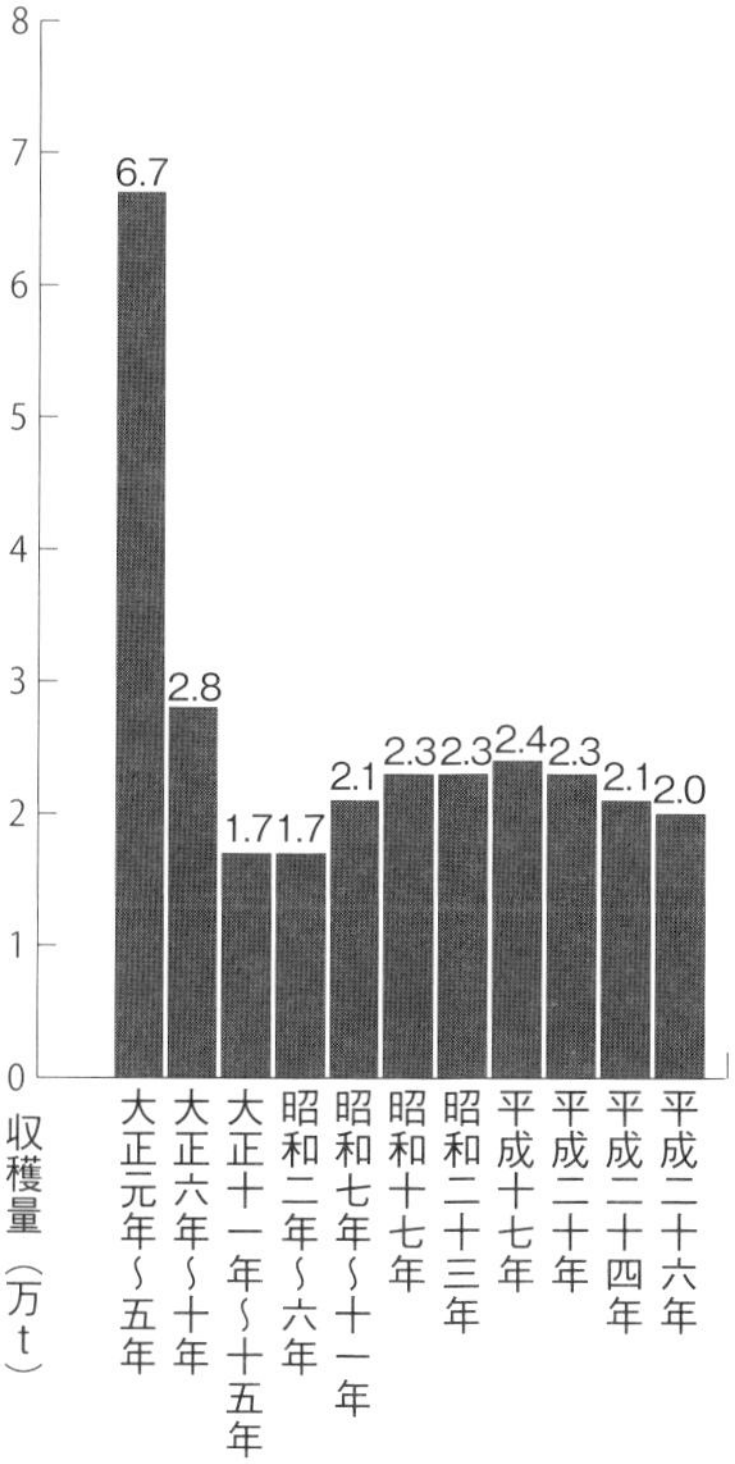

年次	平均生産量　※単位・t（万石）
大正元年～五年	六七、二九四（四八・五）
大正六年～一〇年	二八、〇二七（二〇・二）
大正一一年～一五年	一六、五一一（一一・九）
昭和二年～六年	一七、四八二（一二・六）
昭和七年～一一年	二〇、八一二（一五・〇）

栗の主要な栽培品種

日本の栗で区別をつけるための名前をもったのは丹波栗であり、それは産地名であった。柴栗しか採れない地域では、大粒の丹波栗の導入を競ったという。江戸時代後半には、大果のものを実生の苗木に接ぎ木したり、特長のある形質のものを区別した栽培などが行われた。

現在の栗の品種系統の統一化は明治三四（一九〇一）年、農林省農業試験場園芸部で全国の栽培品種をあつめ、分類し、命名したことからはじまり、年とともに品種の数は増え、大正五（一九一六）年には五一〇種が記録された。しかし、昭和一六（一九四一）年岡山県下で発生したクリタマバチの被害は瞬く間に全国に広がり、昭和三〇年前後にはクリタマバチに耐性のない品種はほとんど消滅し、栗の品種は変わった。現在の品種は、クリタマバチに耐性のある品種となっている。品種の区別にあたって、収穫時期によって、早生、中生、晩生にわけることができる。

■早生種

①豊多摩早生

この品種は、東京都豊多摩郡井荻村（現在の杉並区の北西部の地域）の市川喜兵衛の栗園で発見された偶発実生で、明治四一（一九〇八）年に郡名をとって命名された。樹は矮性で、樹勢は弱い。球果の大きさ、球肉の厚さは中程度で、刺毛は短く密生して硬い。

極早生で栽培品種のうちで最も早い。一果の重さは一〇〜一五gで、小粒種である。

②森早生

この品種は、神奈川県小田原市国府津の猪原慥爾が昭和一四（一九三九）年、豊多摩早生に日本栗系の朝鮮在来種を交配し選抜したもので、昭和三四年に種苗名称登録第一二五号に登録された。極早生で、盛果期に達するのは早い。雌花の着生は少なく、収穫は中程度で多収穫性はない。一果の重さは一八g前後である。肉質は良好、ほどほどの甘みがある。

③丹沢

この品種は、農林省農業技術研究所園芸部で昭和二四（一九四九）年に乙宗×大正早生を交配した実生の一つで、個体番号ち―三〇である。昭和三四年に「農林一号」として命名、登録された。早生種としては大果で品質も良好である。一果の重さは二三g前後である。粒は大きく艶はあまりない。甘味があり美味しい。北海道と沖縄を除く全国各地で栽培されている。

④国見

この品種は、農林省園芸試験場で昭和四〇（一九六五）年に丹沢×石鎚を交配した実生の一つで、個体番号二三九―一九である。昭和五六年に国見と命名し、「くり農林五号」として登録され、昭和五八年に種苗法で登録番号第三五三号に品種登録された。一果の重さは二〇から二五g前後になる。味は大味で、加工向け、甘みは少ない。彼岸の頃に最盛期をむかえる早生種で、九月上旬には食べられる。

⑤伊吹

この品種は、農林省農業技術研究所園芸部で昭和二二（一九四七）年に銀寄×豊多摩早生を交配した実生の一つで、個体番号E―六である。昭和三四年にクリタマバチに強い系統として、くり農林二号と命名、登録された。一果の重さは二〇g前後である。甘味は中程度、香りはそれほどではないが裂果が少なく、品質は優れている。

⑥その他

早生種としては、出雲、日向《ひむか》などがある。

■中生種

①筑波

この品種は、農林省農業技術研究所園芸部で昭和二四（一九四九）年に岸根《がんね》×芳陽玉《はやたま》を交配した実生の一つである。個体番号はそ―二九で、昭和二七年に初結実した。全国の試験場での試験の後、昭和三四年に「くり農林三号」として命名、登録された。一果の重さは二〇から二五gと大きい。甘味が強く、香気もある。豊産性で、貯蔵性もよい。品質はきわめて良好である。

②有磨《ありま》

この品種は、神奈川県小田原市国府津の猪原慥爾が発見した偶発実生である。一果の重さは二〇g程度である。クリタマバチや強風に強い。

③銀寄

この品種は、大阪府豊能郡能勢町の原産で来歴は不明だが、宝暦年間（一七五〇年ごろ）の実生とされる古い品種である。異名を銀由、銀芳、銀吉、銀義などといっていたが、大正時代に名称統一が行われ、銀寄の名になった。一果の重さは二〇から二五gで大果、大きいものは三〇g以上に達する。甘味が多く、風味も豊かである。品質は良好であるが、貯蔵性はやや劣るため加工用として不向きである。結実が遅く、風に弱い性質から収穫量が安定しない。いわゆる丹波栗の代表品種である。

■晩生種

①石鎚

この品種は、農林省園芸試験場で昭和二三（一九四八）年に岸根×笠原早生を交雑した実生の一つで、個体番号いー五である。晩生種で結実性は良好で収穫量も多く、加工用品種としても優れ、昭和四三年「くり農林四号」と命名、登録された。一果の重さは二〇から二五gでやや大きい。豊産性で品質は良好である。

②岸根《がんね》

この品種は、山口県玖珂郡坂上村（現岩国市）字岸根地方に古くから栽培され、異名が多く、来歴も明らかでないが、晩生種の代表的な品種である。一果の重さは三〇g程度で大果となる。味は甘く、まろやか、冷蔵で甘みを増す。香りもすぐれている。

農林水産省の「平成二四年特産果樹生産動態等調査」によると平成二四年（二〇一二）の全国で作付け面積の多い品種は、筑波（四一九二ha）、丹沢（二二九一ha）、銀寄（二〇六六ha）、利平（一〇七三ha）、石鎚（八一四ha）、その他（三六〇一ha）となっている。近年では、日本栗でも渋皮が剝きやすく、大粒で甘く、香りがよい「ぽろたん」という新たに開発された品種の栽培が増えている。

栗の栽培面積と収穫量

全国の栗の栽培面積と収穫量について、農林水産省の統計からみると次頁の表のようになる。

これによると、平成一七年の栗の結果樹の面積は、平成一七年には二万三八〇〇haあったものが、年々わずかずつであるが減少し、一〇年後の平成二六年には二万二〇〇〇haとなり、平成一七年の面積の一五%の三六〇〇haという大きな減少となっている。

収穫量をみると平成一七年には二万一八〇〇tであったが、平成二六年には面積が大きく減少しているにも関わらず二万一四〇〇tと、四〇〇tの減少にとどまっている。これは成績不良地の廃園や、栽培技術の進歩によるものであろう。

また収穫量をみると、一〇年間の平均収穫量は二万一九九〇tである。もっとも収穫量の多かった年は平成二〇年

年	結果樹面積（ha）	収穫量（t）	出荷量（t）
平成一七年	二三、八〇〇	二一、八〇〇	一四、八〇〇
平成一八年	二三、八〇〇	二三、一〇〇	一六、二〇〇
平成一九年	二三、三〇〇	二二、一〇〇	一五、六〇〇
平成二〇年	二二、五〇〇	二五、三〇〇	一八、三〇〇
平成二一年	二二、一〇〇	二一、七〇〇	一五、六〇〇
平成二二年	二一、七〇〇	二三、五〇〇	一七、一〇〇
平成二三年	二一、四〇〇	一九、一〇〇	一三、八〇〇
平成二四年	二一、〇〇〇	二〇、九〇〇	一五、三〇〇
平成二五年	二〇、六〇〇	二一、〇〇〇	一五、五〇〇
平成二六年	二〇、二〇〇	二一、四〇〇	一六、〇〇〇

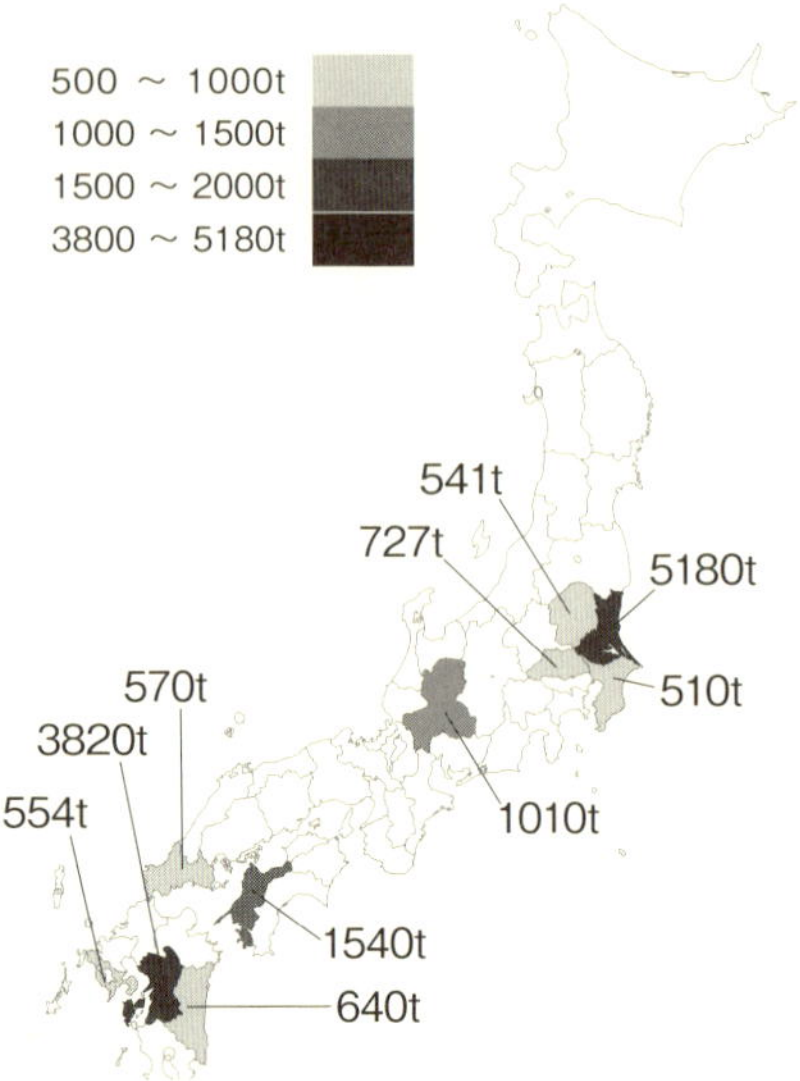

順位	県	二六年収穫量（t）	二五年収穫量（t）	二四年収穫量（t）
一	茨城県	五一八〇	四九一〇	五〇九〇
二	熊本県	三八二〇	三八七〇	三一三〇
三	愛媛県	一五四〇	一五九〇	一九三〇
四	岐阜県	一〇一〇	九九五	八七六
五	埼玉県	七二七	六六九	七五五
六	宮崎県	六四〇	六六一	六二五
七	山口県	五七〇	不詳	不詳
八	長野県	五五四	五四九	五六二
九	栃木県	五四一	五四九	五二五
一〇	千葉県	五一〇	四五三	四九九
	全国	二一四〇〇	二一〇〇〇	二〇九〇〇

注1・『農林水産省作況調査（果樹）』平成二四・二五・二六年度果樹生産出荷統計
注2・山口県は平成二六年以外は、統計数字がみあたらない。

栗の結果樹面積・収穫量及び出荷量（右）
平成 26 年の収穫量（上）と生産高順位（下）
関東 4 県の 6,958t は、全国生産量の 21,400t の 33%を占めるのがわかる。

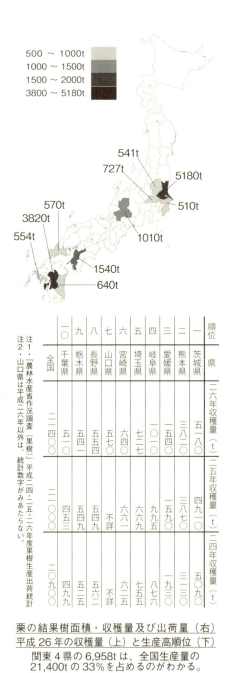

で、一〇年間の平均収穫量に比べ一五％も多い大豊作年であった。一〇年間の収穫量をみると年平均よりも少なかったのは、一七年、二一年、二三年、二四年、二五年、二六年という六年間ある。

別の面から収穫量を比較するため一ha当たりの収穫量をみると、一〇年間の平均では一・〇〇（実数一・〇〇二t）tであり、平均よりも上回っている年は、二〇年（一・二一t）、二二年（一・〇八t）、二四年（一・〇〇t）、二五年（一・〇二t）、二六年（一・〇六t）という五年間ある。平成二〇年は、一ha当たりの収穫量を比べても、一〇年平均よりも一二％も多かったのである。

次に栗の産地はどのあたりにあるかをみるため、都道府県別の収穫量をみてみよう。平成二六年の収穫量の多い順に一〇位までを並べると、次表のようになる。次いでに前年の二五年と、前々年の二四年という過去二年分を掲げた。

これをみると平成二六年の栗収穫量の一位は茨城県の五一八〇tであり、全国収穫量の二四％を占めている。そして第四位までの収穫量の合計は一万一五五〇tとなり、全国の五四％を占めている。

地方別にみると、関東地方中央部（茨城、埼玉、栃木、千葉）の太平洋沿岸部とそれに接した地域、中部地方の内陸県（長野、岐阜）、中国地方の西端（山口）、四国地方の西部（愛媛）、九州地方の中央部（熊本、宮崎）という五つの地方に分けることができる。

茨城県の栗主要産地

茨城県の栗の主産地は笠間市や茨城町を中心とした県の中央地域と、かすみがうら市を中心とした県の南部地域に分かれると、茨城県くり生産者連絡協議会は二つの地域に分かれているかのようにいうが、実際にはこれらの地域は接続しているので大きくは一つの地域と考えて差支えないようである。

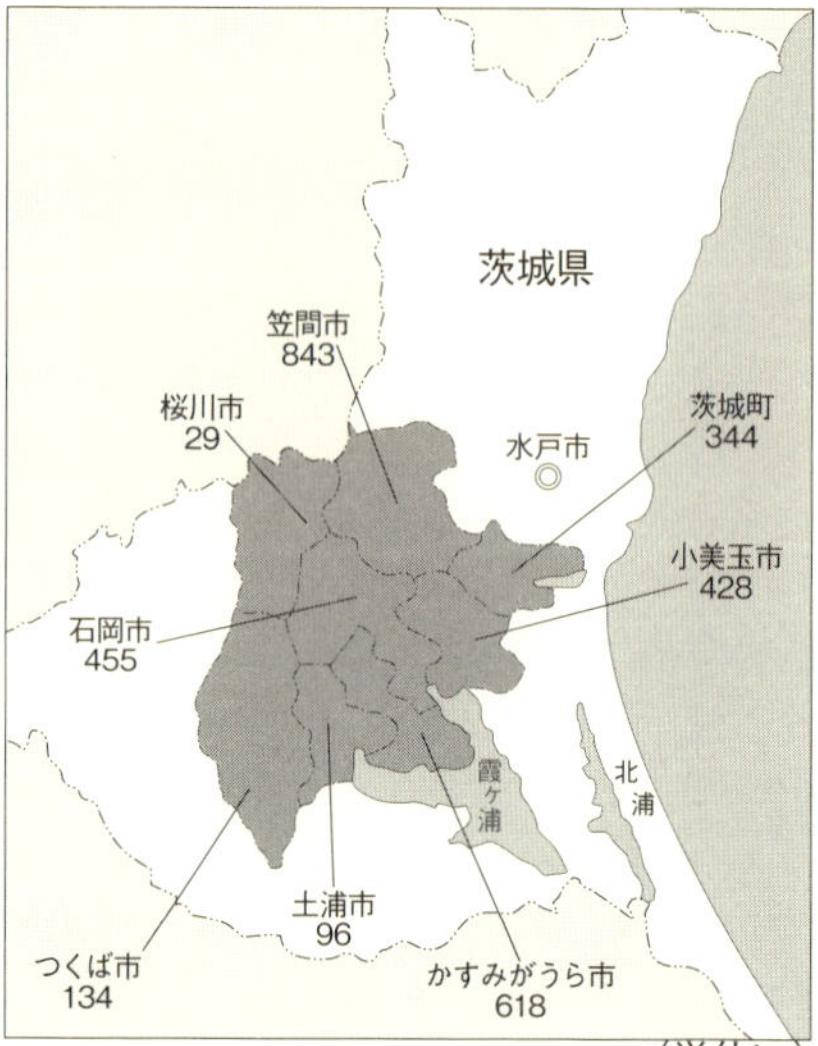

（単位ha）

現市名	栗栽培面積（ha）（旧市町村内訳）
笠間市	八四二・七六（旧笠間市八九・九三、旧友部町二九四・九六 （旧岩間町三四四・四三、旧内原町一一三・四四）
茨城町	三四三・八三
かすみがうら市	六一八・三一（旧霞ヶ浦町二四七・四九、旧千代田町三七〇・八二）
石岡市	四五四・六八（旧石岡市一八二・八二、八郷町二七一・八六）
小美玉市	四二七・九〇（美野里町四〇三・一四、玉里村二四・七六）
土浦市	九六・〇一
桜川市	二九・〇〇
つくば市	一三四・〇〇
合計	三〇一三・四九

茨城県における栗の生産地域
図中の数字は平成26年の栗栽培面積

資料が平成大合併前の平成一二年とすこし古いが、市町村別の栗栽培面積をみてみよう。

茨城県では、県のほぼ中央部に現七市町の範囲内に約三〇一三haという大面積の栽培栗林（栗園）をもっているのである。なかでも笠間市が八四三haと県内一の栗の栽培面積をもっている。

立地としては栃木県那須野が原を源流として東に流れる那珂川より南で、筑波山系と霞ヶ浦水系の間の平坦部に分布しており、作業もしやすく、能率も良い地域である。

土壌はいわゆる関東ローム層（火山灰性土壌）に覆われており、保水や通気性などの物理的性質も良好である。気候も、平成一五年の年平均気温は一三・三℃、最高気温二八・二℃で、年間降水量は一四三九㎜で、雪害や台風被害の影響もすくなく、暖温帯性落葉広葉樹である栗の栽培に適した気候となっている。

茨城県で栗栽培を最初にはじめたのは、千代田村（現かすみがうら市）の地主、長谷川茂蔵だといわれている。日本中の山野に自生している栗（柴栗）をみて、その収益性に気づき、明治三一年に栗園を開いた。つぎに水戸市出身の八木岡新右衛門が、接木法による栗の品種改良に成功し、茨城の栗にその技術を導入し、栗栽培に尽力した。これにより千代田村地方の栗は、大正末期には栽培面積も生産量も飛躍期に増えていた。

また千代田村の兵藤直彦は大正八年に、それまでの接木繁殖は地面から五、六cmのところで接いでいたため凍害に弱いことをみつけ、高接ぎといって高さ三〇cmで接ぎ、蝋紙を継いだところに巻きつけ温度を保つという方法を確立し、一般に伝え昭和初期の栗農家をリードしたのである。

戦後、東京で茨城栗とよばれていたのは明治三二年以来、新治郡土合村、新治村、志筑村という三か村で採れたもので、アメリカにも輸出されていた。ここでは一〇年生前後の栗林では、一反の栗林から生じる枯れ枝、整枝屑、栗の毬などは、農家半年分の燃料となっていた。ことに乾燥した毬は余熱が強かったので、養蚕家の暖炉用として歓迎されていた。そして落葉は、一～一・五tの堆肥となっていた。

茨城県で栽培されている栗の品種は、早生種は丹沢・出雲であり、中生種は大峰・利平・筑波であり、晩生種は銀寄・石鎚・岸根である。

笠間市では栗の関係者が一体となって「笠間の栗グレードアップ会議」を設立し、貯蔵栗のブランド化をすすめている。第一弾として商品化された「笠間の栗『極み』」は、丹沢・筑波・岸根という大粒種を厳選し、低温で一定期間貯蔵して「冷蔵熟成」させる。このことにより、でんぷん質が糖分に変化して、糖含有量が一か月後には約三倍になり最高の甘みに達するので、その栗を出荷するのだ。同じ貯蔵法で、「極み」より小さな栗を「笠間の貯蔵栗」として商品化した。

熊本県の栗

熊本県の栗栽培は、昭和三五（一九六〇）年以降の飛躍的な増殖のあとをうけ、昭和四〇（一九六五）年ごろから主要な出荷地である大阪市場に対する遠隔産地として急速にその地位を高めた。栗栽培地は、同じころ沿岸部にオレンジベルトを形成した柑橘との競合をさけ、内陸部のいわゆる中山間を主に、県内に広い範囲で形成された。とりわけ発展の著しいのは、かつての林業経営のもとでの栗生産が中心で、栽培栗経営の萌芽の地であった県南ではなく、現在では市場とともに交通条件の良い県北に移行している。

平成一八（二〇〇六）年の栗生産量が熊本県で一位となったのは県北の山鹿市（七〇五ｔ）で、次いで県中央部の山都町（四六六ｔ）、県北の菊池市（二七八ｔ）、県南の山江村（二七二ｔ）と人吉市（一四八ｔ）と多良木町（一四六ｔ）という順位であり、県北地域で多くが生産されている。

山鹿市では、菊鹿地域・鹿吉地域の山間地帯を中心に昭和三〇年代後半から四〇年代初期にかけて、国の農業構造改善事業などにより約五〇haの集団栗園が、山林原野を開拓し開かれたことがはじまりである。菊鹿地区は古くから栗の栽培が盛んで、栗農家二九五戸あり、山鹿市の栗生産量の七割を生産している。これにより栗の本格的栽培に取り組んでおり、地元だけでなく、県外に向けても出荷されている。栗は他の農産物にくらべ皮を剝くのに手間がかかるため、一次加工した栗の需要が多く、手作業による加工だけでなく、大型機械による大規模加工も行われている。栗をペースト状にし、菓子などの原材料として関東・関西方面に出荷されている。

山鹿市域で栽培されている栗の品種は、利平、銀寄、筑波、丹波、国見などとともに、新品種の「ぽろたん」などである。山鹿市の栗は、生産量の多さとともに品質の良さも特徴であるが、現在は「山鹿の栗」ブランド化、知名度アップが課題となっている。

熊本県の南に広がる盆地一帯は人吉球磨地方と呼ばれている。この地域には、栗の産地として人吉市、山江村、多良木町があり、三市町村の産量を合算すれば、山鹿市についで熊本県第二位になる。人吉市の北側に隣接している山江村は、村域の約九割を山林が占める山間の村で、「和栗」の産地として知られている。通称「やまえ栗」とよばれ、大粒でほっくりとした甘みは、料理人や菓子職人に愛用されている。

山江村は以前から農業主体の村であったが、山間部なので田畑の面積は限られ、小規模零細農家が多数を占めてきた。そんな小さな農家が、やまえ栗を昭和初期から細々と継続して栽培してきた。昭和三〇年代後半の農業構造改善事業で、ブルドーザーを購入し利用されていない里山に栗園の造成に着手した。山江村は盆地気候で朝夕の寒暖差が大きいが、この気象条件も栗の栽培の好条件となり、甘味のある質の高い和栗が収穫できた。

栗は兼業農家でも比較的栽培しやすいこともあり、将来を期待できる作物として急速に栽培面積をふやしていった。村でも苗木の補助、生産者組織のたちあげ、造成などで様々な補助を実施し、村をあげて産地化を推進した結果、やまえ栗は市場でも高値に取引されるようなブランド栗へと成長した。昭和五二年、昭和天皇にやまえ栗を献上、さらに知名度をあげた。昭和六一年には出荷量はピークを迎え、四一〇tもの市場出荷を実現した。

愛媛県の栗

愛媛県の栗については、愛媛県編・発行『愛媛県史 地誌編Ⅱ（中予）』（一九八四年）が要領よくとりまとめているので、同書を要約しなから紹介していく。

愛媛県は気候温暖で野山に栗が自生しているので、古くから食用としてきた。伝承によると徳川二代将軍家光のこ

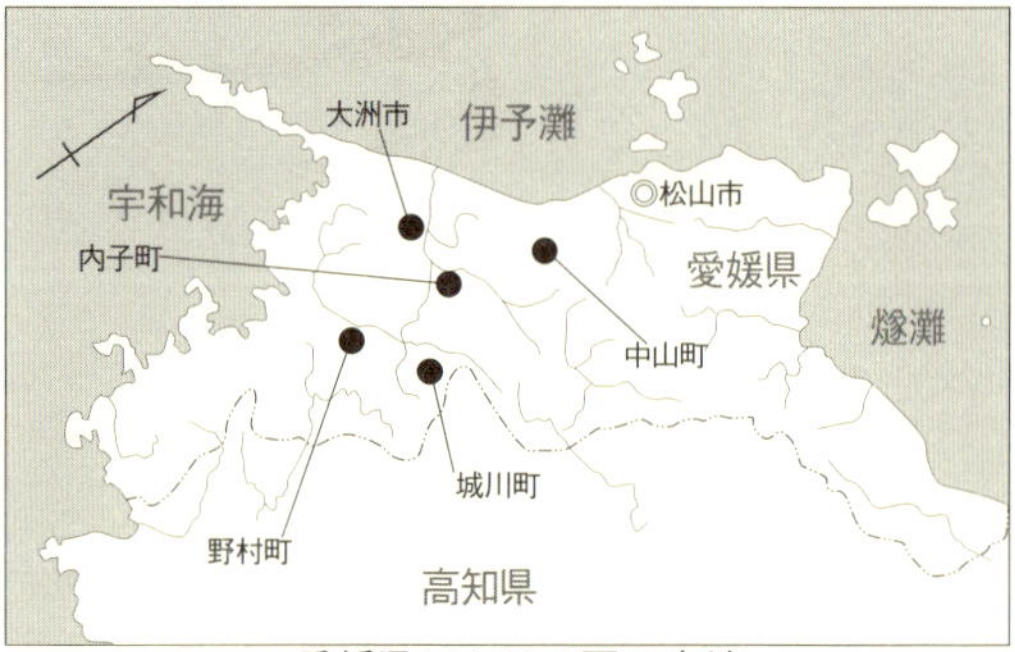

愛媛県における栗の産地

ろ、大洲藩主加藤泰興が参勤交代のとき、中山村でとれた栗を将軍に献上して賞賛されたといわれる。

栗生産が本格的に増加するのは明治以後で、中山村（現伊予市）を中心に栗栽培が盛んになった。昭和一五（一九四〇）年の愛媛県の生産量九二九万貫（二四七・七t）は、全国比一九％で茨城県に次いで第二位であった。その後は戦争による荒廃や、昭和一九年に発令された果樹伐採令により栗園は著しく減少した。戦後はすこしずつ回復したが、昭和一六年に岡山県で発生していたクリタマバチ被害が、昭和二五年に越智郡にひろまり、たちまち全県下に蔓延した。そのため、翌二六年の生産量は二一万二三七〇貫（五六・六t）で最盛期の二三％であった。

しかしクリタマバチ抵抗性品種の導入や、栗加工業の発達に刺激されて復興意欲が高まり、昭和三二年に北宇和郡広見町（現鬼北町）に果樹試験場落下果樹試験地が建設されると、北宇和郡、東宇和郡にも栗栽培が拡大した。これに大洲市、伊予郡、喜多郡、上浮穴郡を合わせた六地区が、県内における栗の主産地として昭和四〇年代に急速に発展した。この六地区は、昭和五六年の愛媛県の栽培面積五三六一haの九〇・八％、生産量九一七〇tの九四・〇％を占めている。

喜多地区（大洲市、喜多郡）は最も古い栗栽培地で、明治二一（一八八八）年の愛媛県生産量九一四石の内、当時の喜多郡が県全体の六三・二％を占めていた。旧中山村は元々喜多郡の内で、明治二二年の町村制成立により下浮穴郡に、同二九年から伊予郡に所属した。

昭和五六（一九八一）年の栗生産量を市町村別にみると、大洲市、中山町（現伊予市）、野村町*、内子町、城川町*（*現西予市）の順であった。これらを地形的にみると、大洲盆地をはじめ、内山盆地（中山盆地および内子　五十崎盆地）、野村盆地、鬼北盆地（広見、松野盆地）、久万盆地、宇和盆地などの諸盆地に多い。栗は平地よりも一〇度内外の傾斜地がよく、三五度の急傾斜地まで植栽されるので、こうした盆地周辺の山間部では有利な作物である。

伊予郡中山町（現伊予市）で生産される栗は「中山栗」とよばれる。中山栗が商品としてはじめて販売されたのは、明治一〇（一八七七）年のことである。明治一四年から一五年ごろ、栗栽培が粗放な自然林から、次第に栗園に改良されるようになった。

中山町のほとんどが中山間地であり、栗が栽培されている標高二〇〇～五〇〇ｍの地域を含め、土壌は結晶片岩を母材とする肥沃な褐色森林土と黄褐色森林土で広く覆われている。年平均気温は一五・四℃で、山間地のため昼夜の気温差が大きく、年間降水量は一六〇〇から一八〇〇㎜で、地質的にも気候的にも栗の栽培に適している。

中山町で栽培されてきた栗のうち、小池盆栗は早く熟するのでこの名があり、小粒であるが高冷地に適している。小池には現在も盆栗の古木が多い。中山に古くからある中粒種は大正五（一九一六）年に赤中と命名された。これは中山栗の体表的品種で、加工用、青果用とも全国的に最高品質を誇っている。大粒栗の銀寄として導入したけれども、導入したものが銀寄よりも熟期が早く、しかも小粒であったので、昭和初期に銀善と命名された。

昭和一一（一九三六）年の中山町の協定品種は、伊予盆栗、大正早生、銀寄、赤中、岸根の五品種であったが、昭和三六年に筑波が導入された。

平成二五年の愛媛県下の栗の結果樹面積は二二三〇ha、収穫量は一五四〇ｔ、出荷量は一三一〇ｔで、そのうち山中町と内子町の栽培面積は三四一haで、収穫量は二〇七ｔとなっている。

岐阜・埼玉県の栗

岐阜県では美濃の平野を除くほとんどの地方で山林が多く、至る所に野生栗が自生していたので、これに接ぎ木したり、苗木を植えたりして栗が育てられてきた。その基礎は明治末期に苗木を配布して栗植栽の奨励に努めたことにより築かれた。

大正の終わりには、恵那地域で生産されるようなり、このころから良質の栗が出荷できるようになった。地元の加工業者が名物「くりきんとん」等に加工してその名を高めたのである。昭和二五（一九五〇）年には、山県郡大桑村（後に山県郡高富町、現在は山県市）の土田健吉が天津甘栗系品種と「大桑大粒」を交配して、大粒で、果肉の黄色が濃く、甘味の強い「利平栗」を誕生させた。

岐阜県の栗は、東濃地域で約一五〇ha、中濃地域で約一五〇ha、西濃地域で約一五haが栽培されている。なかでも東濃地域に当たる中津川市、恵那市、美濃加茂市の栽培面積が大きくなっている。栽培品種は、丹波、筑波、利平が中心となっている。近年では栗の樹高を低く保って管理する低樹高化栽培が推進され、栽培に要する管理労力が省力化されるとともに、大果多収穫生産が実現し、積極的な計画的改植によって園地の若返りも実施されている。

岐阜県の東南部にあたる恵那地方（中津川市、恵那市）でとれる良質な栗を「恵那栗」とよんでいる。和菓子メーカーとの契約栽培もさかんに行われており、岐阜県の銘菓「栗きんとん」の原材料にも多く使われている。この地域では、近年JAひがしみのが中心となって、東美濃栗振興協議会超特選栗部会を結成して恵那山麓の地元栽培農家に、土づくりから管理し、栽培条件、出荷条件をクリアできた栗だけを「超特選恵那栗」と名付けて、特定の契約先に出荷している。恵那地方の栗農家で栽培されている栗は、胞衣《えな》、丹沢、銀寄、伊吹、出雲、大峰、金華、筑波、紫峰、利平、有磨、石鎚の一二品種である。

埼玉県の自然条件は、落葉果樹の栽培に適している。県下では落葉果樹のなかで最大の栽培面積を持つのが栗である。栗の栽培地は、県東部の水田地帯を除いた県西部および県北部の日高市、東松山市、熊谷市などである。平成二四年の栗生産量は、栽培面積は六九九ha、生産量は七五五tで、全国第五位となっている。

日高市の高麗・高麗川地区は古くから養蚕業が盛んな地域であったが、繭の価格の低迷によって、昭和三〇（一九五五）年代ころから栗栽培へと転換がすすみ、急速に拡大していった。いまでは県下有数の栗の産地となっている。日高市の栗栽培の特徴は、低い樹高での栽培、管理には手間暇を惜しまず、こまめに剪定し、栗樹全体に十分な陽光を確保することで高品質の栗の生産を行っている。

昭和六三年には「高麗川マロン研究会」という研究組織が発足し、高品質な栗を「高麗川マロン」と名付け、差別化販売を実施している。「高麗川マロン」は平成一一年九月に商標登録され、この名称を使用する栗の基準として、
①　大きさは二L以上、
②　品種の区分を行い、品種表示を実施、
③　高麗川マロン会が選定した国見、大峰、利平、筑波の四品種に限定
という三つの条件をクリアすることである。

平成一九年には、農業研究機構果樹研究所が平成三年に生み出した新品種「ぽろたん」を導入した。「ぽろたん」は大粒で、美味しく、加熱すると天津甘栗のように渋皮がポロリと剝ける品種である。

丹波栗と小布施栗

丹波栗というと旧丹波国から採れる栗だと、普通の人は思っているようだ。丹波国とは現在の京都府と兵庫県に分

かれている。丹波栗という栗の品種はなく、丹波地方から採れる栗の総称である。丹波栗の代表的な品種である銀寄は、実は丹波国が原産でなく、丹波国の南で接している摂津国豊能郡（現在の大阪府）能勢町で生まれている。

上原敬二は『樹木大図説』（有明書房　一九六一）の中で、能勢栗（丹波栗＝銀寄）について次のように説明しているので、少し長いが引用する。

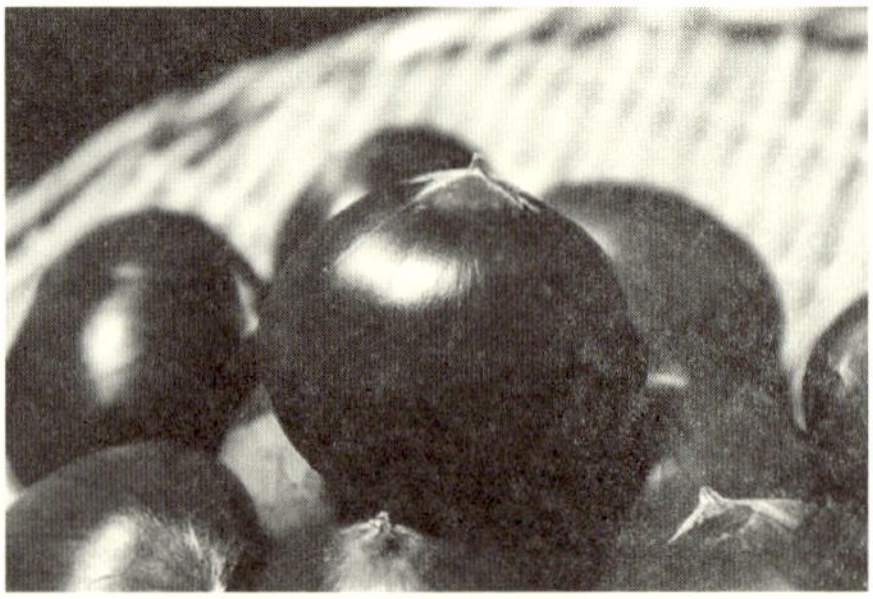
丹波栗

> 能勢栗——大阪府能勢郡東郷村、歌垣村、西郷村、枳根庄村、吉川村、東能勢村、田尻村（以上現在の能勢町）、兵庫県川辺郡東谷村（現川西市）、中谷村（現宝塚市）の産、これが丹波栗である。（安土桃山時代の）文禄二年（一五九三）栗を植え米の代用食としたとの説もあり、宝暦三年（一七五三）歌垣村の人、熊本の清正公廟参詣の帰途広島で栗実を手に入れこれを播いたのが始まりと伝える。
>
> この地方の栗はむかしは銀寄と呼んだ。古書には銀由、銀吉等の字を使っている。その理由は天明・寛政のころ、摂津・河内国は大旱魃で村民の困苦甚だしかった。ここで貯蔵中の栗実を出して丹波亀山（現在の亀岡市）に売り歩き、多くの銀札を得たので銀寄と名付けたという。
>
> この地方は丹波国南桑田郡に近く、むかしの交通経済の中心は丹波であり、その上尼崎付近の魚行商の人が亀山へ行商に出た帰りに空荷を利用して栗を買い入れ、副業として店頭で売ったのを尼崎藩主の認めるところとなり、これを丹波栗と称して将軍家に献上したのであった。
>
> 当時は摂津丹波の国境は判然としていなかった。かかる理由によって丹波国の名は漠然としたものであり、近畿各地で自分の国が本家の丹波栗栽培の元祖であると主張するのは無理のない話である。

丹波栗は丹波地方で採れる高品質で、美味しい大栗の総称で、実際には一つの品種をさしているのではない。代表品種の銀寄は、近年まで銀寄、銀吉、銀由、銀善、銀芳などと呼ばれていたが、大正二（一九一三）年と同三年に京都府立農事試験場綾部分場で開催された栗品種名調査会で銀寄と統一することが協定されたのである。銀寄は江戸時代後半に、接木など人為的な品種改良から生まれたといわれている。

江戸時代初期の丹波では、特大級の大栗の長興寺（長光寺）や小粒の父打栗《てうちぐり》が有名であった。長興寺は、亀岡の長興寺の僧が文禄年間（一五九二～九六年）に広島から持ち帰ったとの伝承がある。この二つが丹波栗を世に知らしめたのであるが、長興寺は栽培が難しく収穫期が遅いこと、父打栗は小粒であることなどから、現在ではほとんど作られていない。

丹波栗の産地と小布施栗産地

京都府産の丹波栗は、最盛期の昭和五三（一九七八）年には生産量一五〇〇ｔを超えていたが、平成一八（二〇〇六）年には二〇分の一の六・六ｔにまで落ち込んでいる。

明治期に二つの府県に分割された丹波国の一つの兵庫県の丹波栗の栽培ピークは昭和五五（一九八〇）年で、栽培面積二五五ha、出荷量はその前年の四一三ｔであった。平成一八年の生産量は七五ｔとピーク時の一八％まで落ち込んでいる。

江戸時代には将軍家への献上栗として知られた小布施栗は、長野県上高井郡小布施町域に産する栗のことである。小布施町は長野県北部の長野盆地に位置し、周囲を千曲川等三つの川と雁田山に囲まれており、町役場を中心に半径二㎞の円内にほとんどの集落が入る小さな町である。

小布施栗の起源は伝承が多く確証はないが、室町時代には栽培されていたようである。小布施は江戸時代初期に松代藩の御林になり、収穫された栗を厳選して将軍家に献上していた。栗の御林では、栗の伐採禁止はもとより風倒木や枯れ木も報告させていた。小布施栗は将軍家への献上が終わらないと、栽培者でも持ち出しも食べることはできず、御留栗ともよばれた。年貢栗を納めたあとは自由に食べること、商人との取引ができた。その後、栗林の一部が幕府直轄の天領となった。明治維新の時養蚕の普及発達によって栗林は桑園に変わり、減少の一途をたどった。

上原敬二の『樹木大図説』によると、品種は大栗一名丹波栗の中生、晩生をもちい、植付は実生苗をそのまま植える。植える場所は山地ではなく、宅地または桑畑の周囲に植えつけるか、あるいは山地の択伐《たくばつ》といって立ち木を抜き伐りした場所に植える。老齢樹にだけ厩肥《きゅうひ》や堆肥をあたえ、寒肥えとして一株ごとに人糞尿を与える。植栽後四から五年で結実がはじまり、一〇年で一株あたり二から三斗、壮年木で三から五斗の収穫があり、だいたい反当たり一から二石がとれる。

昭和時代になり、養蚕の不況で再び栗が植えられたが、クリタマバチの被害をうけ、りんご栽培に転換され、再び減少した。平成の現在では栗の栽培面積は、りんご、ぶどう、もも類、なし、さくらんぼ等に比べて少ない。

町内の栗の栽培面積は、昭和四五（一九七〇）年には一九haであったが、徐々に増加し、平成二七（二〇一五）年には七九ha（生産見込み数量一八四t）となった。すこし古い資料だが、「二〇〇五年農林業センサス」では、栗販売農家一九四戸の栽培面積は五八haで、県全体の一〇三haの五六％を占め、県内最大の栗の産地となっている。

小布施町は「栗の町」として有名であるが、これは栗の栽培適地で品質の良いものが採れること、それを加工した栗菓子が特産品となっていることが大きな理由である。

栗の西洋料理

明治の終わりごろ村井弦斎著『食道楽』（岩波文庫二〇〇五年）という料理を文中に組み込んだ小説が登場した。文中に登場する料理の数は実に六〇〇数十種という多さで、すべてのレシピが書かれているわけではないが、実際に料理の手順が説明されているものが多い。そのため料理を教えたり、来客を供応したり、料理や食物の蘊蓄《うんちく》を傾ける場面がつぎつぎと展開していくのである。『食道楽』には栗も和食と西洋料理の両方に料理の材料としてあがっている。

同書中に登場する栗の料理は、栗きんとん、栗の砂糖煮（マロングラッセ）、栗の白ソース煮、栗の含ませ煮、栗のプデン、栗のベーキドプデン、栗のボイルドプデン、栗のマッシ、栗飯という九種類が登場している。和食の栗については ここまで触れてきているので、西洋料理の栗はどんな使われ方をするのか同書から紹介する。（名称は原文のママである）

≪マロングラッセ≫

栗を皮のまま蒸してから皮を剝き、鉢の中に入れておく。その上にバニラステーキ（バニラの棒）を、栗五合なら二本置いておく。別に一斤の白砂糖を水で煮たててよく溶けたとき、熱い所を今の栗の上にかけて一晩置く。あくる日は栗から液が出て少し濃くなっている。その液を漉しとって鍋に入れ、しばらく湧きたてて熱いところを栗にかけて一晩置く。その翌日も同じことを繰り返すことを一週間毎日続ける。そうしてから保存すると、一年経っても味は変わらない。

≪栗のソース煮≫

バター一杯を溶かして小麦粉一杯をいため、牛乳一合を注いで，塩コショウで味をつけた白ソースをこしらえて、栗を皮のまま蒸してから皮を剝いた栗の実を入れて、ざっと煮てもなかなか美味しい。

《栗の含ませ煮》

皮のままよく蒸して皮をはぎ、一升の栗なら味醂《みりん》二合、砂糖一斤、塩小さじ一杯半の割で、弱火にかけて気長に煮て、そのまま汁へつけておけば長く保って、だんだんと味が出る。色を白く出そうと思えば、白味醂に白砂糖を使うと味もなおよくなる。

《栗のマッシ》

日本風の栗のきんとんに似たものであるが、まず生栗一斤の皮を剥き、ごく柔らかになるまで茹でたものを、裏漉しにかけ、バター大匙一杯と塩コショウを加え、少しの牛乳でゆるめて、弱火にかけてよく練りまぜる。

《栗のベーキドプデン》

これも味の良いものである。卵の黄身二つと、砂糖大匙二杯とをよく練り混ぜ、一合の牛乳でゆるめたところへ、裏漉しの栗大匙三杯を入れてよく混ぜ合わせ、香料のシナモン、丁子《ちょうじ》の類をすこし加えてペシン皿に入れる。焼き方はテンパン皿へ湯を注ぎ、その中へペシン皿を置き、あまり強くない火のテンピで三〇分間焼く。火が強すぎると出来が悪い。

《栗のボイルドプデン》

前のものより少し固くしたものであるが、卵三つに砂糖二杯を練り混ぜ、牛乳一合を注ぎ、裏漉しの栗大匙四杯を入れ、香料を加えて金型に入れ、湯煎にして一時間ほど茹でる。火加減は強くないのがよろしい。火が強すぎて湯が沸騰すると、プデンに鬆《す》がたち、味が悪い。このプデンには、カスターソースまたはスポンジソースをかけて食べる。前のものよりも一層上等な栗のボイルドプデンは、卵の黄身三つに砂糖大匙一杯とバター大匙一杯とを練り混ぜ、メリケン粉大匙六杯と焼粉を小匙一杯を加え、茹でた栗を小さく砕いたものを一斤ほど入れて、牛乳を大匙二杯ほど注ぎ、三つの白身を泡立てて加え、香料のバニラなど混ぜて金型に入れる。これも前のとおり茹でてソースをかける。

栗の菓子

栗は菓子の材料とされ、各地でそれぞれの特性を生かした菓子作りがされているので、その事例をいくつか紹介していく。

茨城県の栗の大産地である笠間市では、栗の生産者である小澤栗園で栗の収穫シーズンには焼栗を提供している。栗本来の素朴な味が楽しめるし、ここの焼栗は大きな尻がぱっくりと割れていて手を汚さず簡単に渋皮ごと剝くことができる。笠間市の小田喜商店には栗のペーストと砂糖だけでつくった「ぎゅ」という小さな栗の菓子がある。また同市の栗畑に囲まれたなかにカフェ「栗の家」では、笠間産の栗ペーストだけでつくったモンブランがある。甘味料は一切入っていない栗本来の甘さだけのモンブランとなっている。

熊本県山江村のやまえ堂は、やまえ栗とよばれ大粒でほっこりとした甘みの栗をつかって、「渋皮煮」を製造販売している。同県山鹿市の鹿北・菊鹿地域では、中身が栗だけという贅沢なお団子の「栗だんご」が名物として知られている。また「マロンジャム」という栗のジャムがあり、このジャムはパンとの相性がとても良いといわれる。

京都府福知山市の足立音衛門本店では、丹波栗をふんだんに使い、ぎゅっと実の詰まった栗の風味が楽しめる栗のテリーヌを製造販売している。

長野県小布施町には、栗で作られた菓子がたくさんあり、秋には栗スイーツを目当てに全国から観光客が押し寄せる。小布施堂本店は栗のモンブラン「朱雀」が有名である。マロナップルという店には、栗のペーストを使っているマロンプリンと、リンゴゼリーが二層になった瓶入りのプリンがある。小布施味麗庵の饅頭「福栗焼き」は、外形は栗の形で、バリバリの皮を割ると中はふっくらで栗のペーストと丸ごと一個の栗が入っている。

同町の小布施栗菓製造の「栗菓」は、ふんわりとしたカステラ生地で、中には渋皮煮した栗が丸ごと一個入っている。松仙堂の饅頭「栗まん」は、外側の生地がこんがりと焼かれ、中には白餡に栗が丸ごと包み込まれて入っている。栗庵風味堂の「栗づくしソフト」は、小布施の牛乳のソフトクリームに、甘露煮にした栗と渋皮煮に栗のクリームで構成されており、一つで三度違う栗が楽しめる。桜井甘精堂の「くりあげまんじゅう」は、栗餡をたっぷり詰めた饅頭をカリッとあげた菓子である。

岐阜県の栗の産地である中津川市や恵那市では、栗きんとんが特に有名であるが、そのほかにも栗を使った様々な種類の和菓子がつくられている。栗ようかん、栗どら焼き、栗と大福のコラボレーション、栗大福など、店によって様々な個性ある栗菓子が製造販売されている。

愛媛県西予市の城川ファクトリーは、城川和栗を丸ごと一個、白餡で包んだ饅頭「想い栗」を製造販売している。

文芸作品にみる栗

近現代に著された文芸作品で扱われている栗をみることにする。文芸作品といっても、ここではエッセイ、童話、小説である。詩歌は後でふれることにする。

まず俳句、短歌、小説、評論等多方面にわたる活動で、日本の近代文学に大きな影響を及ぼした明治時代を代表する文学者のひとりである正岡子規の『仰臥漫録』（岩波文庫一九二七年）をとりあげる。この書は子規が死去する前年にあたる明治三四（一九〇一）年から死の直前まで記してきた病床日録である。

（明治三四年）九月九日　晴

便通及繃帯
朝　栗小豆飯三椀（新暦重陽）　佃煮
間食　紅茶一杯半（牛乳来らず）　菓子パン三個
便通あり
午《ひる》栗飯の粥四椀　まぐろのさしみ　葱の味噌汁　白瓜の漬物　梨一つまた一つ　氷水一杯
夕　小豆粥三椀　鰌鍋《どじょう》　昼のさしみの残り　和布　煮栗
朝両足を按摩《あんま》せしむ
長塚の使い栗を持ち来る　手紙にいふ　今年の栗は虫つきて出来わろし　俚諺に栗わろければその年は豊作なりと　果たして然り云々　栗の袋の中より将棋の駒一つ出ず

茨城県笠間市の「極み和栗」の焼き栗。（笠間市提供）

新暦重陽
栗飯や糸瓜《へちま》の花の黄なるあり
主《あるじ》病む糸瓜の宿や栗の飯
栗飯の四椀と書きし日記かな　（以下略）

陰暦の九月九日は陽数の九を重ねた目出度い日で、重陽《ちょうよう》といい、一般的には菊の節句といわれている。民間では栗節句といって、栗餅や栗飯を食べてこの日をお祝いするという風習があった。子規は新暦で日記を記しているので、暦通りの九月九日を栗節句として栗飯や栗小豆飯で祝ったのである。それにしても子規は健啖家であったのだろう、朝食に栗小豆飯三椀、昼食には栗飯を粥にしたものを四椀食べている。そして長塚節の使いの者が、手紙とともに栗を届けている。

前々日の九月七日の夕食に栗飯三椀を食べている。九月一〇日には、間食に焼栗八、九個、茹で栗三、四個を食べている。夏目漱石は『坊ちゃん』（岩波文庫一九二九年）の冒頭で、親譲りの無鉄砲ぶりを描写するのに、庭の栗を盗みに来た一三、四歳の勘太郎との取っ組み合いを記している。

庭を東へ二十歩に行き尽すと、南上がりに聊《いささ》かばかりの菜園があって、真中に栗の木が一本立っている。これは命より大事な栗だ。実の熟する時分は起き抜けに背戸を出て落ちた奴を拾ってきて、学校で食う。菜園の西側が山城屋という質屋の庭続きで、この質屋に勘太郎という十三、四の倅《せがれ》がいた。勘太郎は無論弱虫である。弱虫のくせに四つ目垣を乗り越えて、栗を盗みにくる。

坊ちゃんは、栗を盗みに来た勘太郎と格闘し、そこから六尺（一・八m）も低くなっている勘太郎宅の庭へ真っ逆さまに落としたので、勘太郎はグウッとうめき声をあげたのである。また坊ちゃんのほうも袷《あわせ》の片袖がもぎ取られたのであった。

宮沢賢治は「どんぐりと山猫」（『童話集　銀河鉄道の夜 他十四編』岩波文庫一九五一年）の中で、山猫から面倒な裁判をするから来てほしいとへたくそな字で書かれたハガキで頼まれた一郎が、急いでご飯を食べ、一人谷川に沿った道を駆け上っていき、山猫の行く先を一番はじめに出会った栗の木に尋ねるのだ。

すきとおった風がざあっと吹くと、くりの木はぱらぱらと実をおとしました。一郎はくりの木をみあげて、

「くりの木、くりの木、やまねこがここを通らなかったかい」とききました。

くりの木はちょっとしずかになって、

「やまねこなら、けさはやく、馬車でひがしの方へ飛んで行きましたよ」

と答えました。

「東ならぼくのいく方だねぇ、おかしいな、とにかくもっといってみよう。くりの木ありがとう」

くりの木はだまってまた実をぱらぱらおとしました。


風がふくたびに栗の実が、ぱらぱらと落ちる秋の里山の情景が描写され、一郎の尋ねるままに栗の木は山猫の情報を教えてくれるのである。

宮沢賢治は「グスコーブドリの伝記」（『銀河鉄道の夜』新潮文庫一九六一年）のなかでも栗の木で蚕を買う話を記している。グスコーブドリはイーハトーヴの大きな森で生まれた。大変な冷夏の年が襲来し「とうとう秋になりましたが、やっぱり栗の木は青いからのいがばかりでした」と栗の実はならず、米は一粒もできないという大凶作になった。翌年には飢饉が襲いかかってきたとき、父も母もブドリと妹のネリを残して森の中へ消えてしまった。しばらくして、てぐすを飼う男がやってきて、食べ物をくれ、ブドリに栗の木にまりを投げるようにいう。なお「てぐす」とは、釣りに使う細い絹糸のことである。ここでの「てぐすを飼う」とは、蚕《かいこ》とはちがうが山の木の葉を食べて絹糸をだす昆虫を飼育するという意味である。


それから一月ばかりたって、森じゅうの栗の木に網がかかってしまいますと、てぐす飼いの男は、こんどは粟《あわ》のようなものがいっぱいついた板きれを、どの木にも五、六枚ずつ吊るさせました。

（略）

栗の木が青じろい紐のかたちの花を、枝いちめんにつけるころになりますと、あの板から這いあがって行った虫も、ちょうど栗の花のような色とかたちになりました。そして森じゅうの栗の葉は、まるで形もなくその虫に食い荒らされてしまいました。それから間もなく虫は、大きな黄いろな繭を、網の目ごとにかけはじめました。

賢治が描いた虫はクスサンで、別に栗毛虫とよばれるヤママユ蛾の仲間で、テグスサンとも呼ばれていた。枝先に葉っぱを数枚つづった繭をつくる。繭といっても蚕のように、みっしりと糸でつづったのではなく、すけすけの網篭のなかに蛹があるという形態で、スカシダワラ（透かし俵）との呼び方もある。

テグスサンから作るテグスの作り方は、繭を処理して糸をほぐすのではなく、繭を作り出す前の幼虫をつかまえ、頭をひきちぎり、糸を出す絹糸腺という器官を出して、びゅーんと引っ張ると細く引き伸ばされて糸になるのである。このとき酢につけると良質の糸になり、強度が増すという。

栗の歳時記

栗は日本人との関わりが深く、重要な木の実の一つで、身近な存在であったから、栗の季語も数多い。その季語を頼りに、一年間の栗と私たちの生活をたどってみることにする。

新年に「搗栗《かちぐり》飾る」という行事があるが、例句はみつからない。搗栗は、栗を殻のまま乾燥させ、ほうろくにかけ、臼でかるく搗き、殻と渋皮を除いたものである。「搗《か》つ」は「臼で搗く」という意味の動詞であるが、「勝つ」とよみが同じなので、むかしから「勝栗」は出陣祝の膳にのぼったほか、祝い事に使われたのである。

栗の花は六月ごろ、新枝の葉腋から長い花穂をだし、先に多数の雄花、基部に雌花をつける。虫媒花で花穂には特有の匂いがある。

日の照れば山の木の葉はかがやきて群れさく栗の花に風あり　太田水穂

ほのじろく路におちたる栗の花わが子とふみてひそかにはゆく　前田夕暮

栗の花の匂へば雨になるといふ雨の日曜はさびしきものを　大西民子

栗の花のにほひは椎の花の後かかることをも思ひていたり　柴生田稔

花栗のちからんぎりに夜もにほふ　飯田竜太

雨になる馬車のひさしや栗の花　会津八一

花栗や少し明るむ山の端　小倉寿子

悩ましい匂いをさせていた栗の花も、梅雨明けのころには長い花穂の先端部の雄花が落ち、あおい若栗の毬が枝先にのぞき始める。筆者の生まれた地方では、「土用半ばに秋風が吹く」という言葉があり、夏の真っ盛りに、水田の真ん中にたっていると、さあっと一陣の涼しい風が通り抜けていく。これが秋風で、そのことを古歌は「秋きぬと目にはさやかにみえねども風におとにぞおどろかれぬる」と詠んでいる。

高槻の葉間くぐりきてさす月に碧く柔しも栗の稚毬《わかいが》　宇都野研

栗一木みのらむとする夕まぐれ何《いず》れの木々も色しづまれり　土屋文明

秋風のふけども青し栗のいが　芭蕉

秋になり、成熟するにつれ褐色となり、毬に裂け目ができ実がはじけて落ちる。実がさけて落ちそうな状態を笑栗《えみぐり》、自然に落ちた栗を出落栗という。木下に落ちている栗の実を拾い集める栗拾いは、楽しくうれしいものである。

はらはらと落つる木の葉にまじりきて栗のみひとり土に声あり　太田垣蓮月

ひとつひとつ吾が子が拾ふ栗の実の虫食ひも捨てず吾が掌《て》に持ちたり　原阿佐緒

枝栗のしぶるしぶるも我がかたにむけるを見るぞ笑む心地する　藤原信実

一度さへ拾ひしあとにまた拾ふ栗の実いくら袂《たもと》重し　土田耕平
笑み栗に早速棒を探している　杉澤昌子
栗笑んで不動の怒る深山かな　言水
栗のつや落ちしばかりの光なる　室生犀星
栗の毬ここだく落ちて日は高し　奥野桐花
青空に栗はじけたり睡る男　足立あい
千あらば千を拾はん栗拾い　森下流子
栗拾ふ栗鼠の歯型のつくものも　田中佳嵩枝
ふたたびは来ることもなき栗の路　後藤夜半
たくさん実った栗の実も落ちつくし、葉っぱもやがて褐色に色づいて、落葉していく。
恵林寺の門の長道二側に栗の葉は落葉せりけり　伊藤左千夫
年毎に枝の虫ばみ見苦しく筋のみ残る軒の栗の葉　大隈言道
井のほとり栗の枯葉の落ちちれるさびしき音のひまなき夕　金子薫園

人々の暮らしを詠む栗の句歌

栗の実は秋の到来を感じさせる季節感たっぷりの木の実である。今は少なくなったが、日に当てて干し栗にしたり、搗栗《かちぐり》にして保存してきた。現在では、栗飯、茹で栗、焼栗にして食べ、秋の味覚を満喫するのである。

主婦業といえば大袈裟栗剝いて　佐柳妙子

栗むいて遠野語りとなりにけり　秦　孝浩

ほつほつと楽しみむくや栗の秋　杉田久女

栗を食べるには、まずその硬い外皮を剝かなければならない。これが一苦労である。筆者は「栗のかわむき」という小刀に似た道具をもっているが、それでも硬い皮に刃を立てるのには要領がいる。むかしはすべて歯で剝いていたので、佐柳氏のように一家の人が満足できる量の栗飯が炊ける栗の皮を剝くと、主婦としての苦労を感じたものであろう。栗の皮剝きには長時間かかるので、剝きながら子供たちに遠野物語を語ったであろうし、杉田氏のようにそれを物語することも母としては楽しみの一つでもあったのであろう。

栗飯には皮を剝き渋皮をとった栗は、酒や醬油等で味付けした後に米といっしょに炊き合わる方法と、焚きあがる寸前に茹でた栗を加える方法とがある。塩も何も入れないというところもある。栗飯は、栗御飯、栗お強《こわ》ともよばれ、それぞれの家庭の好みによって焚きこまれる。餅米を使った栗お強は、小豆をいれた赤飯のかわりに栗を入れ、秋祭などの祝いにつくる。手間はかかるが心のこもった季節感十分なごちそうである。

栗の実のはぜて落つれば栗茶粥焚きてくだされ山姥御前　前登志夫

奈良県吉野地方は、朝食には茶粥をたべる風習がある。吉野の山里に住まいしていた前氏は、栗の実がはぜ落ちてきたから、栗入りの茶粥を炊いてくれと妻に頼んだ歌である。妻を山姥御前とひょうげた言い回しになっている。

栗飯の塩の加減を言う子かな　都倉蕉治

わがままは気づかないふり栗ごはん　尾上有紀子

仏にも僧にも同じ栗ごはん　柴田咲子

留学の子に陰膳の栗の飯　高木洋子

栗飯やほくりほくりと食まれけり　太田鴻村

栗ごはんおひおひ母のこと話す　　角　光雄

旧暦九月九日は重陽の節句で、五節句の一つである。菊の節句ともよばれ、江戸時代には五節句の中では最も重要視されたが、現在では一般にはなじみが薄い。この日には、栗飯を食べて祝うので、別に栗の節句ともいう。

栗の日や椎も紅葉も乗り越えつ　　来山

心から栗に味ある節句かな　　鬼貫

重陽の節句には栗の子餅を用いたともいわれる。栗粉餅ともいい、栗の実の粉を入れて作った餅、あるいは栗の粉をまぶした餅のことだという。

栗の実は生でも食べられるが、焼いたり、蒸したりすると一層おいしくなる。丹波栗は大粒だが、味の方は山栗、柴栗など野生種のほうがおいしいという。

雨くらきわびしさに栗茹でてをり　　水原秋桜子

ゆで栗や小さな帯をして立居　　阿部みどり女

雨の日のつづく子供に栗ゆでん　　田中牛次郎

茹栗や胡座巧者なちひさき子　　一茶

江戸時代の京都の北郊の鞍馬では、ささ栗が多く、九月はじめにこれを採り、外皮を取り去って蒸し、洛中に出てこれを売る。鞍馬の里の婦人の営みで、この代価で以て一年の費えにあてていたという。

栗を火でやいたものもなかなかの美味である。栗の皮を傷つける等の処理をし、用心しながら焼かなければ、はじけ飛んでせっかくの栗が食べられなくなる。

置火もてただに焼き食む栗の実の甘さは何と故里のもの　　土田耕平

栗焼し火鉢の色も火の色もつめたく遠くすぎ去りにけり　　島木赤彦

栗はねて失せけるを灰に求め得ず　夏目漱石
焼栗のはねて驚く一人かな　正岡子規
もとなしに栗焼くとて妹のやけど哉　正岡子規

前にふれた正岡子規の『仰臥漫録』に見られたように、栗は秋の季節感がただよう味覚として、上司や知人、あるいは親戚の人たちに贈物とされた。

いつまでも子供と乳母はおもふらし今年の秋も栗とどきぬ　落合直文
さす竹の君が賜ひし栗の実をむきつつもとな国おもひ湧く　土田耕平
いがながら栗くれる人の誠かな　正岡子規

山里の人で栗を食料としてきた人たちは、大量の栗を土を掘った穴などに埋めて保存してきたが、俳句や短歌に栗を詠む人たちはそれほどの量の栗が得られることはない。翌春まで秋の味覚を楽しみにしたいと、いろんな方法で栗を保存している。

古寺や栗を埋《い》けたる椽《たる》の下　上島鬼貫
小さなる栗乾しにけり山の宿　村上鬼城

あとがき

私の生まれたところは岡山県北東部を形成している美作台地のもっとも北にあたる地域で、丘陵状の低い山がゆるやかに波打っており、山ひだのあいだに山田が開かれていた。北部には鳥取県との県境となっている横仙筋とよばれる一〇〇〇m級の山が横並びに屏風のようにそびえていた。

わが家周辺の緩やかな山は第三紀層のやせ地なのでアカマツ林となっており、秋にはマツタケが生えた。アカマツ主体の山なので山中には栗の木をみかけることはなく、栗の木は山道のかたわらや低い背戸山の畑の畔にわずかばかりの本数が数えられるばかりであった。

小学生のころ秋の稲刈りがはじまる時期になると、「栗を取りに行ってくる」といって、草刈り鎌と竹かごをもって栗の木のもとに行った。全体に栗の木は小さく、せいぜい高さ二、三mで、枝先で熟れて口を開き実を地面に落としているものは少なかった。草刈り鎌に枝の毬栗にひっかけて落とし、鎌の背で毬をほじくって実を取り出したものである。栗の実はまだ青白い色のものだったが、栗の形は完全なものである。

子供のかなしさ、その場で毬からとりだした栗の皮を歯で剝き、生栗のまま食べた。甘く香ばしい味があり、柴栗の小さな粒なので四、五個はたちまちのうちに腹に納まるのが常であった。初物を口にして、やっと食欲の幾分かが納まってから、目的の栗採りにかかるのだった。

収穫した栗は栗ご飯を炊いてもらうためのもので、その皮むきと渋とりは栗を採りに行った者の責任とされていた。面倒でたまらなかったが、食欲が優先し栗ご飯の美味しさを思いだし、取ってきた栗全部の処理をし栗ご飯に炊いてほしいと母親に差し出したものである。翌日は栗ご飯が炊いてもらえた。

三歳上の兄と栗取りにいったとき、枝先に葉っぱの付け根が膨れ上がっているものをみて、これにはクリタマバチが入っていると教えてもらった。その後山歩きのとき、ここにも栗の木があると気付いたときには、ほんの苗木くらいの小さなものでも、クリタマバチの虫癭がみられた。そして年ごとに栗の実がとれる栗の木が、少なくなっていった。

高校生の時、学校で丹波栗の接ぎ穂を五、六本貰ったので、畑の畔に生えていた野生栗に接ぎ木しておいた。その栗の接木が成功したかどうかの結果がわかる前に、就職試験が合格していた山口県にある職場から採用通知があり赴任していったのである。

採用された職場は、森林の育成や管理にかかわる仕事で、主として中国筋のあちこちを転々としたが、クリタマバチの被害をうけている影響で、どの山でも大きな栗の木をみることはなかった。もちろん、栗の実も食べる機会はなかった。四〇年近い年月の間、栗の実とはまったく縁のない生活であった。

最後の転勤で大阪に住むようになり、定年後はそのまま家を求め大阪に定住した。大阪の地は、丹波栗の産地にちかいので、時折栗を販売している店をみかけ、一年に一、二回購入して栗ご飯を味わうことができるようなった。

年号が平成にかわったあたりのころから、樹木の文化史を調べはじめ、主だった林業樹木や春の花を代表するような美しい花を咲かせる樹木についての文化史も出版していただいた。次はどの木を調べようかと考えていたとき、ふと栗はどうだろうかと思いついた。

これまでの調べものをしていた図書の中から、東北や北陸での栗の巨木遺構の存在、武家が戦に出る時の縁起物として搗栗《かちぐり》を食べること、木材として腐朽しにくいので屋根葺き材料にすること、昔話の猿蟹合戦等々、断片的なものを知識として貯えていた。そして青森の三内丸山から栗でできあがった遺跡が出土したとの報道もあった。

これまでの樹木の文化史を調べるときと同じように、前の勤め先であった近畿大学中央図書館の図書レファレンス課の職員方のお世話になりながら、図書館内の資料やないものは相互協力で他の図書館から取り寄せてもらったりして、ようやく栗の文化史ができあがった。

これまでの記紀や万葉集、平安期の物語などからうける栗の印象は趣味的副食物か、勝栗のように儀礼的食物であったが、どうしてどうして調べていくにしたがって稲作以前の縄文時代には主食としての地位を確立していたことがわかった。

三内丸山では栗は主食だけでなく、栽培の域にまで達しており、小さな地域ながら栗の文明がうまれていたことがわかつた。樹木を利用することにかけては世界で随一の日本人は、栗という樹木を活用して独自に栗文明を産んでいたのである。

神祭りに当たっては、神に喜んで召し上がっていただく神饌を奉るが、神饌は遠いむかしに行われていたわれわれの祖先の食事である。秋から冬にかけて神祭りがされる多くの神社では神饌として栗がお供えされているが、むかしながらの柴栗の木はほとんどなくなったので、粒の大きい丹波栗をもちいるようになった神社も少なからずあるようだ。

本書をまとめるにあたっては多くの先生方の研究成果を利用させていただいているので、この場をお借りして厚く御礼申し上げます。

また本書を出版していただく雄山閣の御配慮と編集面でお世話になった安齋利晃さん、資料収集でお世話になった近畿大学中央図書館の高橋悦子さんに、心から御礼申し上げます。

平成二八年一月一日

有岡利幸

栗の文化史　参考文献

第一章

■松下志朗・下野敏見編
『街道の日本史五五　鹿児島の港と薩南諸島』吉川弘文館二〇〇二年

■梶浦一郎『日本果物史年表』養賢堂二〇〇八年

■NHKスペシャル「日本人」プロジェクト編
『NHKスペシャル　日本人はるかな旅第三巻海が育てた森の王国』
日本放送協会二〇〇一年

■松山利夫『ものと人間の文化史四七　木の実』法政大学出版局一九八二年

■橋口尚武・野口崇・福田友之・上野修一・橋本澄夫・上村俊雄
『海を渡った縄文人――縄文時代の交流と交易』小学館一九九九年

■川幡穂高「縄文時代の環境　其の1――縄文人の生活と気候変動――」
『地質ニュース　六五九号』二〇〇九年

■上原敬二『樹木大図説』有明書房一九六一年

■杉浦明・宇都宮直樹・片岡郁雄・久保田尚浩・米森敬三編
『果実の事典』朝倉書店二〇〇八年

■辻誠一郎「粟津湖底遺跡の縄文時代早期のクリ遺体群」植生史研究所編
『植生研究　第二巻第一号』植生史研究所一九九四年

■安田喜憲「クリと縄文文化」古代学研究所編
『アジアの古代文化　一九九五夏・八四号』大和書房一九九五年

■和田稜三『日韓における堅果食文化』第一書房一九七五年

■山田悟郎・柴内佐知子
「北海道の縄文時代遺跡から出土した堅果類――クリについて――」
『北海道開拓記念館紀要　第二五号』一九九七年

■岡田康博『遥かなる縄文の声　三内丸山を掘る』NHKブックス二〇〇〇年

■宮本長二郎「巨木柱遺構の正体――三内丸山遺跡の高床建築――」
梅原猛・安田喜憲編『縄文文明の発見――驚異の三内丸山遺跡――』
PHP研究所一九九五年

■山本直人「環状木列柱からみた縄文時代晩期の地域社会」
『名古屋大学文学部研究論集（史学）』

■森川昌和・橋本澄夫
『鳥浜貝塚　縄文のタイムカプセル』読売新聞社一九九四年

■南木睦彦「縄文時代以降のクリ果実の大型化」
『植生史研究　第二巻第一号』植生史研究所一九九四年

■永瀬福男「貯蔵穴」『季刊考古学　一』雄山閣出版一九八二年

■塚本師也「食料貯蔵」『季刊考古学　四四』雄山閣出版一九九三年

■山形県立博物館編・発行
『企画展　縄文のタイムカプセル――押出遺跡――展示資料目録』一九九一年

■中野益男「縄文のクッキーを脂肪酸で分析する」
『生命誌　一九九八年秋号』生命誌研究館一九九八年

第二章

■新潟県教育委員会・財団法人新潟県埋蔵文化財調査事業団編・発行
「一般国道一一六号線和島バイパス関係発掘調査報告書Ⅲ　姥ケ入製鉄遺跡」
『新潟県埋蔵文化財調査報告書第二〇八集』

■寺沢薫・寺沢知子
「弥生時代植物質食料の基礎的研究――初期農耕社会研究の前提として――」
『橿原考古学研究所紀要考古学論考』橿原考古学研究所一九八一年

■宇治谷孟『全現代語訳　日本書紀上』講談社学術文庫一九八八年

■小林保治・益子和子校注・訳
『宇治拾遺物語』新編日本古典文学全集五〇　小学館一九九六年
■瀬田勝哉『木の語る中世』朝日選書二〇〇〇年
■新村出編『広辞苑　第四版』岩波書店一九九一年
■網野善彦『日本とは何か』講談社二〇〇〇年
■倉野憲司校注『古事記』岩波文庫一九六三年
■櫻井秀・足立勇『日本食物史　上』雄山閣一九七三年
■吉野裕訳『風土記』東洋文庫一九六九年
■奈良国立文化財研究所編『平城京　長屋王邸宅と木簡』吉川弘文館一九九一年
■奈良国立文化財研究所編・発行『長屋王家・二条大路木簡を読む』二〇〇一年
■大塚初重・辰巳正明・豊田有恒・永山久夫・平野邦雄・町田章
『悲劇の宰相・長屋王を掘る』山川出版社一九九二年
■茨城新聞社編『茨城の史跡と伝説』暁印書館一九七六年
■武田祐吉・佐藤謙三訳『訓読　日本三代実録』臨川書店一九八六年復刻版

第三章

■農林省編『日本林制史資料　豊臣時代以前』内閣印刷局内朝陽会一九三四年
■佐伯梅友校注『古今和歌集』岩波文庫一九八一年
■国史大系編修委員会編
『延暦交代式・貞観交代式・延喜交代式・弘仁式・延喜式』吉川弘文館一九六五年
■果樹農業発達史編集委員会編『果樹農業発達史』農林統計協会一九七二年
■池田亀鑑『枕草子』岩波文庫一九六二年
■杤尾武校注『玉造小野小町壮衰書』岩波文庫一九九四年
■森田悌『全現代語訳　日本後紀　上・下』講談社学術文庫二〇〇六年・二〇〇七年
■中野幸一校注・訳『うつほ物語』小学館一九九九年

第四章

■東京大学史料編纂所編『大日本古記録　山科言継卿記』岩波書店一九五九年
■『お湯殿の上の日記　一から十』塙保己一編・太田藤四郎補
『続群書類従・補遺三』続群書類従完成会一九三二～一九三四年
■鳳林承章著、赤松俊秀校注『隔蓂記』鹿苑寺一九五八年
■島田勇雄訳注『本朝食鑑　2』東洋文庫一九七七年
■武藤禎夫校注『安永期小咄本集』岩波文庫一九八七年
■安楽庵策伝著『醒酔笑』東方書院一九三一年
■宮崎安貞『農業全書』井波文庫一九三六年
■加藤衛拡・八重樫良暉著・校注
『山林雑記・太山の左知』日本農業全書五六 林業一農山漁村文化協会一九九五年
■大蔵永常『広益国産考』岩波文庫一九四六年
■農林省編『日本林制史資料　広島藩』内閣印刷局内朝陽会一九三〇年
■農林省編『日本林制史資料　金沢藩』内閣印刷局内朝陽会一九三三年
■志賀町史編纂委員会編『滋賀町史　第五巻沿革編』志賀町役場一九八〇年
■城端町史編纂委員会編『城端町史』国書刊行会一九八二年
■中之条町史編纂委員会編『中之条町誌』中之条町一九七六年
■矢巾町史編纂委員会編『矢巾町史　上巻』矢巾町一九八五年
■農林省編『日本林制史資料　盛岡藩』朝陽会一九三二年
■盛永俊太郎・安田健編著
『江戸時代中期における諸藩の農作物』日本農業研究所一九八六年
■伊藤三之丞著、京都園芸倶楽部編『花壇地錦抄』八坂書房一九三三年
■艸田寸木著、長友千代治校注
『女重宝記・男重宝記——元禄若者心得集』現代教養文庫一九九三年
■作者不詳、鈴木晋一訳『古今名物御前菓子秘伝抄』教育社新書一九八八年

■喜田川守貞著、宇佐美英機校訂
『近世風俗志 全五冊』岩波文庫一九九六～二〇〇二年

第五章

■柳田国男『遠野物語 付 遠野物語拾遺』角川ソフィア文庫一九五五年
■稲田浩二・小澤俊夫責任編集
『日本昔話通観 第二巻』同朋社出版一九八五年
多数に上るので巻数と府県名を掲げる。
第三巻岩手県、第四巻宮城県、第五巻秋田県、第六巻山形県、第七巻岩手県
第九巻茨城県、第一〇巻新潟県、第一六巻兵庫県、第一三巻岐阜県
第一八巻島根県、第一九巻岡山県、第二〇巻広島県、第二四巻長崎県・熊本県
■鈴木棠三『日本俗信辞典』角川書店一九八二年
■北村孝一編『故事俗信ことわざ大辞典 第二版』小学館二〇一二年
■『近江名所図会』柳原書店 一九七四年
■上原敬二『樹木大図説』有明書房 一九六一年
■石上堅『日本民俗語大辞典』桜楓社 一九八三年
■『日本の食生活全集四 聞き書宮城の食事』農山漁村文化協会一九九〇年
多数に上るので省略して掲げる。
秋田の食事、宮城の食事、山形の食事、栃木の食事、群馬の食事、埼玉の食事
東京の食事、山梨の食事、新潟の食事、富山の食事、石川の食事、長野の食事
■野本寛一『焼畑民俗文化論』雄山閣出版 一九八四年
■野本寛一『食の民俗事典』桜楓社 二〇一一年
■兵庫新聞社学芸部探検民俗編取材班著『兵庫探検 民俗編』
兵庫新聞総合出版センター一九九六年

第六章

■井上頼壽『京都古習志 宮座と講』地人書館一九三三年
■向山雅重
『民俗探求六十年 向山雅重著作集 山国の生活誌第五巻』新葉車一九八八年
■向山雅重『信濃民俗記 考古民俗叢書』慶友社一九九〇年
■竹内利美「小学生が調べたる上伊那川島村郷土誌」
（日本常民文化研究所編『日本常民生活資料双書 第一三巻』三一書房一九七二年）
■渋谷五郎・長尾勝馬共著『新版 日本建築』学芸出版社一九五四年
■今井敬潤『栗』ものと人間の文化史一六六 法政大学出版局二〇一四年
■槙佐知子『全訳精解 大同類従方 上・下』平凡社一九八五年
■上海科学技術出版社・小学館編『中薬大辞典』小学館一九八五年
■赤羽正春
『採取 ブナ林の恵み』ものと人間の文化史一〇三 法政大学出版局二〇〇一年

第七章

■農商務省編・発行『山林広報 第二二号号外』一九一〇年
■山口明日香『戦前期日本における枕木市場の取引構造』
慶応大学ディスカッションペーパー二〇〇九年
■信濃毎日新聞社編・発行『長野県百科大事典』一九七四年
■農林水産技術情報協会編・発行『昭和農業技術発達史 第七巻』一九九八年
■岐阜県林業試験場編・発行『岐阜県林業試験場報告 第一号』一九五七年
■果樹研究所
「ニホングリ在来品種の丹波地域から地方への伝播の分子遺伝学的検証」
農研機構ネット二〇一六年
■果樹発達史編集委員会編『果樹農業発達史』農林統計協会一九四〇年

■愛媛県編・発行『愛媛県史　地誌編Ⅱ（中予）』一九八四年
■正岡子規『仰臥漫録』岩波文庫一九二七年
■夏目漱石『坊ちゃん』岩波文庫一九二九年
■宮沢賢治「どんぐりと山猫」
『童話集　銀河鉄道の夜　他十四編』岩波文庫　一九五一年
■宮沢賢治「グスコーブドリの伝記」『銀河鉄道の夜』新潮文庫一九六一年
■村井弦斎『食道楽』岩波文庫二〇〇五年
■大岡信監修『日本うたことば表現辞典　植物編（上）』游子館一九九九年
■角川学芸出版編・発行『角川俳句大歳時記　秋』二〇〇六年
■佐々木幸綱・杉山康彦・林巨樹編『日本歌語事典』大修館書店一九九四年
■有馬朗人・金子兜太・広瀬直人監修『ザ・俳句歳時記』第三書館二〇〇六年

著者紹介

有岡利幸（ありおか　としゆき）

＜著者略歴＞
1937年岡山県生まれ。79歳。1956～93年大阪営林局で国有林における森林の育成・経営計画業務などに従事。1993～2003年近畿大学総務部勤務。2003～2009年（財）水利科学研究所客員研究員。1993年第38回林業技術賞受賞。1993年第47回毎日出版文化賞受賞。

＜主要著書＞
生活文化史選書『つばき油の文化史―暮らしに溶け込む椿の姿―』（2014年12月）雄山閣刊をはじめ、『ものと人間の文化史 168 椿』（2014年11月）『ものと人間の文化史 162 柳』（2013年5月）『ものと人間の文化史 157 桃』（2012年1月）『ものと人間の文化史 153　檜』（2011年3月）『ものと人間の文化史 149 杉 Ⅰ／Ⅱ』（2010年2月）法政大学出版局刊、『松と日本人』（1993年4月）人文書院刊など。

2017年2月25日　初版発行　《検印省略》

◇生活文化史選書◇

栗《くり》の文化史《ぶんかし》―日本人《にほんじん》と栗《くり》の寄《よ》り添《そ》う姿《すがた》―

著　者　有岡利幸
発行者　宮田哲男
発行所　株式会社 雄山閣
〒102-0071　東京都千代田区富士見2-6-9
ＴＥＬ　03-3262-3231／ＦＡＸ　03-3262-6938
ＵＲＬ　http://www.yuzankaku.co.jp
e-mail　contact@yuzankaku.co.jp
振　替：00130-5-1685
印刷／製本　株式会社ティーケー出版印刷

ISBN978-4-639-02464-4 C0316
N.D.C.382　279p　21cm

生活文化史選書　有岡利幸著　好評既刊

油、木材、木炭、そして灰にいたるまで。
椿は、花を愛でる園芸植物である同時に、
人々の生活を支えてきた〝生活樹木〟でもあった。

つばき油の文化史

暮らしに溶け込む椿の姿

有岡利幸 著

定価（本体 2,800+ 税）
272 頁／ A5 判　ISBN978-4-639-02340-1